The Weakening and Evolution
of Supervenience Physicalism

随附物理主义的
弱化与进化

冉奎 著

中国社会科学出版社

图书在版编目(CIP)数据

随附物理主义的弱化与进化 / 冉奎著. -- 北京：中国社会科学出版社，2024.11. -- ISBN 978-7-5227-4327-1

Ⅰ. B085

中国国家版本馆 CIP 数据核字第 2024D4M094 号

出版人	赵剑英
责任编辑	刘亚楠
责任校对	张爱华
责任印制	张雪娇

出　版	中国社会科学出版社
社　址	北京鼓楼西大街甲 158 号
邮　编	100720
网　址	http://www.csspw.cn
发行部	010-84083685
门市部	010-84029450
经　销	新华书店及其他书店

印　刷	北京明恒达印务有限公司
装　订	廊坊市广阳区广增装订厂
版　次	2024 年 11 月第 1 版
印　次	2024 年 11 月第 1 次印刷

开　本	710×1000　1/16
印　张	16.25
插　页	2
字　数	254 千字
定　价	98.00 元

凡购买中国社会科学出版社图书，如有质量问题请与本社营销中心联系调换
电话：010-84083683
版权所有　侵权必究

序一

以退为进：非还原物理主义的一个新选择

首先要祝贺冉奎博士这本书的出版，也感谢他邀请我为他做序。他是陈刚教授、万小龙教授的高徒，我和他的认识源于一次对哲学研究方法的讨论，那一次讨论我们都很愉快。他是一位踏实的年轻学者，我相信该书的出版应该会为心—身关系和心理因果问题的研究提供一些新气象。

心—身关系问题从小的方面说，它是心灵哲学研究的基础问题，从大的方面说，它是所有哲学最终想要解决的问题。意识是"地球上最美的花朵"，这朵花是如何长出来的，它和这个地球是什么关系，这些问题是和哲学一起产生，又一起发展的。从阿拉克萨哥拉第一次把表示心灵的"努斯"引入哲学，到柏拉图把这个世界的存在根基归源于世界的理念，再到笛卡尔提出两种物质、心灵实体、斯宾诺莎提出广延、思想两种属性，再到后来的哲学家们从行为、属性、功能等方面出发，通过还原的或者非还原的方法来理解这多花。现在，这朵花出现在了这本书中。

"随附物理主义的弱化与进化"，这个题目就很有哲学意蕴，既体现了分析哲学研究中通过修订来发展的特征，又体现了辩证法的智慧。因此，在我一看到这个书名的时候，就产生了想要读一读的欲望。

《随附物理主义的弱化与进化》全书共六章，分别从随附性基本概念、随附物理主义基本思想、随附物理主义面临的问题、解决问题的还原化进路，以及本书弱化随附性的解决方案等几个方面展开。通读全书，我觉得有几个方面让我眼前一亮：

第一、对全局随附性与个体随附性关系的分析。第一章第二节和第四章第一节都讨论了全局随附性和局部随附性的关系问题，作者准确的把握了全局视域和局部视域的差异在于关系属性，这既为该书的弱化随附性提供了论证，又为该书分析心—身关系的两个视域埋下了线索。

第二、小白和小黑的思想实验。在第四章第三节，作者构造了一个思想实验，并且还阐释了这个实验的不同版本。这些实验以心理学的经验定理为基础，挖掘了经验背后的哲学意义，虽然这些实验有一些瑕疵，但总体上来说还是能为作者的论证意图服务的。而且，这些实验设计得也比较巧妙，具有启发性。

第三、排他性论证的本质。作者在第五章第二节分析了排他性论证的本质，从论证的逻辑推导和哲学意义两个方面进行了分析。作者通过分析指出，排他性论证的冲突来源于心—物因果和物—物因果的冲突，而随附性在从心—心因果到心—物因果的推导中起了决定性作用。因此，金在权才会说所有承认随附性的心—身关系理论都会遇到排他性困境，因为排他性论证本质上就是冲着心—身随附性来的。所以，如果不对随附性做出调整，就不能真正解决排他性困境。

书中还有其它一些具有启发性的论述，我就不在此一一列举了。总的来说，这本书在整理了大量资料的基础上，提出了一种解决问题的新方法，这一方法看起来还是比较有效的。当然，这种方法的问题，可能还需要学界的同仁们来指出来。

以退为进，方得大成；步步紧逼，难得一统。不同理论之间的争论本就表现为各种各样的冲突，如果再强化冲突的观点，理论之间就难以达成相互借鉴、相互完善的目标。但如果能够以退为进，则可以化解不同理论之间的冲突，就像本书提出的全局视域和局部视域，达到理论的和解与进化。

做学问如此，做人又何尝不是如此呢？

序二

从随附到自主

冉奎博士的大作出版了，这至少是沉浸了他十五年孜孜不倦的研究心血。

冉博士虽不是正式在我名下的研究生，但我们相遇、相识、相知和相伴已整整二十年！他从一个青葱少年自我进化到今天的学术新星，我们建立了亦师亦友的深厚情宜。他在华中科技大学哲学系连续进行本科、硕士和博士的十年学习中，教室、食堂、研究基地甚至林荫大道上，到处都留下了我们两人研讨的足迹，他是我在华科大合作研究最多的学人之一。光阴似箭，冉博士来到电子科技大学转眼又已近十年，从激越奋发的单身贵族到今天事业家庭双重顶梁柱，执着、踏实、内敛和睿智，本书只是他近年高质量学术产出之一。如今我也来到电科大，从兼职到全职而成为冉博士的同事，亲见了这部学术佳作的酝酿、构建和完成。

身—心关系既源于我们生活的直觉，也属辩证唯物主义在当代发展的重要内容。冉博士在本科学习时就对分析哲学颇感兴趣，研究生时追随陈刚教授习心灵哲学，同时受到我们小组在量子、逻辑与因果性方面研讨的影响，打下了坚实的基础，获国家奖学金。

来到电科大马克思主义学院后，冉博士将自己对心—物关系的研究与在马克思主义原理的教学相结合，不断教学相长，先后获得教育部和国家社科基金后期资助。我到电科大工作后，他又与我共同申请到国家社科重大项目，并且成为量子逻辑与意识子课题的负责人。

该著作既反应了冉博士关于附随性问题在国内外第一手资料的全

面系统的收集、整理和理解，也反应了在相关个体（属性）、（概率）因果性、（非）还原性和（非）完全决定论等方面问题研究的长期积累、精确把握和独到认识。尤其在他提出"弱化又进化"的创新性构架下的局部与全域、内在与对应和随附与自主之间的张力，既体现了分析哲学的严密明晰，又不乏辩证法的超越，还留有华科大科技哲学诸导师各自研究专长的成色。

回想过去二十年，从教学角度，我给冉博士的帮助可能比他给我的稍多（我教过他不下 7 门课程）；但在研究角度，他给予我的应该远多于我给他的。我们先后合作发表多篇文章就是明证。在我持续探究与创立 STRF 这个逻辑哲学与哲学逻辑理论过程中他贡献了成百次正式讨论，同时也让我初步学到了随附性这个当代分析哲学与心灵哲学的核心问题。

本书对随附性的研究也体现了冉博士从主要随附于西方话语权的学术范式到逐步走向自主创新的过程。即使在第一章介绍随附性的强与弱、全与局、单与多及内禀与描述等方面也具有系统性创新成分。在第二章对各种因果性和因果要素的分析中反映了许多点滴思想创新。在第三章随附性的功能与还原的论证中，引入充足、拯救、模型、不完全和世界图景，又体现了与一般科学哲学的融合性创新。第四章改造与构建的思想实验，层层递进又恰如其分，如果能够再与概率论等严格数理表述作为普遍约束条件，就能够发展出严密分析性哲学的创新理论。第五章研究随附物理主义的进化已经给出了全新的框架，期待与主流的分科科学例如认知、量子或生命的狭义因果概念及图景相结合，形成三栖的自主创新理论。第六章洞见了非还原物理主义的出路，本人愿意与冉博士继续合作，将基于模态本性认识的资源共同发展出填补国际学术研究的新进路。

再十五或二十年后，随附性研究的中国学派应该已经形成，冉博士定将属于其主力军。"从随附到自主"，既是这本书的主题，也是每个人成长的主题。

万小龙

序三

随附性：一个重要的哲学概念

"随附性"（Supervenience，又翻译为"附生性"）在哲学史上几乎是一个名不见经传的概念，但是随着二十和二十一世纪分析哲学研究的发展，它将会成为哲学史上最重要的概念。

"随附性"在哲学史上的第一次，也是唯一的一次出现，是莱布尼兹在论述他的内在关系学说的一段话："关系是存在于多个主体之内的一种偶然性；它不会导致主体的任何变化，只是随附于它们之上；它是当我们同时想到多个事物的时候能把多个客体一起想到的可能性。"在莱布尼兹这段话里，"随附性"是以拉丁语动词（supervenire）的形式出现。与二十世纪初罗素的外在关系学说相比，这个内在关系学说显然比较薄弱。在莱布尼兹的众多学说中，他的内在关系学说算不上重要，在许多关于莱布尼兹的专著中也鲜有提及。所以说，随附性在哲学史上几乎是一个名不见经传的概念。

在日常语言中，"随附性"也不是一种常见的词汇。以英语为例，十六世纪晚期（1594年），该词的形容词（supervenient）才第一次出现，十七世纪中后期，英语中才出现该词的动词（supervene，1647年）和名词（supervenience，1664年），而且主要在历史文献中。文学中的第一次出现是勃朗特三姐妹中的夏洛特的小说《谢利》，显然夏洛特的《简爱》和艾米丽的《呼啸山庄》名气更大。

"随附性"在哲学中的再次出现是二十世纪初的英国突现进化论，而且是作为突现性（emergence）的同义词而偶尔出现。1952年，牛津的伦理学家黑尔（Rom Hare）在他的《伦理学的语言》中用"随附性"一词来描述剑桥伦理学家西季维克（Henry Sidgwick）和摩尔（G. E. Moore）的关于伦理属性和自然属性之间的非还原关系。真正让"随附性"在哲学界出名的是美国哲学家戴维森（Donald Davidson）在他的论文"精神事件"（Mental Events, 1970年）中用"随附性"来定义精神属性和物理属性之间的非还原关系。关于心物关系，哲学史上产生了大量不同的理论，英国的突现进化论和戴维森的属性二重论都是一种非还原物理主义，其基本学说是，世界上所有事物都是物理的，其中某些又同时是精神的，精神是以物理为基础的。

这里值得指出的是，马克思主义的辩证唯物主义也是一种非还原物理主义。它既不是一元论，因为一元论否认精神的存在；它也不是二元论，因为二元论主张精神可以脱离物质而单独存在。我国的马克思主义学界，比如肖前等人编著的《辩证唯物主义原理》，是认可物质与意识之间的突现关系的，只是还没有使用"非还原"这样的概念。

在二十世纪英美心灵哲学界，戴维森是第一位明确主张精神实在性的当代英美哲学家，这个大方向是正确的，但是戴维森的论文论述模糊，甚至还存在许多难以化解的自相矛盾。戴维森的论文引起了英美心灵哲学界的极大关注，产生了大量的分析和批评意见，其中最杰出的就是金在权（Jaegwon Kim），他以高超的分析技巧，讨论了戴维森的"随附性"的内涵和成分，指出了戴维森学说的内在矛盾性，并提出了"排斥性论证"，或"过度决定"和"不充分决定"等论题。但是金在权有时候用"随附性"来讨论心物关系，有时候又用它来讨论多层次世界中的两个相邻物理层次之间的关系，而且金在权是一个还原论者。这让心灵哲学界关于"随附性"的讨论变得扑朔迷离。

仔细研究戴维森和金在权的哲学工作，消除他们学说中的含糊性和自相矛盾性，进而发展出一套理论自洽的，新版本的非还原物理主义，这将消除心物关系的谜团，并能够在细致和具体的层面上说明，我们是在何种意义上说"物质第一性"，"意识第二性"，物质是如何决定意识，意识又是如何对物质产生反作用。所以说，"随附性"即将成为哲学史上最重要的哲学概念。冉奎的这本著作正是致力于此。

目录

第一章 随附物理主义 …………………………………… (1)

第一节 随附性概念的基本定义 ………………………… (1)

　　一　随附性概念的起源 ………………………………… (1)

　　二　弱随附性 …………………………………………… (3)

　　三　强随附性 …………………………………………… (7)

　　四　全局随附性 ………………………………………… (10)

　　五　多域随附性 ………………………………………… (12)

第二节 不同随附性之间的关系 ………………………… (18)

　　一　强随附性与全局随附性 …………………………… (18)

　　二　多域随附性与单域随附性 ………………………… (27)

第三节 随附物理主义 …………………………………… (31)

　　一　随附物理主义的基本思想 ………………………… (31)

　　二　心—身随附性 ……………………………………… (36)

第四节 随附性概念的变迁 ……………………………… (47)

　　一　作为内禀概念的随附性 …………………………… (47)

　　二　作为描述概念的随附性 …………………………… (52)

第二章　心理因果的困难 (54)

第一节　随附因果模型 (54)
一　副现象因果与随附性因果 (55)
二　心理因果与随附因果 (60)
三　金在权对随附因果模型的自我批评 (62)

第二节　心理因果的排他性论证 (64)
一　心理因果的三个问题 (65)
二　排他性论证的原理 (68)
三　排他性论证的推理过程 (71)

第三节　消除排他性论证的一些方法 (75)
一　排他性论证与过度决定 (76)
二　消除排他性论证的因果释义进路 (80)
三　排他性论证与因果封闭性 (83)
四　一些回应 (86)

第三章　功能化还原模型的尝试 (91)

第一节　心—身关系的还原主义 (91)
一　还原主义 (92)
二　同一性与还原化说明 (97)
三　经典的还原模型 (102)

第二节　功能化的还原模型 (108)
一　理论背景 (108)
二　功能化的还原模型 (110)
三　消除说明裂缝 (114)
四　接近充足的物理主义 (119)
五　拯救感受性 (121)

第三节　功能化还原的问题 (123)
一　列举不是定义 (123)
二　功能化定义的不完备性 (126)

三　功能化还原模型的世界图景 …………………………（129）

第四章　随附性的弱化 ………………………………………（132）
　第一节　全局随附性 ……………………………………………（133）
　　　一　三种全局随附性 ………………………………………（133）
　　　二　全局随附性与个体随附性 ……………………………（139）
　　　三　关系属性的启示 ………………………………………（145）
　第二节　心—身律则性 …………………………………………（146）
　　　一　何为"心—身律则性" …………………………………（148）
　　　二　心理世界的本质特征 …………………………………（150）
　　　三　金在权的两个论证 ……………………………………（152）
　　　四　两个论证的意义 ………………………………………（155）
　第三节　弱化随附性 ……………………………………………（158）
　　　一　韦伯-费希纳定律 ……………………………………（159）
　　　二　小白和小黑 ……………………………………………（161）
　　　三　对一种反驳的辩护 ……………………………………（165）

第五章　随附物理主义的进化 ………………………………（169）
　第一节　非充分决定论 …………………………………………（169）
　　　一　既不充分也不必要的依赖关系 ………………………（169）
　　　二　非充分决定论 …………………………………………（172）
　　　三　非充分决定论的意义 …………………………………（178）
　第二节　心理因果何以可能 ……………………………………（181）
　　　一　排他性论证的本质 ……………………………………（181）
　　　二　消除排他性论证 ………………………………………（191）
　　　三　进一步的思考 …………………………………………（196）
　第三节　非充分决定论与心理因果性 …………………………（200）
　　　一　局部世界的因果图景 …………………………………（200）
　　　二　世界全局的因果图景 …………………………………（203）

三　再说局部世界的因果图景 …………………………… (206)

第六章　非还原物理主义的出路 ……………………………… (210)
　第一节　非还原物理主义的困境 ……………………………… (210)
　　一　塞尔的中文屋 ……………………………………………… (212)
　　二　随附性概念的界定 ………………………………………… (215)
　　三　对称性问题 ………………………………………………… (216)
　　四　解释问题 …………………………………………………… (217)
　第二节　非充分决定论的理论立场 …………………………… (218)
　　一　理想的心—身关系模型 …………………………………… (218)
　　二　物理主义的立场 …………………………………………… (220)
　　三　非还原的立场 ……………………………………………… (222)
　　四　随附性概念 ………………………………………………… (224)
　第三节　非还原物理主义的出路 ……………………………… (226)
　　一　内在性困难 ………………………………………………… (227)
　　二　对应性困难 ………………………………………………… (230)
　　三　意识的自主性问题 ………………………………………… (233)

参考文献 ………………………………………………………… (236)

后　记 …………………………………………………………… (245)

第一章

随附物理主义

在20世纪的心灵哲学中,心—身关系的物理主义占据着绝对的优势;而在物理主义中,非还原的物理主义又是一个新兴的、比较有影响力的研究方向。在所有的非还原物理主义中,随附物理主义是其中的重要代表之一。随附物理主义的基本思想就是用随附性概念来表达一种对应关系,并用这种关系来描述心理属性和物理属性之间的关系。本书将围绕随附物理主义的产生、发展和问题展开。作为本书的第一章,本章将从随附物理主义的基本概念入手,从总体上介绍随附物理主义的主要思想。

第一节 随附性概念的基本定义

随附性(supervenience)概念是当代心灵哲学的基本概念之一,通常被用来表达一种对应关系。这个概念在20世纪后半期进入心灵哲学领域后,得到了详细的讨论,现在关于这个概念的含义有了比较一致的看法。金在权(Jaegwon Kim)把随附性分为弱随附性、强随附性、全局随附性和多域随附性,并且做出了强随附性等同于全局随附性的错误论断。本章从梳理不同随附性的概念入手,来整理哲学家关于随附性概念的思想。

一 随附性概念的起源

根据金在权的说法,摩尔(George Edward Moore)最先描述了

"随附性"（supervenience）这个观念。在1922年的一篇文章中，摩尔说："如果一个东西在某种程度上具有一种内在价值，那么它不仅在所有条件下，在同样的程度上具有这个价值；而且任何和它完全相似的东西（anything exactly like it）在所有条件下，也在同样的程度上具有这个价值。"① 在这段文字中，摩尔并没有直接使用随附性的概念，他只是表达了一种随附性的观念，即完全相似的东西，在内在价值上也是一样的。很明显，这里的"相似的东西"是相对于内在价值而言的，所以应该是指类似于外在特征之类的东西。这就表达了随附性的基本思想，内在的、价值的属性随附于外在的、描述的属性。

第一个使用"随附性"这一概念的人应是黑尔（Richard Mervyn Hare）。他说："让我用一个具体的例子来说明价值词汇最显著的特征。这个特征有时候被表达为，'好'（good）和其它类似的词语是随附（supervenient）属性或者结果（consequential）属性。"② 他举的例子是，有两幅画P和Q，这两幅画是出自同一人之手，并且看起来也是完全相同的，所以我们不知道P和Q之间谁是谁的复制品。在这种情况下，黑尔认为，我们不能说P、Q中的一个是好的（good），而另一个不是好的。这是黑尔第一次论述随附关系，在这之后，他还直接使用了随附性这个概念，他把"好"的这种特征叫作随附性③。

斯坦福哲学百科全书提出，随附性这个概念起源于突现论者。摩根（Conwy Lloyd Morgan）是英国的突现论者，他用随附概念来描述突现属性和基础属性之间的关系，而且这种用法在突现论者的文献中比较常见。摩根说："在这些时空关系之外，新的关系随之（supervene）发生。到目前为止，在这个逐渐提升的层次（grades）中，随着时空事件逐渐发生的，还有物理和化学的事件。在后来的进化序列中，生命

---

① Jaegwon Kim, *Supervenience and Mind*, New York: Cambridge University Press, 1993, p. 54.
② Richard Mervyn Hare, *The Language of Morals*, Oxford: Clarendon Press, 1952, p. 80.
③ Richard Mervyn Hare, *The Language of Morals*, Oxford: Clarendon Press, 1952, p. 145.

突现出来……"① 不过，值得一提的是，摩根等人并不是在现在流行意义上使用随附概念的，他们认为突现属性是不同于，并且附加到它们的基础属性上的，突现属性的出现是不可预测的。

随附性概念之所以能成为当下哲学讨论的重要概念，戴维森（Donald Davidsion）起了非常重要的作用。因为正是他首先把随附性概念引入心灵哲学讨论中来的。他在《心理事件》一文中说："心理特性（characteristics）在某种意义上是依赖于，或者随附于物理特性的。这种随附性大概意味着，不可能存在两个事件，它们在所有物理方面是相同的，而在某些心理方面是不同的。或者说，一个对象不可能仅在心理方面有所改变，而在物理方面保持不变。"②

除了戴维森之外，诸如霍根（Terence Horgan）、金在权、刘易斯（David Lewis）等人也开始了对随附性概念的讨论，并发掘了它在更广泛的哲学领域中的应用，形成了研究随附性的丰富文本。在这些关于随附性概念的讨论中，金在权的工作显得尤为突出，随附性概念是他早期思想的主要内容，这一点从他1993年的论文集被叫作《随附性与心灵》就可以看出。早期金在权最突出的工作就是把随附性区分为弱随附、强随附与全局随附性，并讨论这几个概念的哲学意义。

随附性表达了一种对应关系，金在权根据这种对应关系的不同模态性，把随附性区分为强随附性和弱随附性。至于全局随附性，金在权认为它和强随附性是等价的，只是表达方式上有所区别。我们先来了解一下弱随附性。

二　弱随附性

弱随附性，原文是 weak supervenience，表示的并不是两个属性之间的关系，而是两个属性族之间的关系：A 类属性弱随附于 B 类属性，当且仅当，对任意 x、y，如果 x 和 y 的 B 类属性完全相同，那么 x 和 y

---

① Conwy Lloyd Morgan, *Emergent Evolution*, London: Williams & Norgaie, 1927, p. 9.
② Donald Davidsion, *Essays on Actions and Events*, Oxford: Clarendon Press, 2001, p. 214.

的 A 类属性也必然完全相同——也就是说，从 B 类属性的不可区分性可以推出 A 类属性的不可区分性。①

在这个定义中，A 和 B 表示非空属性集（families of properties），它们在布尔算子的运算下是封闭的，也就是说，A 和 B 是两个集合，它们的元素是属性，对这些元素进行作差、合取、析取等运算的结果，仍然是属性。② 这里的 A 就是随附属性，B 是 A 的基础，所以 B 是基础属性。之所以要求 A 和 B 在布尔属性生成算子下封闭，是因为随附性是属性之间的关系，而作为关系项的随附属性和基础属性可能是 A 和 B 中的属性经过布尔运算得出来的，如果不规定这些运算的结果也是属性，那关系项就有可能变成非属性，这类问题不是金在权所讨论的对象。

比如，假设 A 包含属性 G（"是一个好人"），并且 A 在布尔运算下封闭；B 则包含属性 C（"是勇敢的"）、V（"是仁慈的"）、H（"是诚实的"），当然 B 也在布尔运算下封闭；那么，A 中就一共有两个属性，G 和 ¬G。在这种情况下，"A 弱随附于 B"就意味着，如果两个人在 B 属性上是一样的，比如都是勇敢的、仁慈的，但都不是诚实的，那么他们在 A 属性方面也应该是相同的，即都是好人或者都不是好人。换句话说，如果这两个人在 A 属性方面有所不同，比如一个是好人，另一个不是好人；那么，他们两个在 B 属性方面必然也会有所不同，比如一个是仁慈的，另一个不是。

为了记述方便，金在权用"B 的极大属性"（B-maximal property）来描述弱随附性。B 的极大属性就是从 B 中生成的最多项的属性，在上面的例子中，B 的极大属性就有八个，分别是：CVH、CV¬H、C¬VH、C¬V¬H、¬CVH、¬CV¬H、¬C¬VH、¬C¬V¬H。当然，在这里，A 的极大属性就两个：G、¬G。这些极大属性的特点在于，

---

① Jaegwon Kim, *Supervenience and Mind*, New York: Cambridge University Press, 1993, p. 58.

② Jaegwon Kim, *Supervenience and Mind*, New York: Cambridge University Press, 1993, p. 58.

给定任何个体，它都必须具备其中一个，也仅能具备其中一个，这些属性之间是相互排斥的。比如个体 x 不可能同时具备 CVH 和 CV¬H，因为它不能同时具有 H 和 ¬H。所以，弱随附性描述的其实是，任意两个个体，如果它们具有相同的 B 的极大属性，那么它们也具有相同的 A 的极大属性①，即：

$$\forall x\ [B_i(x) \rightarrow A_j(x)] \tag{1}$$

其中，对任意 $i \in [1, 8]$ 来说，B_i 表示一个 B 的极大属性；$j \in [1, 2]$ 时，A_j 表示一个 A 的极大属性。弱随附性之弱在于 "i" 和 "j" 取值的对应关系上：在某个可能世界中，这种对应关系可能是，i 取 $\{1, 2, 3\}$ 的时候，j 取 1；i 取 $\{4, 5, 6, 7, 8\}$ 的时候，j 取 2；而在另一个可能世界中，这种对应关系可能是，i 取 $\{1, 3, 5, 7\}$ 的时候，j 取 1；i 取 $\{2, 4, 6, 8\}$ 的时候，j 取 2。也就是说，在某种意义上，我们可以说，在某一个可能世界中，弱随附性可以保证下面这种条件句②：

$$\forall x\ [B^*(x) \leftrightarrow G(x)]\ \&\ \forall x\ [B^\#(x) \leftrightarrow \neg G(x)] \tag{2}$$

其中，B^* 和 $B^\#$ 都是以 B 的极大属性为析取支的析取式，比如 $B^* = B_1 \lor B_2 \lor B_3$，$B^\# = B_4 \lor B_5 \lor B_6 \lor B_7 \lor B_8$。这种条件句成立的前提是，$B_i(x)$（$i \in [1, 8]$）穷尽了 B 的极大属性。与（1）式不同，这里的 $B^*(x)$ 和 $G(x)$ 之间的关系是等值的，$B^\#(x)$ 和 $\neg G(x)$ 之间的关系也是等值的。

我们可以从两个层面来理解随附性概念：一是随附属性对基础属

---

① Jaegwon Kim, *Supervenience and Mind*, New York: Cambridge University Press, 1993, p. 59.
② Jaegwon Kim, *Supervenience and Mind*, New York: Cambridge University Press, 1993, p. 59.

性的依赖性，即任何情况下，在所有可能世界中，随附属性的发生都需要基础属性作为前提；二是随附属性与基础属性之间的对应关系，即（1）式中 i 与 j 的对应关系。对于所有随附性来说，依赖性都应该是跨世界成立的；对应性则不是。对于弱随附性来说，这种对应性就会在不同的世界之间发生变化。当然，从根本上说，这种对应性仍然是依赖性的一部分，是依赖性的表现之一。

金在权提出弱随附性想强调的是，在很多情况下我们使用随附性时，我们实际需要的是比弱随附性更强的关系。从以上论述可以看出，弱随附性表达的依赖关系（包含对应性的）比一般规律表达的依赖关系更弱。因为弱随附性描述的依赖关系只在一个可能世界内成立，一般规律表达的依赖关系都是跨世界成立的①。而且在很多情况下，这种跨可能世界的关系才是我们需要的。比如，我们会说，"虽然查理不是一个好人，但是只要他具有仁慈的品德，他就会是一个好人"；或者说，"虽然没有人同时具备这三个品德，但是只要有人具备，他就一定是一个好人"。这些句子中表达了这三个品德对"是好人"这个属性的一种决定关系，这种决定关系不是只在某个可能世界中成立的经验事实，而是跨可能世界成立的，因为上述句子所描述的本就不必是这个世界的经验情形，而是一种可能发生的情形；也就是说，说这些话的人认为，划线句子描述的关系不仅在这个世界的经验事实中成立，而且在其他可能的经验事实中也应该是成立的。

心—物随附性也应该是一种比弱随附性更强的关系。想象一种情况，我此刻具有的物理属性是 P，与之对应，我此刻具有心理属性 M；并且在现实世界中，所有具有物理属性 P 的人也都具有心理属性 M。而在某一个可能世界里，我此刻具有的物理属性还是 P，但是我具有的心理属性是 M*，并且那个世界中所有具有物理属性 P 的人也都具有心理属性 M*。这种情形是完全符合弱随附性的概念的，但很明显这种依赖关系并不是心灵哲学家寻找的心—身关系。

---

① 因为一般来说，规律都要表达一种必然性才被叫作规律。

当然，这并不是说，弱随附性没有任何意义。在我们只需要一种部分的决定关系（partial determination）时，弱随附性还是可能会有所作为的。比如，金在权认为，或许黑尔所说的随附性就是一种弱随附性，因为在弱随附性下，面对两个在描述属性（descriptive property）上相同的对象时，我们不能认为其中一个具有正面的道德价值，而另一个不具有；但是我们可以认为这两个都不具有正面的道德价值，这就是伦理学中说的"用相似的方式处理相似的情形"。① 而且，也有可能出现的情形是，两个在描述性属性上相同的对象，它们在不同的可能世界之间，具有的道德属性是不同的，比如在这个世界中都具有道德属性，在另一个世界中则都不具有。

另外，金在权似乎认为，戴维森在使用随附性时，就是使用弱随附性。② 比如，戴维森认为，句子的语义和语法的关系就是随附关系，句子的真值不能还原为句法属性，但是在某种意义上句子的真值是依赖于其句法结构的。这种依赖性，金在权认为可以理解为，在可能世界 W_1 中，如果两个句子的句法结构相同，那么它们就具有相同的真值；如果换一个可能世界，这两个句子仍然具有相同的真值，但这个"值"可能与它们在 W_1 中的"值"完全不同。而在心—物关系上，戴维森则是主张不存在心—物律则的。前面已经说过了，规律是跨可能世界成立的，所以如果戴维森主张不存在心—物律则，那么他所使用的心物随附性就只能是弱随附性了。

关于弱随附性的运用，金在权认为它在很多领域都可能会发挥作用，他只是介绍其中的一小部分。其实弱随附性的特点就在于，它的对应关系只在一个世界中成立，不具有模态性；所以在所有不需要模态的对应关系中，弱随附性或许都可以被运用到。

三 强随附性

强随附性，原文是 strong supervenience，它是相对于弱随附性而言

---

① Jaegwon Kim, *Supervenience and Mind*, New York: Cambridge University Press, 1993, p. 62.
② Jaegwon Kim, *Supervenience and Mind*, New York: Cambridge University Press, 1993, pp. 62–63.

的。随附关系的背后存在一个对应关系，即随附属性的个体和基础属性的个体之间的对应关系；这种对应关系是在所有世界中都保持不变，还是可以根据世界发生变化，则是强随附性区别于弱随附性的地方。A类属性强随附于B类属性，当且仅当，必然地，对任意x和A中的任意属性F来说，如果x具有F，那么在B中存在一个属性G，x具有G；并且，必然地，任意y具有G的话，y具有F。①

仍然以"是一个好人"为例，根据强随附性：如果弗朗西斯是一个好人，那么必然存在一种德性的组合（比如，"'是忠诚的'并且'是仁慈的'"），弗朗西斯具有这个组合中的德性；并且任何具有这个组合中德性的人也必然是一个好人。这里和弱随附性的区别在于，如果"是一个好人"是强随附于"'是忠诚的'并且'是仁慈的'"，那么在所有可能世界中，只要有人具有后两个德性，他就是一个好人。弱随附性只能保证，在这个世界中，如果有人具有这两个德性的话，那么他会是一个好人；而在其它可能世界中，具有这两个德性的人，是不是一个好人，弱随附性并没有做出论断。

之所以会如此，是因为在强随附性的定义中，有两个模态词"必然的"。第一个"必然的"是弱随附性也具备的，它论断了在所有可能世界中，F属性的出现，必然伴随着一个G属性的出现②。在定义中，这句话的表述方式是"存在一个G属性"（a G property），金在权使用的是不定冠词"a"，也就是说，这里的G属性并不特指某个属性，只表示有一个这样的属性存在。在这一点上，强随附和弱随附是一致的，弱随附也要求在所有可能世界中，随附属性的出现都必须伴随着基础属性的出现。也就是说，随附属性不能单独出现，必须（"必然"）伴随着某个基础属性才可能出现。

强随附性之强在于第二个模态词。第二个"必然的"说，"必然

---

① Jaegwon Kim, *Supervenience and Mind*, New York：Cambridge University Press, 1993, p.65.

② 注意，这一点弱随附性也是有论断的。弱随附性没有论断的是，在不同的可能世界中，G是否是同一个属性。

的，任意 y 具有 G 的话，y 具有 F"，这句话论断了在所有可能世界中，如果有对象具有 G 的话，这个对象也会具有 F（the F property），这种 G-F 的跨世界对应关系超出了弱随附性的论断范围。如果去掉这句话中的"必然的"，那么它所论断的 G-F 对应关系就不具有模态性，不能跨世界成立，而只在某个特定的世界中成立；而这种在某个特定世界中成立的对应关系，恰恰就是弱随附性所论断的。因此，在强随附性的定义中，去掉第二个模态词，这个定义就变成了弱随附性的定义了。

这里的两个模态词，究竟表达了何种意义上（强度）的"必然"？金在权本人的观点是，要根据所讨论的问题来说。比如，在道德属性随附于自然（natural）属性的讨论中，这两个"必然的"都最好被理解为逻辑的或者形而上的必然；而在心—物随附性中，则最好把第一个"必然的"理解为形而上学的必然性，把第二个"必然的"理解为律则的必然性；在整体—部分随附性中，金在权认为应该把第一个理解为形而上学的必然性，把第二个理解为律则的或者物理的必然性。金在权并不是要制定一个标准，而是想说，对这两个模态词的不同理解会产生不同的随附性，我们要根据讨论问题的需要来选择合适的理解。①

以心—物随附性为例，他之所以会认为第一个"必然"应该理解为形而上学的必然、第二个"必然"应该理解为律则的必然，大概是因为第一个"必然"如果被理解为形而上学的必然，那么在所有形而上学预设相同的可能世界中，都有以下结论：心理属性的出现必定伴随着某个物理基础的出现。而第二个"必然"被理解为律则的必然，则可以得出以下结论：在所有律则相同的可能世界之间，同一个物理属性的例示会伴随着同一个心理属性的例示②。也就是说，第一个"必

---

① Jaegwon Kim, *Supervenience and Mind*, New York: Cambridge University Press, 1993, p. 66.
② 这大概也可以解释，金在权认为戴维森的随附性是弱随附的原因，因为戴维森认为不存在心—物律则。

然"强调了心理属性对物理属性的普遍依赖，只要是形而上学原则相同的世界，心理属性对物理属性的依赖就成立。

依赖关系有很多表现，对应关系是其表现的一个方面。而第二个"必然"被理解为律则的必然，表明这种特定的对应关系（比如疼痛对应 C 纤维刺激）只有在律则设定相同的可能世界之间才是相同的。如果两个可能世界的形而上学预设相同，但律则设定不同，那么这两个世界中都会存在心理属性对物理属性的依赖，但可能在一个世界中疼痛对应 C 纤维刺激，而在另一个可能世界中痒对应 C 纤维刺激；而且在所有和前一个世界具有相同律则设定的可能世界中，疼痛都对应 C 纤维刺激；在所有和后一个世界具有相同的律则设定的可能世界中，痒都对应 C 纤维刺激。

在这里要注意的是，强随附并不排斥随附属性的多重实现性。也就是说，强随附性并不排除一个随附属性有多个可能的基础属性。比如对属性 G 来说，可能 $CV\neg H$ 和 $C_1 V_1 \neg H_1$ 都是它的基础属性。即，G 可以既强随附于 CVH 组成的属性类，又强随附于 C_1、V_1、H_1 组成的属性类。这两个随附关系之间并不存在任何冲突。因为强随附的第二个模态词只论断了，在所有可能世界中，$CV\neg H$ 出现的地方都有 G 出现，并没有论断在所有 G 出现的地方，$CV\neg H$ 都一定要出现[1]。

我们有必要在这里说明一下，金在权在讨论心—身关系的时候，就是在强随附的意义上使用随附性这一词的。也就是说，当金在权说心理属性随附于物理属性的时候，他表达了两层意思：第一，在所有的可能世界中，某个心理属性 M 被例示的时候，都有一个 M 的基础属性 P 也被例示了；第二，在所有的可能世界中，当物理属性 P 例示时，心理属性 M 也会被例示。

四 全局随附性

全局随附性的原文是 global supervenience，它是从世界的层面来表

---

[1] 它的第一个模态词也只是论述了在所有可能世界中，G 出现的地方，必须有某一个基础属性出现，并没有规定这个基础属性必须是特定哪个。

达依赖关系的，它对随附性的定义是：A 全局随附于 B 当且仅当，在 B 类属性上不可区分的两个世界，在 A 类属性上也不可区分。①

要理解这个定义，就要理解两个世界在 B 类属性上的不可区分性。金在权以心—身关系为例说，两个世界在心理上是不可区分的，相当于（tantamount）对每个心理属性 M 和每个对象 x 来说，x 在一个世界中具有 M，当且仅当 x 在另一个世界中也具有 M。对应地，两个世界在心理上是可区分的，那就是说，至少存在一个心理属性 M 和对象 x，x 在一个世界中具有 M，而在另一个世界中不具有 M。

回到定义，全局随附性是以两个世界为论域的。所以虽然在定义中，没有出现"必然的"这种模态词，但是它既然是以世界为论域，也就意味着它是在描述世界间的关系，因而也就是在描述模态性。全局随附性的定义论断了 A－B 的对应关系是跨世界成立的，即对于两个世界中的任意两个对象而言，如果这两个对象在 B 类属性上是相同的，比如都具有 B_1，那么它们在 A 类属性上也应是相同的，比如都具有 G。

由此看来，全局随附性似乎和强随附性是相同的。金在权早期也是这样认为，他还提出过专门的证明过程，来证明这二者是完全相同的。但是这个观点很快就被人反驳了，后来金在权也接受了别人的反驳，承认了全局随附性不等同于强随附性。金在权是如何论证的，别人又是如何反驳的，我们将在后文详细讨论。

全局随附性在根本上是有一个问题的。一方面全局随附性强调世界的不可区分性，这种不可区分性是属性 A 和属性 B 的不可区分性，跟世界的其他方面无关。也就是说，只要考虑属性 A 和属性 B，以及具有属性 A 和属性 B 的个体，就应该可以判断全局随附性是否成立了。另一方面，在判断不可区分性时，"具有"属性 A 和"具有"属性 B 的个体肯定是要一一对应的，并且它们在属性 A 和属性 B 上是不可区分的；但"不具有"属性 A 和"不具有"属性 B 的个体是否也要纳入考虑范围呢？

---

① Jaegwon Kim, *Supervenience and Mind*, New York: Cambridge University Press, 1993, p. 68.

是否要求不具有属性 A 和不具有属性 B 的那一部分世界也完全相同呢？

按理说"不具有属性 A"和"不具有属性 B"不能说与属性 A 和属性 B 完全无关，所以需要考虑。但如果考虑的话，世界的不可区分性就不是世界在属性 A、属性 B 方面的不可区分性，而是世界整体的不可区分性了。不可区分性在这两个方面的不协调，表达了全局随附性概念的不完备性，也为后来的哲学家重新定义全局随附性埋下伏笔，这些内容将在本书第四章被呈现。

五 多域随附性

以上三种随附性，都是假定随附性是发生在同一个对象上（单域）的，比如 a 的属性 F 随附于 a 的属性 G。如果不是同一个对象，比如 a 的属性 F 和 b 的属性 G 之间的关系（多域），随附性还能描述吗？金在权把这种随附关系叫作多域随附性。

多域随附性的问题，首先是由豪格兰德（John Haugeland）提出来的。戴维森曾经这样定义随附性："随附性可以被理解为，不存在两个事件，它们在物理属性方面是相同的，而在心理属性方面是不同的。"[1] 豪格兰德批判这种随附性定义隐含了一种本体论的预设，[2] 比如戴维森的随附性就预设了殊型同一性（token-identity），因为物理属性和心理属性都是由事件具有的，随附关系发生在同一个事件的两种不同属性之间。也就是说，作为随附属性的心理属性和作为基础属性的物理属性，在本体上是属于同一个事件的。豪格兰德说："这段文字（豪格兰德引用戴维森定义随附性的文字）的问题在于，在描绘随附性的特征时，它实际上假定了殊型同一性。"

金在权在一篇文章[3]中，把随附性定义为："属性 M 在个体域 D 中

---

[1] Donald Davidsion, *Essays on Actions and Events*, Oxford: Clarendon Press, 2001, p. 214.
[2] John Haugeland, "Weak Supervenience", *American Philosophical Quarterly*, Vol. 19, No. 1, 1982, p. 96.
[3] Jaegwon Kim, "Causality, Identity, and Supervenience in the Mind-Body Problem", *Midwest Studies In Philosophy*, Vol. 4, Issue 1, 1979, p. 41.

随附于属性 N，当且仅当对于 D 中的任意两个对象，如果它们在属性 M 上是有区别的（diverge），那么它们必然在属性 N 上也有区别；也就是说，对于 D 中的任意 x 和 y，如果 x、y 在 N 属性方面是不可区分的，那么它们必然在 M 属性方面也是不可区分的。"豪格兰德对这个定义的评价是："属性 M 和属性 N 被理解为属于同一个个体的属性，而这就是殊型同一性的全部内容。"①

对于豪格兰德的观点，金在权有保留地接受了。首先，关于戴维森的随附性，金在权认为豪格兰德说得对，它确实是预设了殊型同一性。② 但是，金在权也认为这种同一性对戴维森的思想没有太大的影响，只是其形成随附性定义的副产品。③ 关于金在权自己的随附性定义，金在权认为，在把个体理解为事件的时候，豪格兰德的评价是中肯的，但是金在权并不打算将个体限制为事件，他认为个体更应该被理解为人或者生物机体这一类的存在，随附属性和基础属性也应该被理解为人或者生物机体的属性，而不是事件的属性。④

虽然金在权否定了豪格兰德的观点，但是接受了他的问题。金在权认为，豪格兰德提出的问题是有意义的，比如在笛卡尔式的理论中，物质和心灵是不同的实体，属于不同领域的个体，有些属性属于心灵实体，有些属性属于物质实体。但是同时，笛卡尔主义者也不否认，心灵领域依赖于物理领域。所以，笛卡尔主义者为我们提供了一个立场，看似不可能，却可以理解⑤。那么随附性概念就应该被调整，以便

---

① John Haugeland, "Weak Supervenience", *American Philosophical Quarterly*, Vol. 19, No. 1, 1982, p. 96.

② Jaegwon Kim, *Supervenience and Mind*, New York: Cambridge University Press, 1993, p. 111.

③ Jaegwon Kim, *Supervenience and Mind*, New York: Cambridge University Press, 1993, p. 112.

④ Jaegwon Kim, *Supervenience and Mind*, New York: Cambridge University Press, 1993, p. 111.

⑤ 除了笛卡尔的立场，金在权还认为，整体与部分的关系也需要被调整后的随附性来描述。

可以被用来描述这种立场。①

在不同域之间的随附性，金在权是这样定义的：

(MS1)：[A, D_1] 随附于 [B, D_2] 当且仅当，B 在 D_2 上的每一个完全分配方式都唯一蕴含着一个 A 在 D_1 上的完全分配方式。

D_1、D_2 表示由个体组成的非空集合，A、B 表示由属性组成的非空集合。一组属性在一个域上的完全分配指的是，对于每一个属性和每一个个体来说，对这个个体是否具有该属性——做出界定。在这种界定中，必须保证没有矛盾，比如不可能同时把红色和蓝色分配给同一个个体。这里的"蕴含"的意思是，第一种分配方式的出现必然会使第二种分配方式出现；也就是说，不可能出现一个可能世界，第一种分配方式出现了，但第二种分配方式没有出现。

所以，多域随附性表达的含义就是，不可能存在两个可能世界，它们在 [B, D_2] 的分配上是不可区分的，而在 [A, D_1] 的分配上是可区分的。当然，这是在假设 D_1 和 D_2 都被给定的情况下。金在权也说了，在一种更强的意义上，不仅 [A, D_1] 的分配随附于 [B, D_2]，D_1 本身也是依赖于 D_2 的。但是，他并没有讨论这种更强意义上的随附性。

那么，从这种较弱意义上的随附性来说，笛卡尔式的心—物理论应该被怎样描述呢？首先，在本体上心灵和物质是不相交的，但是心灵领域中发生的事件都是由物质领域发生的事件决定的，也就是说，一旦物质领域被固定，心灵领域也就被固定了。只是有一点需要注意，这里所表达的依赖性或者决定性都是整体的。也就是说，物质领域这个整体的情况决定了心灵领域这个整体的情况，而不是某个具体的物质事实决定某个具体的心灵事实。这一点从 MS1 的定义就可以看出，

---

① Jaegwon Kim, *Supervenience and Mind*, New York: Cambridge University Press, 1993, p. 112.

MS1 定义的随附性是"D_1 中 A 的分配方式"和"D_2 中 B 的分配方式"之间的关系,而不是"D_1 中某个个体具有属性 A"和"D_2 中某个个体具有属性 B"的关系。

金在权认为,这种整体性有两个方面的重要含义:第一,这种整体的随附性并不要求在随附属性和基础属性之间,有从属性到属性(property to property)的具体对应关系。也就是说,多域随附性并没有蕴含具体的 A 属性和具体的 B 属性之间的依赖关系。最多可以从多域随附性得出这一结论:当随附属性中的 F 发生时,基础属性中的 G 也会发生,但是至于是哪个个体示例了 F,以及哪个个体示例了 G,多域随附性并不能做出判断。第二,多域随附性也不能说,D_1 中的某个个体,之所以具有属性 A,依赖于 D_2 中的某个个体具有的属性 B。其中第二点可以直接推出第一点,因为如果没有第二点所描述的个体与个体的对应关系,就不可能有第一点所描述的属性与属性的对应关系。

这种整体性为我们提出了两个问题,一是如何判断两个分配是不可区分的。比如,假设两种分配方式 L_1、L_2,描述了属性 F 和 G 分配给 a 和 b 的方式。它们在 D_1、D_2 上是这样分配的:

L_1: Fa, ¬ Ga, ¬ Fb, Gb
L_2: ¬ Fa, Ga, Fb, ¬ Gb

在 L_1 和 L_2 中,F 和 G 的分配方式是否不可区分呢?似乎初看之下,这两个分配是可区分的,因为在 L_1 中,a 具有属性 F、b 具有属性 G,而在 L_2 中,a 具有属性 G、b 具有属性 F。但是换一个角度,我们也可以把它们看作同一个分配,比如我们可以把 a 和 b 看作两个心灵,F 和 G 分别表示思考和期望,那么在 L_1 中,a 在思考但没有期望,b 在期望但没有思考;在 L_2 中,a 在期望但没有思考,b 在思考但没有期望。也就是说,L_1 和 L_2 都表示了这样一种情形:其中的一个个体在思考,另一个个体在期望。由于多域随附性并不预设个体的对应关系,所以这两个分配是完全相同的。

而且，金在权还提出了更进一步的理由，来支持我们把 L_1 和 L_2 看作同一个分配。假设在物质领域有三个对象 x、y、z，以及属性 p_1，p_2，…，p_n，有一种分配方式是：

$$E_1: P_j x, P_k y, P_l z$$

其中，P_j 等是由 $p_1 - p_n$ 构成的 p 的极大属性。假设 E_1 的分配方式既不蕴含 L_1 也不蕴含 L_2，但是蕴含 $L_1 \vee L_2$。也就是说，有时候是 E_1 和 L_1 同时发生，有时候是 E_1 和 L_2 同时发生。那么，当 L_1 和 L_2 是相同的分配时，P 的分配就可以推出 F、G 的分配，F 和 G 就是随附于 P 的；反之，P 的分配就推不出 F、G 的分配，F、G 就不能算是随附于 P 的。但是，由于 E_1 可以推出 $L_1 \vee L_2$，所以主张 P 和 F、G 之间有依赖关系似乎是更合理的。

为了论述方便，我们先引入金在权的两个术语：结构界定（structure-specific）和个体界定（individual-specific）。当我们在判断两个分配是否不可区分时，前者从结构出发，只要两个分配具有相同的分配结构，就算是不可区分的分配，比如 L_1 和 L_2 在结构界定下是不可区分的；后者则是从个体出发，当每个个体的属性分配一样时，才能说两个分配是不可区分的，比如 L_1 和 L_2 在个体界定下就是可区分的。

关于这两种界定和 MS1 的关系，金在权的结论是，从这两种界定，我们可以得到两个不同的 MS1，这两个 MS1 相互之间不具有逻辑关系。论证如下：

首先从结构界定的 MS1 推不出个体界定的 MS1。因为在结构界定下，E_1 和 L_1、L_2 之间的情形对随附性构不成威胁，这一点在上文已经论述了。但是在个体界定下，L_1 和 L_2 是两个不同的分配，也就是说 E_1 既可以使 L_1 出现，也可以使 L_2 出现，这是违背随附性的。所以，在个体界定下，E_1 和 L_1、L_2 对随附性构成了威胁。也就是说，在这种情形下，结构界定的 MS1 为真，而个体界定的 MS1 为假；但是，如果结构界定的 MS1 可以推出个体界定的 MS1，那么就不可能出现这种结果

（即结构界定→个体界定，并且结构界定为真，个体界定为假）。

其次，反过来也不可能从个体界定的 MS1 推出结构界定的 MS1。同样的方法，假设 E_1 不变，增加 E_2 和 L_3、L_4，分别表示如下：

E_1：$P_j x$，$P_k y$，$P_l z$
E_2：$P_k x$，$P_j y$，$P_l z$
L_3：Fa，Ga，Fb，Gb
L_4：Fa，Ga，¬ Fb，¬ Gb

同样地，我们需要假设 E_1 蕴含 L_3，E_2 蕴含 L_4。那么，在这种情形下，用个体界定的 MS1 来看，显然 E_1 和 E_2 是不同的分配方式，L_3 和 L_4 也是不同的分配方式。所以 E_1 蕴含 L_3、E_2 蕴含 L_4，跟随附性不冲突。但是在结构界定的 MS1 下，E_1 和 E_2 表示的是同一个分配，因为它们都是三个个体，分别具有三个不同的 P－极大属性；但是从结构上来看，L_3 和 L_4 也属于不同的分配方式，也就是说，不可区分的分配方式（E_1 和 E_2）蕴含了两个可区分的分配方式（L_3 和 L_4），这是违反随附性的。因此，在这种情形下，个体界定的 MS1 为真，而结构界定的 MS1 为假，这说明从个体界定的 MS1 推不出结构界定的 MS1。

这两种界定不可区分性的方法哪种更好，金在权没有做出判断，他选择了保守地保留这两种界定方式，它们产生两种不同的随附关系，适用于不同的情形。

整体性带来的第二个困难在于，我们可能有什么证据来支持多域随附性的存在。比如在笛卡尔式的心物关系中，我们有什么依据说笛卡尔式的随附性存在。一般来说，我们认为具体的心灵—身体对应关系，可以作为证据支撑笛卡尔式的随附性。但是多域随附性并不隐含任何形式的具体对应关系，也就是说，从多域随附性我们得不出任何具体的对应关系，因此无法用具体的对应关系来支持多域随附性。而我们又很难直接知道域整体的分配方式，剩下的出路就在于，通过形而上学的分析，从存在的特征出发来提供支持。这是一种提供证据的方法，但是很明显这不够充分，真正表达依赖性的随附关系是要以对应关系为基础的。所以，金在权讨论了一种预设对应关系的多域随附性。我们将在下一节介绍这种多域随附性，因为这种多域随附性可以转换为单域随附性。

第二节　不同随附性之间的关系

前文介绍了四种随附性概念的基本内涵，那这四种随附性之间的关系是怎样的呢？大家比较熟悉的是，金在权曾经认为全局随附性等值于强随附性，后来放弃了这种观点。实际上，金在权还讨论过多域随附性和单域随附性的关系，并且认为多域随附性可以在一定条件下转换为单域随附性，这大概也是多域随附性没有被单独讨论的原因。

一　强随附性与全局随附性

关于强随附性（记作 S）与全局随附性（记作 G）等值的证明可以分为两步，第一步是证明从强随附性可以推导出全局随附性（S→G），这一步用的是反证法。第二步是证明全局随附性可以推导出强随附性（G→S），通过证明强随附性的否定可以推导出全局随附性的否定（¬S→¬G）来完成的。下面是证明过程：

1. 证明 S→G。[①] 假设强随附性为真且全局随附性为假（即假设S→G 为假[②]），有：

（1）A 强随附于 B　　　　　　　　　　　　　　假设 S
（2）W_1 和 W_2 在 B 属性上不可区分，但是在 A 属性上可区分。
　　　　　　　　　　　　　　　　　　　　　　　　假设 ¬G
（3）A 类属性 F 满足，W_1：F（a），W_2：¬F（a）。　　（2）

[①] Jaegwon Kim, *Supervenience and Mind*, New York: Cambridge University Press, 1993, p. 69.

[②] 因为 S→G 为假的条件就是 S 为真并且 G 为假，即 S&¬G。

(4) W_1 中，B^* 是 F 的基础属性，即 W_1：B^*（a）。　　　　（1）
(5) $\forall x [B^*(x) \rightarrow F(x)]$　　　　　　　　　　　（1）（4）
(6) W_2：B^*（a）　　　　　　　　　　　　　　　　（2）
(7) W_2：F（a）　　　　　　　　　　　　　　　　　（5）（6）
(8) W_2：¬F（a）并且 W_2：F（a）　　　　　　　　（3）（7）

根据（3）有 W_2：¬F（a），（3）和（7）矛盾，所以假设不成立，也就是 S&¬G 不成立，即¬[S&¬G]，这在逻辑上是等值于 S→G 的。证明 1 中各步骤的依据是：（1）是假设 S 成立，（2）是假设 G 不成立，所以（1）和（2）加起来就是 S&¬G；（3）是根据（2）做的进一步假设，即假设 F 就是使得 W_1、W_2 在 A 属性上可区分的那个属性；（4）的依据是，F 是 A 类属性，它不能单独存在，所以就假设它的基础属性是 B^*；后面几步的推理就是完全逻辑的推理了，不需要再做说明了。

2. 证明 G→S。① G→S 等值于¬S→¬G，假设¬S，有：
(1) 假设强随附性不成立。　　　　　　　　　　　　假设¬S
(2) 某个个体 x 具有 A 类属性 F，记作 F（x）。　　　假设
(3) 某个个体 x 具有 B 类属性 B^*，记作 B^*（x）。　假设
(4) ¬{$\forall x [B^*(x) \rightarrow F(x)]$}。　　　　　　　　（1）（2）（3）
(5) W_3：B^*（x），F（x）。　　　　　　　　　　　假设
(6) W_4 和 W_3 在 B 类属性方面是不可区分的。　　假设
(7) W_4：B^*（x）。　　　　　　　　　　　　　　（6）
(8) W_4：¬F（x）。　　　　　　　　　　　　　　（1）（7）
(9) W_3：F（x），W_4：¬F（x）。　　　　　　　（5）（8）
(10) A 类属性并不全局随附于 B 类属性。　　　　（6）（9）

---

① Jaegwon Kim, *Supervenience and Mind*, New York: Cambridge University Press, 1993, p. 69.

这一步证明的思路是，假设¬S，然后推出¬G，所以¬S→¬G为真，这等价于G→S。证明思路是这样的：如果两个世界在B属性上相同、在A属性上不同，则A全局随附于B就不成立了。所以，只要证明在强随附性不成立的情况下，两个在B属性上相同的世界在A属性上可以不同即可。

皮特里（Bradford Petrie）提出了一个反例，来说明从全局随附性推出强随附性不成立，例子是这样的：①

表1.1

世界 个体	W_1	W_2
a	P, M	P
b	P	

表1.1可以表示皮特里的例子。W_1和W_2是两个世界，a和b是两个对象，P和M是两个属性。表1.1表明，在W_1中，对象a具有属性P和M，在W_2中，对象a具有属性P；在W_1中，对象b具有属性P，在W_2中，对象b不具有属性P，也不具有属性M。表1.1描述的这种情形是完全可能的，但是在这种可能的情形下，属性M并不强随附于P，因为a在W_1和W_2中都具有属性P，却只在W_1中具有M；实际上M弱随附性P也不成立。

虽然M强随附于P不成立，但是表1.1并没有排除M全局随附于P的可能，因为W_1和W_2这两个世界在P属性上是不同的；而全局随附性说的是，两个世界如果在基础属性上是不可区分的，那么它们在随附属性上也是不可区分的。表中描述的情形并不违反全局随附性的定义。因此一种可能的情形是，M全局随附于P，但是并不强随附于P；

---

① Bradford Petrie, "Global Supervenience and Reduction", *Philosophy and Phenomenological Research*, Vol. 48, No. 1, 1987, p. 121.

这就说明，全局随附性推不出强随附性。皮特里认为，因为 W_1 和 W_2 在 P 属性方面是可区分的，因而它们在 M 属性方面的可区分性并没有违背全局随附性。所以即便强随附性不成立，全局随附性仍然可能成立。

但我们认为，和金在权的第 2 步论证一样，这里只说了全局随附性可能是成立的，实际上在表 1.1 给定的情况下，我们还不能判断全局随附性成立与否。在表 1.1 的情形下，全局随附性既非成立，也非不成立。那么还需要什么数据，我们才能判断全局随附性成立与否呢？

判断全局随附性成立与否的前提是，两个世界在基础属性方面是不可区分的。没有这个前提就无从判断，因为没有这个前提就相当于没有进入全局随附性的描述范围，与全局随附性无关。只有进入全局随附性的描述范围后，即两个世界在基础属性上不可区分的前提下，如果这两个世界在随附属性上也是不可区分的，全局随附性才成立；否则全局随附性就不成立。所以，严格来说，皮特里描述的案例是一个强随附性不成立，但与全局随附性无关的情形。

通过增加数据，表 1.1 有可能发展为如下两个表：

表1.2

世界 个体	W_1	W_2
a	P, M	P, M
b	P	P

表1.3

世界 个体	W_1	W_2
a	P, M	P, M
b	P	P, M

从表 1.2 可以看出，W_1 和 W_2 在 P 属性上是不可区分的，因为 W_1 中有两个个体 a 和 b，它们具有属性 P，W_2 中也有两个个体 a 和 b，它们具有属性 P；并且，表 1.2 描述的情形下，W_1 和 W_2 在 M 属性上也是不可区分的，因为 W_1 中是 a 具有 M 但 b 不具有，W_2 中也是 a 具有 M 但 b 不具有。所以，表 1.2 描述的情形应该是满足全局随附性的。

而表 1.3 描述的情形则是不满足全局随附性的。因为从表 1.3 中可以看出，W_1 和 W_2 在 P 属性上是不可区分的，W_1 中有两个个体 a 和 b，它们具有属性 P，W_2 中也有两个个体 a 和 b，它们具有属性 P。但在 M 属性上，W_1 和 W_2 是可区分的，W_1 中的 a 具有 M，W_2 中的 a 不具有 M。

不过，表 1.2 所描述的情形，确实构成了对金在权的反驳。表 1.2 满足全局随附性的定义，但是很明显表 1.2 所描述的情形并不满足强随附性，甚至连弱随附性也不满足。实际上，我们认为表 1.2 描述的情形如果加上弱随附性，就可以推出强随附性了。我们知道，强随附性有两层含义：一个世界内，属性 M 和属性 P 要满足特定的对应关系；在不同的世界之间，这种特定的对应关系也应该被满足。而弱随附性就规范了这个世界内，属性 M 和属性 P 要满足特定的对应关系，再通过全局随附性的作用，这个特定的对应关系就会被多个可能世界满足，这就是强随附性。所以，强随附性等于弱随附性加全局随附性。

金在权接受佩特里等人的反驳，他在《对强随附性和全局随附性的重审》[1] 中表达了这一观点。但是，同时他又从三个方面进行了回应。

首先，全局随附性无法推出强随附性这一结论，表明了全局随附性作为"决定"关系或者"依赖"关系的局限性。[2] 在佩特里给出的案例中，M 不满足强随附于 P 的条件，却可以满足全局随附于 P 的条件。但是，在这种情形（表 1.1）下，我们也不能认为 P 决定 M，或者 M 依赖于 P；因为在 W_1 中，a 具有 P 和 M，如果 P 决定 M，那么 b 又怎么可能只具有 P 不

---

[1] Jaegwon Kim, *Supervenience and Mind*, New York: Cambridge University Press, 1993, pp. 79–91.
[2] Jaegwon Kim, "'Strong' and 'Global' Supervenience Revisited", *Philosophy and Phenomenological Research*, Vol. 48, No. 2, 1987, p. 319.

具有 M 呢？这一点也可以通过比较 W_1 中的 a 和 W_2 中的 a 得到支持。

而且，根据佩特里的案例，我们还能进一步得出结论：全局随附性甚至连弱随附性也推不出来。① 以 W_1 为例，在 W_1 中，a 和 b 都具有 P 属性，在 P 属性上是不可区分的；但是只有 a 具有 M 属性，b 不具有 M 属性，说明 a 和 b 在 M 属性上是可区分的。所以，在 W_1 中，M 弱随附于 P 的关系都不成立。但是，金在权认为，弱随附性是决定关系或者依赖关系的必要条件，虽然这无法被证明。所以，金在权认为，在强随附性不成立的情况下，就算全局随附性成立，它也不能被合理地当作一种依赖或者决定关系。

因此，由于全局随附性在表达依赖关系上的局限性，物质主义（materialism）就不能再使用全局随附性了。② 物质主义本来将全局随附性作为"决定而非还原"模型，用来描述心—物关系；但是由于佩特里的例子，物质主义如果还想使用全局随附性作为模型的话，就必须处理一种情形，即在物理方面的细微差别和心理方面的巨大差别同时发生。根据佩特里的例子，我们可以合理地想象，有两个世界在物质方面只有非常细微的差别，比如土星光环中多了一个氦分子，但是同时，这两个世界在心理方面有巨大的差异，比如完全没有心理属性，或者心理属性的分布完全不同。这种情形并不违背全局随附性，因为全局随附性只论断了两个世界在物理方面不可区分的情况下，它们在心理方面也应该不可区分；上述情形是，两个世界在物理方面是可区分的，同时在心理方面也是可区分的。物质主义是否愿意接受这种情形还需要进一步讨论，但是不需要讨论的是，这种情形不满足物理完全决定心理的原则。

而且，这种强随附性不成立但全局随附性可能成立的情形，也会给我们带来认知困难。一般来说，如果心理属性全局随附于物理属性，我们会倾向于这种随附关系是可以被理解的，或者是可以被说明的。否则，这种随附关系就会成为一种不可被说明的神秘关系，这并不能

---

① Jaegwon Kim, "'Strong' and 'Global' Supervenience Revisited", *Philosophy and Phenomenological Research*, Vol. 48, No. 2, 1987, p. 319.

② Jaegwon Kim, "'Strong' and 'Global' Supervenience Revisited", *Philosophy and Phenomenological Research*, Vol. 48, No. 2, 1987, pp. 320–321.

满足我们的认知要求。但是，强随附性的不成立会对我们理解全局随附性带来困难，因为强随附性表达了一种局部的决定关系（local determination），而全局随附性表达了一种全局的决定关系（global determination）；如果局部的决定关系都不成立，全局的决定关系又如何成立呢？换句话说，如果两个世界在局部上都是可以区别的，那么它们如何在全局上是不可区别呢？这是一个很难回答的问题。

佩特里认为，这种意义的全局随附性在处理孪生地球案例时是有利的，金在权反驳了他。佩特里认为，如果假设孪生奥斯卡是奥斯卡的完全复制品，从分子到分子的复制，那么他们在物理状态上就是不可区分的。但是他们在心理方面确实有所不同的，比如奥斯卡相信 H_2O 和油不能混合，而孪生奥斯卡则认为 XYZ 和油不能混合。这表明，似乎信念不是完全由信念者的物理状态决定的。但是，物理主义者仍然会认为，世界的心理属性总体上是被物理属性所决定的，所以我们就需要一种物理主义，既不会被局部上的"心理不被物理决定"所否定，又可以保持整体上的"物理决定心理"，或许全局随附性就是一个合适的选择。[1] 金在权反驳说，其实只要在信念的基础属性中加上两个奥斯卡和外在环境之间的关系属性，强随附性就会成立了。解决这种案例需要的不是全局随附性，而是对关系属性的正确处理。[2]

最后，金在权对全局随附性的第三个回应是：修订全局随附性。他提出了一种以相似性为基础的全局随附性（similarity-based global supervenience）——A 相似的全局随附于 B：任何两个世界在 B 属性方面的相似度和它们在 A 属性方面的相似度是相对应的。[3] 或者稍微弱一点的定义——A 相似的全局随附于 B：在 B 属性方面非常相似的两个世

---

[1] Jaegwon Kim, "'Strong' and 'Global' Supervenience Revisited", *Philosophy and Phenomenological Research*, Vol. 48, No. 2, 1987, p. 322.

[2] Jaegwon Kim, "'Strong' and 'Global' Supervenience Revisited", *Philosophy and Phenomenological Research*, Vol. 48, No. 2, 1987, p. 323.

[3] Jaegwon Kim, "'Strong' and 'Global' Supervenience Revisited", *Philosophy and Phenomenological Research*, Vol. 48, No. 2, 1987, p. 325.

界，在 A 属性方面也非常相似。①

至于这里的相似度，金在权无法提出一个精确的标准，只是类比反事实条件句理论中的"相对的全局相似性"②，认为这里的相似度概念大概就是相对的全局相似性，至少不会是一个比相对的全局性更模糊的概念。

这种相似性的全局随附性可以处理佩特里的案例。因为表1.1中的 W_1 和 W_2 在 P 方面的相似度是一个需要讨论的问题，同样它们在 M 方面的相似度也是需要讨论的。所以，至少在面对佩特里的案例时，相似性的全局随附性是可以被辩护的。

但是，在我们看来，金在权的这种修订就像在和稀泥一样，只会让问题更加复杂，对于解决问题是没有帮助的，这一点从他无法精确地分析佩特里的案例就可以看出③。其实全局随附性不能推出强随附性的关键有两点：第一点就是佩特里的案例中展现出来的，分析如下，从强随附性和全局随附性的定义开始：

> 定义1：A 强随附于 B，当且仅当，必然地，对任意 a 和 A 中的任意属性 A^*，如果 a 具有 A^*，那么在 B 中存在一个属性 B^*，a 具有 B^*；并且，必然地，任意 b 具有 B^* 的话，b 具有 A^*。
>
> 定义2：A 全局随附于 B，当且仅当，在 B 类属性上不可区分的两个世界，在 A 类属性上也不可区分。

根据强随附性的定义，如果 A 强随附于 B，a 和 b 是两个对象（可以在一个世界中，也可以在不同的世界中），下面这个推理（推理1）是成立的：

---

① Jaegwon Kim, "'Strong' and 'Global' Supervenience Revisited", *Philosophy and Phenomenological Research*, Vol. 48, No. 2, 1987, p. 325.
② David Lewis, "Causation", *The Journal of philosophy*, Vol. 70, No. 17, 1973, pp. 559 – 560.
③ 金在权还在其他问题中引入相似度，但是在下文的讨论中，我们选择了忽略。

(1) A 强随附于 B。　　　　　　　　　　　　　前提
(2) 如果 B（a）= B（b），那么 A（a）= A（b）。　结论

如果换成 A 全局随附于 B，也就是说两个可能世界 W_1 和 W_2 在 B 方面是不可区分的。W_1 和 W_2 如何实现在 B 方面不可区分呢？

首先，W_1 和 W_2 中的对象应该是一一对应的，W_1 中有奥斯卡，W_2 中也应该有一个对象和奥斯卡对应。其次，一一对应的两个对象，应该在 B 属性上是相同的。那么，如果 a 和 b 分别表示 W_1 中的对象和 W_2 中的对象，这个推理（推理 2）是成立的：

(1) $a_i \xrightarrow{f} b_j$，其中 f 是一个线性对应关系。　　前提 1
(2) A 全局随附于 B。　　　　　　　　　　　　　　　前提 2
(3) 如果 B（a_i）= B（b_j），那么 A（a_i）= B（b_j）　结论

也就是说，对每一个数对（i，j）来说，推理 1 和推理 2 的结论是等同的。这就告诉我们，强随附性可以推出的结论，可以由全局随附性加上一一对应关系推出来，因为推理 2 的（1）只是表达了一种一一对应关系。

在表 1.1 中，就佩特里的案例来说，看起来 W_1 和 W_2 中都有两个对象 a 和 b，但是实际上，W_2 中的对象 b 既不具有 P 属性也不具有 M 属性，也就是一个和 P、M 无关的对象，所以 W_2 中的 b 是一个和讨论问题无关的对象。因此，本质上说，W_2 中缺乏一个对象与 W_1 中的 b 对应，W_1 和 W_2 应该被算作在 P 属性上可区分的，那么佩特里的案例就不可能是一个全局对应关系了。

第二点在于，全局随附性的内涵是"如果 B（a_i）= B（b_j），那么 A（a_i）= A（b_j）"[①]；而强随附性的内容是"如果 B（a_i），那么

---

① 假设个体的一一对应关系已经被保证。

A（a_i）"。也就是说，假定强随附性，从 B（a_i）和 B（b_j）可以推出 A（a_i）和 A（b_j）[①]；假定全局随附性，从 B（a_i）和 B（b_j），首先可以推出 B（a_i）= B（b_j），然后可以推出 A（a_i）= A（b_j）。

但是 A（a_i）= A（b_j）成立有两种情况：一种情况是 A（a_i）= A（b_j），另一种情况是¬ A（a_i）=¬ A（b_j）。这说明，就算我们对第一点进行修订，保证可能世界之间各对象的一一对应关系，全局随附性所表达的对应关系还是比强随附性表达的对应关系弱一些。

这一点启发我们，在对随附性进行定义的时候，要直接定义随附属性和基础属性之间的对应关系，而不要通过可区分性来定义。用可区分性来定义随附性是一种很常见的方法，但是这种方法是值得讨论的。

在 A 随附于 B 的例子中，如果 a 具有 B^*，b 具有 B^*，我们可以推出 a 和 b 在属性 B 上是不可区分的。因为不可区分性是关系属性，是依赖于 B^* 的第二位属性，所以我们可以从 a 和 b 都具有 B^* 推出不可区分性。

但是反过来是不成立的，从 a 和 b 在属性 B 上的不可区分性，推不出"a 具有 B^* 并且 b 具有 B^*"，因为 a 和 b 同时具有¬ B^*（或者同时不具有 B^*），也可以算是 a 和 b 在属性 B 上是不可区分的。

用一种比喻的方式来说就是，作为第二属性，不可区分性随附于第一属性，它是可以被多重实现的；所以在不可区分性成立的前提下，具体到如何不可区分法的时候，是可以有多种方式来体现的（比如表 1.2）。这就是用不可区分性定义随附性的根本问题所在。在下文，我们会重点阐发这种不可区分性与个体属性之间的差异，来论证我们的立场。

二 多域随附性与单域随附性

在上一节讨论的多域随附性（MS1）中，两个个体域之间并没有

[①] 即，从 a_i 具有 B、b_j 具有 B，可以推出 a_i 具有 A、b_j 具有 A。

任何对应关系，是完全独立的两个集合。MS1 面临的困难在于，一方面它很难给出一个好的标准来说明，如何不可区分地把一些属性分配给一个个体域。另一方面它的整体性特征排斥了任何形式的具体层面的对应关系，因而我们找不到证据来支持这种随附关系。

所以，金在权讨论了另一种多域随附性，这种随附性的两个个体域之间具有某种对应关系。比如整体的属性与部分的属性之间的关系，就是这种多域随附的关系。这种随附关系不同于笛卡尔式的心—物随附关系，因为它的两个个体域之间存在"整体—部分"的对应关系，这种对应关系的存在，使得我们可以用单域随附性来描绘它。金在权说，把整体作为唯一的个体域，把整体的微观结构（microstructural properties）作为基础属性，整体属性仍然是随附属性，这样就可以用单一个体域的随附性，来描述整体属性与部分属性的随附关系了。

比如，某个整体 a，它具有整体属性 A，这个属性 A 随附于 a 的各部分（x、y）所具有的属性（Bx、Cy）。如果用多域随附性来描述属性 A 与属性 B、属性 C 的关系，就要假设两个个体域，a 所在的整体和 x、y 所在的部分。但是由于整体和部分这两个个体域之间具有对应关系，也就是说每一个 a 都对应着固定的 x、y。所以金在权提出用微观结构属性来描述 Bx、Cy。微观结构属性是整体的属性，不是部分的属性，它描述了整体由哪些部分组成、这些部分具有何种属性，以及这些部分之间是如何结合成整体的。比如，这就是一个微观结构属性（B*）：由 x 和 y 组成，从而 x 具有属性 B、y 具有属性 C，并且 x 和 y 之间具有关系 R。整体属性与部分属性之间的关系就变成了：个体 a 具有整体属性 A，并且个体 a 具有微观结构属性 B*，B* 是 A 的微观结构属性。

以此为基础，结合单域随附性的概念，金在权又提出了一种多域随附性概念，用来描述具有对应关系的个体域之间，它们个体属性之间的随附关系：

MWS：[A, D_i] 相对于关系 R 弱随附于 [B, D_j] 当且仅当，对于 D_i 中的任意 x 和 y，必然地，如果 R|x 和 R|y 在 B 属性上

是不可区分的，那么 x 和 y 在 A 属性上是不可区分的。

MSS：[A，D_i] 相对于关系 R 强随附于 [B，D_j] 仅当，对于 D_i 中的任意 x、y 和任意世界 W_m、W_n，必然地，如果 W_m 中的 R｜x 和 W_n 中的 R｜y 在 B 属性上是不可区分的，那么 W_m 中的 x 和 W_n 中的 y 在 A 属性上是不可区分的。

"R｜x"由关系 R 产生，是 x 的映射。从 x 到 R｜x 的映射有三种，分别是一对多映射，一对一映射和多对一映射，分别表示：一个 x 的值对应多个 R｜x 的值，一个 x 的值对应一个 R｜x 的值，以及多个 x 的值对应一个 R｜x 的值。

如果 R 是一种一对多的关系，也就是一个 x 的值对应多个 R｜x 的值，那么对个体 x 来说，x 的属性 A 随附于 R｜x 的属性 B，并且 R｜x 表示多个个体。同理 R｜y 也指称多个对象。所以在判断随附性时，我们就需要判断两个集合相对于某个属性集合的不可区分性，即集合 {R｜x} 和 {R｜y} 相对于属性集合 B 的不可区分性。这就回到了一般的多域随附性了，需要从整体上来考察这种不可区分性，但是很明显，这是一个很难解决的问题。

R 是一种多对一的关系，这可能会导致矛盾。因为如果 R 是多对一的关系的话，就有可能出现多个 x 的值对应一个 R｜x 的值。这等于说在随附属性领域，有两个个体 x_1 和 x_2，它们在基础属性领域对应的个体都是 R｜x，这种情形是违背随附性的基本思想的。因为根据随附性的基本思想，如果基础属性相同，那么随附属性就必须相同；也就是说，如果基础属性都是 R｜x 具有 B 属性（比如，B_0），那么 R｜x 所对应的个体 x_1 和 x_2 就应该具有相同的 A 属性，也就是说 x_1 和 x_2 在 A 属性上是不可区分的。但是，在 A 随附于 B 的讨论中，我们区分 x_1 和 x_2 为两个个体的出发点，就是因为它们具有不同的 A 属性，如果它们的 A 属性相同，那么我就只会把它们看作同一个个体。也就是说，R 最好被当作一对一的关系。

当我们把 R 当作一对一的关系来处理时，这正是笛卡尔式二元论所寻找的模型：每一个心灵都对应一个身体，并且心灵世界中所发生的事情都被身体的状态决定了。MWS 和 MSS 可以提供一个很好的模型，来描绘这种观点。更进一步，金在权认为，有明显的理由可以让我们把这种一对一的关系理解为同一关系，就像整体的属性和部分的属性一样，把部分的属性看作整体的结构属性，从而使得多域的随附性回归到单域的随附性。

为什么根据一对一的对应关系，多域随附性会回归到单一随附性的领域？这是因为：如果 R 是一对一的关系，那么我们至少有三种方式来实现回归：第一，根据对应关系把 A 属性赋予 R | x，由此唯一的个体域变成 {R | x}。在这个个体域中，个体具有 A 属性和 B 属性，同时 A 属性和 B 属性满足随附性的对应关系。第二，根据对应关系把 B 属性赋予 x，由此唯一的个体域变成 {x}。在这个个体域中，个体具有 A 属性和 B 属性，同时 A 属性和 B 属性满足随附性的对应关系。第三，假设有某个第三者的集合，比如 {h}，{h} 和 {x}、{R | x} 的元素之间具有一一对应的关系。所以我们可以根据对应关系，把所有 A 属性赋予 h，并把所有 B 属性赋予 h，剩下的工作就跟前两种方法一样了。

总结一下，金在权关于多域随附性的讨论是从豪格兰德的批判开始，豪格兰德认为金在权所提出的随附性概念预设了类型同一论。为了给这些不承认类型同一论的人提供一种方法来描述心—物关系，金在权讨论了多域随附性。他首先讨论了一般的多域随附性，也就是在完全独立的两个个体域之间，其中一个个体域的属性随附于另一个个体域的属性。这种随附性有两个困难，这两个困难同时指向了一种多域随附性的概念，即在两个个体域之间具有某种对应关系的情况下，其中一个个体域的属性随附于另一个个体域的属性。这种随附性的讨论，最后落脚到对应关系的讨论上。金在权在讨论了三种对应关系后，得出的结论是一对一的对应关系是最合理的。并且，如果这种对应关系是一对一的关系，那么多域随附性就可以被处理为单域随附性。

第三节 随附物理主义

在详细了解随附性概念的内涵后,我们能够做出一个基本的判断,随附性可以用来表达一种依赖关系。在心灵失去作为一个实体的地位后,意识和身体的关系就不再是平等的对立关系了,而是一种依赖关系,比较常见的观点是认为意识依赖于身体。因此,用随附性来描述意识和身体之间的依赖关系就成了一种可能的选择方案。

实际上,心—身随附模型是早期金在权的思想,在这一时期他应该被看作一个非还原的物理主义者。只是后来他逐渐转向了还原主义的立场,将还原主义和功能主义结合起来,提出了功能化的还原模型。但就目前来说,人们还无法弄清楚意识是如何从大脑活动中产生的,因此随附性概念的描述性特征反倒成了它的一个优势。本书想要通过修订随附性来实现对心—身关系的描述,为理解心—身关系准备条件。这也是本书选择随附物理主义作为阐述立场的原因。

一 随附物理主义的基本思想

贾沃斯基(William Jaworski)在他的《心灵哲学导论》中将这种模型称为随附物理主义[1]。随附物理主义的基本思想是,心理属性随附于物理属性,如果两个对象在物理属性上是一样的,那么他们在心理属性上就一定是一样的。也就是说,如果两个对象在心理属性上有所差异,那么他们必然在物理属性上也有不同。

比如,你和你的复制体在物理层面是完全一样的,每个细胞都一样,甚至每个分子、每个原子都是一样的。那么根据随附物理主义,你们在心理属性上也应该是一样的,比如你们会有同样的爱好、同样的情绪、同样的信念等。如果你喜欢喝咖啡,那么你的复制体

---

[1] William Jaworski, *Philosophy of Mind: A Comprehensive Introduction*, West Sussex: Wiley-Blackwell, 2011.

也会喜欢喝咖啡；如果你看到《蒙娜丽莎》觉得很享受，那么你的复制体看到《蒙娜丽莎》也会觉得很享受；如果你相信太阳系里有八大行星，那么你的复制体也会相信太阳系里有八大行星……如果你和你的复制体具备了不同的心理属性，比如不同的感觉、不同的情绪；那么一定是因为你们在物理状态上有某种差异，可能你们的大脑中某个细胞的激活状态不同。这种大脑状态的差异可能出自你们从外界接受到的刺激差异。总之，如果没有身体状态上的差异，你和你的复制体之间就不会有心理状态的差异。这就是随附物理主义的基本思想。

随附物理主义面临三个问题：对随附性的界定问题，到底应该用哪种随附性来描述心—身关系；心—身依赖的非对称性问题，心理属性依赖于物理属性，而物理属性并不依赖于心理属性，但心—身随附性并不能排除身—心随附性的可能；对随附关系的解释问题，很多心—身关系理论都可以解释随附关系，究竟应该采取哪种解释方案呢？

关于第一个问题，本书第一章已经做了一些介绍，金在权把随附性分为三种：强随附性、弱随附性、全局随附性。在这几种随附性中，究竟哪一种更适合用来描述心—身关系呢？当然，需要说明的是，金在权讨论随附物理主义的文章是1982年发表的，而他对于随附性的定义是出自1984年发表的论文。所以，我们会发现，他在早期讨论心—身随附性的时候，并不是从随附性的模态特征展开的。

我们之所以把随附性概念放在第一节，而把随附物理主义放在第三节，一方面是出自行文逻辑的需要，先介绍随附性的概念，后介绍随附物理主义，这才符合人们理解事物的习惯；另一方面是，虽然金在权关于随附物理主义的文章先发表，讨论随附性概念的文章后发表，但是在《心—身随附性》这篇文章中，他就已经表达出了相关思想，注意到了随附性在不同层次上的含义，只是没有专门对这些不同进行区分讨论。比如他说："……那么我们会跟随霍根的脚步，断定任何两个可能世界，如果它们在物理细节上不可区分，那么它们在心理属性上也不可区分；更简单的说，任何两个物理上不可区分的世界，实际上就是同一个世界。"①

如果心理属性对物理属性的随附关系是金在权所说的弱随附性，那么在任何一个世界中，物理属性相同的两个对象，心理属性也会相同。比如，我们制造一个你的复制体，那么你们在心理属性上也应该是相同的。但这只是就现实世界而言，如果是你和另一个可能世界中的你的复制体之间，情况就会有所不同了。完全有可能你们在物理属性上是一模一样的，而在心理属性上有区别，甚至你在另一个世界的复制体完全没有心理属性。这种可能性说明，弱随附关系太弱了，不适合于描述心—身关系，非还原物理主义需要一个更强的随附概念。

如果用全局随附性代替弱随附性会怎样呢？全局随附性认为，如果两个世界在物理属性上是不可区分的，那么它们在心理属性上也是不可区分的。但全局随附性允许这种情况出现：两个世界非常相似，接近百分之百的相同，但有一个例外，比如外太空的某个原子所处的状态不同；根据全局随附性，这两个世界可以在心理属性上有很大的差别，比如你具有如此这般的心理属性，但是另一个世界中的你不具有这种心理属性，甚至完全没有心理属性也是可以的。这是不太符合人们的直觉的，所以全局随附性似乎也太弱了。

那么强随附性能不能用来描述心—身关系呢？强随附性认为，任何两个对象，如果它们在物理属性上是一模一样的，那么它们必然在心理属性上也是一模一样的，就算跨越世界的两个对象也是如此。这就是说，如果你和另一个世界中的你，在物理属性上是一模一样的，那么你们在心理属性上也是一模一样的；如果你们在物理属性上有什么差异，那么你们在心理属性上也会有相应的差异。这种观点似乎又太强了，强到让人觉得可以把心理属性还原为物理属性。所以，如何

---

① Jaegwon Kim, "Psychophysical Supervenience", *Philosophical Studies*, Vol. 41, No. 1, 1982, p. 63.

定义随附性，使得它既不会太强，从而把心理属性还原为甚至等同于物理属性；又不会太弱，而脱离物理属性决定心理属性的基本立场，这是一个需要解决的问题。

贾沃斯基认为，随附物理主义的第二个问题是非对称性问题。心理属性对物理属性的依赖关系是一种不对称关系，心理属性依赖于物理属性，但是物理属性并不依赖于心理属性。也就是说，根据随附物理主义，我们之所以会具有如此这般的心理属性，是因为我们具有如此这般的物理属性；但是我们不能根据自己具有如此这般的心理属性，来推断自己会具有如此这般的物理属性。

随附性概念只可以表达心理属性对物理属性的依赖，而不能表达这种依赖的非对称性。即是说，属性 A 随附于属性 B，并没有排除属性 B 同时也随附于属性 A 的可能性。比如同一性是一种对称关系，如果 X 和 Y 同一的话，Y 和 X 也是同一的；当 X 和 Y 同一的时候，X、Y 满足随附性的定义，我们也可以说 X 随附于 Y；同时，我们还可以说 Y 也随附于 X。比如，"具有 1 吨的重量"和"具有 1000 千克的重量"可以看作同一个属性。那么一个对象具有 1 吨的重量，就随附于这个对象具有 1000 千克重量这个属性；同时一个对象具有 1000 千克的重量，也随附于这个对象具有 1 吨重量这个属性。随附性概念本身并不能表达心理属性依赖于物理属性的非对称性，它必须借助于其他概念才行。因此，这被看作随附物理主义的第二个问题。

随附物理主义的第三个问题是，随附性本身是需要被解释的，它自身并不能形成一个完整的理论。如果心理属性随附于物理属性，那么当某个物理属性被示例的时候，随附于它的心理属性就会被示例。是什么原因使得心理属性和物理属性之间具有这种随附性的呢？

随附性可以和多个心—身关系理论兼容。在心—身同一论中，我们可以说心理属性随附于物理属性。因为当心理属性和物理属性同一的时候，如果物理属性被示例，那么对应的心理属性肯定也会被示例；并且心理属性没有被示例的时候，对应的物理属性也肯定没有被示例；所以，心理属性随附于物理属性。在副现象论中，我们也可以说心理属性随附于物理属性。因为当心理属性是物理属性的副现象的时候，如果物理属性被示例，那么对应的心理属性也会被示例；并且如果心理属性没有被示例，对应的物理属性也不会被示例；所以心理属性随附于物理属性。这大概就是金在权说随附性概念只是一个描述概念的理由，认为它只是描述了心理属性和物理属性的对应关系，并没有解释这种关系。

何种随附性能够满足非还原物理主义的需要，这确实是一个很重要的问题，但既然随附性是一个描述概念，那么从描述的角度看，回答这个问题的出路应该在神经心理学研究的成果中。因为随附性描述了心理属性和物理属性的对应关系，这种对应关系究竟是什么，最终还需要科学研究来回答。

而贾沃斯基所谓的非对称性问题，实际上我们觉得这并不是一个问题。虽然 A 随附于 B 的同时，B 也可能随附于 A，随附性没有排除这种对称性的可能。但其保留的也只是一种可能，随附性既没有论断 A 和 B 的这种对称性，也没有否定这种对称性。至于究竟有没有这种对称性，最终还得根据 A、B 的实际情况来看，不同的 A、B 会满足不同的情况。

我们认为，对随附关系的解释问题，确实会对随附物理主义造成不小的影响。且不论如何回答这个问题，只要这个问题成立，随附物理主义就失去了立足之地。因为如果随附性本身需要解释，那就说明随附性不能被当作一种心—身关系理论。对自己描述的经验现象做出解释说明，这是一个理论的基本内容；如果随附性不能对心—身关系做出解释，那么它就不能被当作一个理论。

以上就是随附物理主义的基本思想。金在权是随附物理主义的代表人物，他早期的思想就是在随附性关系的基础上理解心—身关系。本书主要讨论随附物理主义的修订与发展，因此金在权的思想就自然成了我们讨论的重要对象了。接下来，我们就要准确地解释金在权的随附物理主义的含义，以及他为心—身随附性提供的论据。

二 心—身随附性

首先，针对前文提到的复制人的问题，金在权说："它（复制人的假设）和我们已知的所有自然律都是协调一致的。"① 因此这一假设是完全合理的，建立在这个假设上的讨论也就是有意义的。复制人的思想上文已经介绍过了，金在权关心的问题是，我们可以提供何种理由，来支持复制人有着同"被复制者"一样的心理属性。

金在权认为，随附性的概念可以用来描述复制人的思想和身体的关系。一方面，随附性表示了一种单向的依赖关系；如果 A 随附于 B，则 A 依赖于 B、B 不依赖于 A；另一方面，物理属性和心理属性之间也具有这种单向的依赖性，复制人和被复制者的身体具有完全相同的物理状态，所以他们具有了相同的心理状态；但我们不能反过来说，他们具有相同的心理状态决定了他们的物理状态也相同。

其次，抛开这些哲学概念不谈，凭我们的直觉就可以知道，复制人和被复制者之间，应该在思想上有某些相同或者类似的地方，同时也会有不同的地方。所以，金在权也认为，大部分人都会接受某种形式的心—身随附性。于是，他提出了一个心—身随附性的定义：

> 心—身随附性：所有心理状态和进程都随附于机体当下的物理状态。（D1）

和其他随附性定义相比，这个定义强调了随附关系的时间性，即心理属性随附于与之同时的物理属性，因为有可能我们的心理状态会依赖于过去的物理状态，比如关于《蒙拉丽莎》的记忆就依赖于曾经看到过的一幅画，这一幅画当然属于物理状态的范畴。

此外，这里的物理状态应该是"内在的物理状态"，不是外在的关

---

① Jaegwon Kim, "Psychophysical Supervenience", *Philosophical Studies*, Vol. 41, No. 1, 1982, p. 51.

系属性，比如"离月亮的距离""比打印机大"等。而且，金在权明确地说，这里讨论的状态、事件等，既可以指类型意义上的事件和状态，也可以指殊相意义上的事件和状态。①

那么，我们能为 D1 提供什么支撑呢？有一种观点认为，我们可以从心—物对应论推出心—身随附性。所谓的心—物对应论是说：对于每一个心理事件 M 来说，都有一个物理事件 P 与之对应；并且作为一条律则，只有物理事件 P 发生的时候，心理事件 M 才会发生。② 很明显，心—物对应论可以推出心—身随附性。如果心—物对应论成立，那么任何情况下，一个心理事件发生时，都会有一个物理事件与之同时发生；反过来，这个物理事件发生的时候，相应的心理事件也会发生。因为根据心—物对应论，在二者之间存在一种律则性的规范。

但是，金在权并不赞同用心—物对应论来支撑心—身随附性。一方面，金在权认为，在心—身随附性和心—物对应论之间，心—身随附性更基础、更根本，如果二者之间有什么推导关系，那也应该是从心—身随附性推出心—物对应关系。当然这种推理本身很复杂，可能还需要其他前提。但是我们不能说，因为心—物之间具有如此这般的对应关系，所以心理属性是随附于物理属性的；只能说，因为心理属性随附于物理属性，所以心—物之间具有如此这般的对应关系。从金在权的论述中，似乎暗含着这样一种看法：心—物对应论是一个描述性的论题，描述了现象是什么样的；心—身随附性是一个解释性论题，可以解释现象为什么会如此。

另一方面，很多人接受心—身随附性，但不接受心—物对应论。比如功能主义者，他们提出了一个多重实现论证来反驳心—物对应论，其基本思想是：心理属性可以通过不同的物理方式被实现，比如疼痛可以被人的大脑实现，也可以被鼹鼠的大脑实现，还可以被火星人的

---

① Jaegwon Kim, "Psychophysical Supervenience", *Philosophical Studies*, Vol. 41, No. 1, 1982, pp. 53-54.

② Jaegwon Kim, "Psychophysical Supervenience", *Philosophical Studies*, Vol. 41, No. 1, 1982, p. 54.

大脑实现。也就是说，相对于疼痛来说，并不存在唯一的与之对应的物理属性，使得疼痛只在该物理属性出现的时候出现。因而，对应关系并不成立。

当然，金在权认为，多重实现论证并不能否定心—身律则的存在，它最多只能证明，那种心—身之间一一对应的律则是不存在的。从心—物对应论和多重实现论，也可以推出特定形式的心—身规律。由于多重实现论证是建立在不同物种之间物理结构不同的基础上的，所以结合多重实现性，我们就可以推出物种内的心—身规律。这一推理只需要加上一个前提就可以了，即物理结构完全相同的两个个体属于同一个物种。

金在权不仅认为心—物对应论不能为心—身随附性提供支撑，而且认为定义 D1 有很多明显的反例。他专门讨论了几种反例：关于过去的记忆、关于回忆的再现、对于经验的情绪、对于事物的感知、关于行为的意义。[①] 正是在这些反例的推动下，金在权主张重新定义心—身随附性。我们先来看看这些反例的主要内容。

我对过去的记忆是真实的，我"记得"我曾经在办公室待了 7 天，写了一篇十万字的论文；当我的复制体也处于同样的身体状态时，他也会认为自己"记得"曾经在办公室待了 7 天，写了一篇十万字的论文。但是他真的"记得"吗？他不是真的记得，因为他并没有经历过这些，这并不是他人生的一个组成部分。所以，关于过去的记忆，似乎并不满足 D1，记忆不是随附于机体当下的物理状态的。

有很多回忆都是建立在自己和他物的某种关系上的，我和我的复制体可以处于相同的身体状态，这并不能让我们和他物的关系也完全相同，尤其是过去发生的关系。比如"我想起了醉晚亭"，在脑海中呈现了一幅画面，里面有水有荷有亭，我可能还会说"我曾经在这个亭子上看过荷花"，这些都是我"想起醉晚亭"的内容。我的复制体也可

[①] Jaegwon Kim, "Psychophysical Supervenience", *Philosophical Studies*, Vol. 41, No. 1, 1982, pp. 57–58.

以和我处于相同的身体状态，从而会"想起醉晚亭"，但是他并没有看到过醉晚亭，也没有在醉晚亭上看过荷花，所以他脑海里虽然呈现了这一画面，但并不能算作"想起了醉晚亭"。究其所以，我和醉晚亭之间具有某种关系，而我的复制体和醉晚亭之间没有这种关系。

关于感受和情绪，我们可以对某事或者某物产生一些感受和情绪，当这些感受和情绪产生时，我们的身体处于某个物理状态，如果把这个物理状态赋予我的复制体，那么他是否也会产生和我相同的感受和情绪呢？比如我即将发表的文章被退稿了，因为它和我的博士论文有重复，我"感到"非常沮丧。如果我因为这件事而感到沮丧，那么这件事应该是真实的；否则我们就不能说，我是因为这件事而感到沮丧。所以我们不能说，我的复制体因为即将发表的文章被退稿而"感到"沮丧，因为这对他来说不是事实。

或许有人会认为，一个信念（哪怕事实上为假的信念）也可以让人感到沮丧。诚然如此，但金在权只是说存在这种反例，并不是说这种反例具有普遍性。所以虚假的信念可以让人感到沮丧，真实的信念也可以让人感到沮丧；但如果这种"沮丧"是来自真实的信念，那么事实就应该如同信念所包含的那样。而对于我的复制体来说，如果把他的"沮丧"看作建立在真实信念基础上的，那么他就不能算是真的"沮丧"；如果把他的"沮丧"看作建立在虚假信念基础上的，那么他的"沮丧"就和我的"沮丧"不同，因为我的"沮丧"是建立在真实信念基础上的。总之，这里的"沮丧"不满足定义 D1，不能说是随附于物理状态的。

对事物的感知是指，我们在运用感官把握事物时的心理活动。当我看到一棵树的时候，我的大脑、身体处于某个特定的状态；我们可以把这一状态赋予我的复制体，根据心—身随附性，他也应该看到了一棵树。但事实上他没有。金在权的意思是说，我和我的复制体都产生了"看到树的感受"，但这两个感受是不同的，一个是建立在我"看到树的行为"基础上的；另一个与我"看到树的行为"无关。而定义 D1 所描述的随附性并不能对这二者做出区分。

进一步说，关于我们的"行为"，尤其是社会性行为，似乎情况会更加明显。金在权举例说，我签了一张支票来还我的贷款。如果我们给复制体一个空白的支票本，并且把他也放在同样的大脑状态下，让他也签一张支票来还贷款；那么他真的有签支票吗？他真的有在还贷款吗？他有贷款需要还吗？金在权认为，复制体并不是一个完整的社会成员，他没有完整的社会关系，因此也没有贷款需要还，更加没有银行账户让他签支票。① 和我处于同样的大脑状态和身体状态，并不能让他完成和我相同的行为，至少他不能完成和我相同意义的行为。

结合这些反例来看，似乎定义 D1 还有很多问题，我们还需要重新对心一身随附性做出定义。或许有的人并不会把它们当作反例，又或者有人认为这些反例可以通过修订 D1 中特定概念的含义而被消除掉。比如，在时间和空间上扩大随附基础的内涵，如果把机体过去的经历也看作随附的基础属性，那么那些关于回忆、记忆的反例就可以被消除了；如果把那些与机体发生联系的对象甚至环境也看作基础属性，那么那些关于知觉、行为的反例就可以被消除了。

这种修订会带来一个问题，如果我们把这些时间、空间范围内的东西都算作基础属性的话，那么复制体和被复制体之间的基础属性就会发生分化，在一些意识的基础属性上是相同的，在另一些意识的基础属性上是不同的。具体来说，在那些物理基础只涉及个体内在的物理属性时，物理基础就是相同的，否则就是不同的。因此根据随附性的思想，复制体和被复制体之间，有一部分思想应该是相同的，有一部分思想可以是不同的。

但实际上，不管我们过去看到了什么、经历了什么，现在它们都以记忆的形式被我拥有，这种记忆大概也是随附于某些物理基础的。只要我们此刻的思想意识是完全被身体的物理基础决定的，那么复制出来的另一个身体就应该能够同样地使相同的思想意识被示例出来；

---

① Jaegwon Kim, "Psychophysical Supervenience", *Philosophical Studies*. Vol. 41, No. 1, 1982, p. 58.

因此只要复制体和被复制体在物理基础上完全相同，那么他们在所有思想意识方面就应该是相同的。

金在权的做法是，在有机体内部再定义一种随附性，并用这种随附性来排除前面提到的那些反例①。金在权的思路是，先定义内在的（internal）心理属性，然后说明非内在的心理属性在因果解释中的作用，可以用一个内在的心理属性来完成。首先我们看看他是如何处理内在的心理属性的。

心—身随附论：机体的内在心理状态都随附于它同时刻的内在物理状态。（D2）②

D2 和 D1 的区别在于，D2 将心—身随附性限定在某一类心理状态下，即内在的心理状态；只有内在的心理状态是随附于物理状态的，而且是随附于内在的物理状态。那么为了理解这个定义，首先就要理解"内在状态"了。所以，这个定义还有三个辅助定义③：

"G 是植根于其具有时之外的"就是说，必然地，任何物体 x 在时间 t 具有 G 仅当 x 存在于 t 之前或者之后的某个时间。（A1）
"G 是植根于其具有者之外的"就是说，必然地，任何物体 x 具有 G 仅当 x 之外还存在其他物体。（A2）
G 是内在的就是说，G 既不是植根于其具有时之外的，又不是植根于其具有者之外的。（A3）

A1、A2、A3 共同说明了"内在状态"的含义，即一个状态是某

---

① 金在权能做的只是排除这些反例，并没有解释这些反例中的心—身关系。
② Jaegwon Kim, "Psychophysical Supervenience", *Philosophical Studies*, Vol. 41, No. 1, 1982, p. 59.
③ Jaegwon Kim, "Psychophysical Supervenience", *Philosophical Studies*, Vol. 41, No. 1, 1982, pp. 59 – 60.

物的内在状态，就意味着它的出现既不需要追溯到过去或者将来，也不需要追溯到他物。金在权并没有证明这一定义的优越性，只是说这种内在的心理状态才是我们应该关心的。他把重点放在了说明这一定义可以处理前面提到的那几种反例。所以，我们接下来先介绍一下这一定义是如何处理反例的，然后再分析这一定义的意义。

过去的记忆很明显不是内在的心理状态，因为它要追溯到过去，只有我过去存在，我才有可能有记忆。所以 D2 可以很容易地解决这一类反例。与记忆类似的还有人们的信念，金在权认为信念可以分为两种——"从物的信念"和"从言的信念"，前者是对某个对象的信念，明显不属于 D2 的定义范围。后者则属于内在状态，根据 D2，它是随附于内在的物理状态的。除此之外，还有一类特殊的从物信念，即自我信念，就是我对自己的某种信念，也符合定义 D2。

回忆的再现也不属于内在的心理状态，因为当我脑海里呈现出醉晚亭的画面时，这不是我幻想出来的一个亭子，是一个真实存在的亭子。也就是说这个画面的重现，是建立在有一个区别于我的他者的存在基础上的，即醉晚亭的存在。

关于感受和情绪也要分为两种，一种是对某事或者某物的情绪，比如我因为获得奖励而感到开心，这种感受当然不是内在状态，因为它依赖于这个奖励的真实存在；另一种是对我自身的感受，比如我放下了心中的执念，我为自己感到开心，这就是内在的心理状态。

而我们对事物的感知也不是内在的心理状态，因为这些感知是以事物的存在为前提，比如我看到或者触摸到这棵树，必定是以这里有棵树为前提的。而人们的行为，就更加不是内在状态了。我签单的行为，依赖于我有一个银行账户、我有一笔需要偿还的债务，甚至依赖于有一个空白的支票本让我签……

定义 D2 通过增加限定把这些反例排除在 D2 的定义域之外，这种做法涉及两个方面的问题：这种限定是否是特设的，以及这种限定是否完备。前一个问题是说，增加的这个限定除了能解决已有的反例外，还能不能为我们提供其他知识。后一个问题是说，这一个限定能不能准确地把这些反例排除在外，而又不把一些本应包含在定义中的情形排除在外。

关于第一个问题，金在权从一些反例里提炼、总结出它们的共同特征，即所涉及的心理现象都依赖于外在的人或者事，从而提出内在性作为定义 D1 的补充。由此可见，这一修订不能算是特设的，因为它并不是直接把反例列举并排除在外，而是排除了一类反例。

关于第二个问题，我们觉得定义 D2 很难算一个完备的定义。因为从根本上说，我们的所有心理活动都是外在依赖的，没有纯粹内在的心理活动。哪怕我们单纯只在大脑中想象，也不可能脱离现实。"意识在任何时候都只能是被意识到了的存在"①，说的就是这个意思。试想一下，我们想象一个怪物，这个世界上从来都不曾存在过的怪物，它有三个脑袋、一条腿，难道我们这个想象就是完全内在的，不依赖于任何外在的东西吗？似乎不是。我们觉得，可能有一种更好的做法是把意识的外在部分排除在随附定义之外，而不是把包含外在内容的意识排除在随附定义之外。

回到金在权的思想，对于那些非内在的心理状态，金在权是如何处理的呢？他提出了一个解释论题：

> 解释论题：在心理理论解释人类行为时，内在心理状态是唯一需要的心理状态，也是心理学唯一需要的状态。

这个解释论题间接地把非内在的心理状态还原了，只不过是从因果解释的角度；也就是说，所有非内在的心理状态在解释人类行为时，它的因果角色都可以被某个内在的心理状态来承担。这大概是金在权会走向功能还原的一个预兆。

金在权提出一种观点，认为每一个非内在的心理状态在承担解释作用时，我们都可以找到一个该状态的内在核心，这个内在的核心承

---

① 《马克思恩格斯文集》第 1 卷，人民出版社 2009 年版，第 525 页。

担着解释作用。比如前面提到的记忆就不是内在的心理状态，它要追溯到记忆者的过去，也要追溯到记忆者之外的其他存在物。但是当这个记忆出现在我大脑中时，我的身体状态是确定的，我们可以把这个身体状态赋予我的复制体，从而让他也以为自己有这样的记忆，并且他以为自己有这样的记忆就足够解释他的行为了。比如，我想起曾经在办公室待了7天，写了一篇十万字的论文，这是我的真实记忆。我的复制体也会产生同样的记忆，他也想起自己曾经在办公室待了7天，写了一篇十万字的论文，这实际不是他的记忆。但在产生和解释人的行为上，我真实的记忆和他虚假的记忆是等效的，比如在被问到"你是否曾经在7天时间里写完一篇十万字的论文"时，我和我的复制体都会给出肯定的回答。从而在解释我们为什么给出这个回答的时候，引入这一记忆就显得合情合理了。

也就是说，在产生人的行为这一点上，真实的信念和虚假的信念其实具有相同的效果。当然，回到经验世界中，以真实信念为出发点的行为能达到预期效果，而以虚假信念为出发点的行为不能；但这是行为的结果，不是行为的一部分，心理学只需要解释行为是如何发生的就够了，不需要解释行为的后果是如何发生的。比如，我相信按下开关灯就会亮，这是一个真实的信念；而我又想灯亮，所以我按下了开关；这个信念和我想灯亮的欲望可以解释我按下开关的行为。而我的兄弟相信大喊一声灯就会亮，这是一个虚假的信念；并且他也想灯亮，所以他就会大喊一声；这个信念和他想灯亮的欲望可以解释他大喊一声的行为。

所以，我们可以看到，金在权的思路是，提出心—身随附性的观点，然后分析这里的"随附性"是何含义，给心—身随附性下了一个定义（D2），并说明这一定义可以很好地说明心理现象，也能够很好地解释人的行为。在这个定义中，他把心理状态分为两类——内在的和非内在的，并在因果解释的层面，把非内在的心理状态还原（或者等同于）一个内在的心理状态。而所有内在的心理状态都是随附于物理状态的。因此，他就给出了自己的心—身关系理论。唯一遗留的问题是：这种心—身随附性有什么依据呢？我们有什么理由来接受这个理论呢？

为心—身随附性提供论据其实才是金在权最主要的任务，只有这样才能让人们接受心—身随附理论。所以，金在权提出了一个论证，这个论证建立在对心理状态做出功能主义解释的基础上，也就是把心理状态看作刺激输入和行为输出之间的中间状态或者媒介状态。下面就是金在权的论证过程：

（1）我和我的复制体在此刻具有完全相同的内在物理属性。

（2）我和我的复制体并不会每时每刻都具有完全相同的物理属性，比如当复制体开始存在后，我们就会有不同的经历轨迹了。

（3）我和我的复制体在物理结构和身体状态方面具有相同的属性。我们基本的物理结构是相同的，比如我们在物理上的力量、能力、身体状态，至少暂时是相同的。

（4）在这些相同方面，有这样一种，即我们会以特定的方式对各种（内在的、外在的）刺激做出反应。也就是说，我和我的复制体都会满足如下这种稳定的律则式关系：

刺激 $S_1 \to$ 行为输出 O_1

刺激 $S_2 \to$ 行为输出 O_2

……

（5）那么，我们如何解释这种输入—输出关系呢？这之所以会成为一个问题，是因为这种特定的输入—输出关系并不必然会被他人具备（当然，金在权认为其他人会满足类似的其他关系）。

（6）一般来说，我们可以通过引入一个内在状态作为中介，来解释这种输入—输出关系。这种内在状态会因人而异，因此不同的人会具有不同的输入—输出关系。这些内在状态都是心理状态。

（7）如果引入一系列的心理状态（以及它们的相互作用），形成了对我的输入—输出关系的最佳说明，那么我们也应该用相同的心理状态,来解释我的复制体的输入—输出关系。因为我们的输入—输出关系是相同的。

(8) 所以,如果两个机体或者结构在物理上是同一的,那么他们在心理上也应该是同一的。如果两个机体在物理属性上是一致的,那么他们在心理属性上则不可能不一致。因此,心理方面随附于物理方面。

金在权的论证思路并不复杂。他从功能主义的角度,把人的行为看作"输入—输出"关系,而且认为我们应该通过插入内在的心理状态,来解释这种"输入—输出"关系,即把它变成"输入—内在状态—输出"的关系。那么,如果两个人具有完全相同的"输入—输出"关系,则根据最佳说明推理的原则,填入的"内在状态"也应该是相同的。

何种情况下会有相同的"输入—输出"关系呢?金在权说,我和我的复制体之间就会有相同的"输入—输出"关系,因为我们具有相同的身体结构、身体状态。也就是说,是相同的身体结构、身体状态决定了我和我的复制体具有相同的内在心理状态。这就说明,这些心理状态是随附于我们的身体状态的。

金在权的这个论证本质上是用外在的现象推断内在的状态,这种由外而内的论证在原理上就不可能是决定性的。输入—输出关系是外在表现,心理状态是内在状态,我们无法在这二者之间建立联系,也正因如此,我们才需要这个论证。就好像我们看到一个人的行为,并不能决定性地判断这个人的内心想法一样。自然科学的研究方法从根本上说就是外在的研究方法,从对象之外去研究、认识对象,这种做法在认识人类心理现象时,就无能为力了。

虽然金在权提出了相同的物理结构作为论据,但它也不能为论证提供决定性的力量,只能在一定的程度上让论证变得更可靠。由于这个论证不是决定性的,所以讨论它论证得是否可靠就没有太大的意义,因为这些讨论最后只可能回到你自己的选择上来,你选择接受它,那它就有说服力,你选择不接受它,它就没有说服力。当然,由于这种决定性的证明是不可能的,所以我们也就只能退而求其次,间接地证明这种随附关系。所以,从这个角度来说,金在权的工作是有意义的。

第四节 随附性概念的变迁

在把"随附性"变成一个心灵哲学的核心概念上,金在权的确作出了重要的贡献;他对随附性概念的定义几乎成了相关讨论中随附性的标准定义,时常被人们引用;他自己也围绕随附性构建出了一套心—身关系理论,也就是本章介绍的随附物理主义。但是,在《作为哲学概念的随附性》一文中,金在权把随附性看作一个具有解释力的内禀概念,而在《五十年后的心—身关系》一文中,他又亲自否定了随附性的内禀含义,认为它只是一个描述性概念,不能解释心—身关系问题。我们不禁要问,为什么随附性概念"失宠"了?现如今的随附性概念还能有所作为吗?我们总结随附性概念内涵的变迁,是为了更好地理解随附性概念的未来。

一 作为内禀概念的随附性

在较早时期,金在权把随附性看作表达了共变、依赖、非还原的内禀概念,认为这个概念表达了心—身关系的本质,可以**解释**与心—身关系相关的现象。比如当我们问,为什么疼痛的感觉总是和 C 纤维刺激同时出现,金在权会说:"因为疼痛随附于 C 纤维刺激",并且认为这个**解释**是充分完备的,不需要再追问了。内禀概念到底是什么呢?金在权并没有详细解释,我们只能从他的只言片语中,猜测他说的内禀概念是相对于描述性概念而言的。

比如太阳的体积比地球更大,这句话中的"太阳""地球""体积"都是描述性概念;再比如罗伯特·瓦德罗的身高有 2.72 米,这句话中的"罗伯特·瓦德罗""身高""2.72 米"也是描述性概念。描述性概念的作用在于,将经验世界中发生的现象用我们能理解的语言表达出来。所以，每一个描述性概念都要对应一定的经验现象，这是描述性概念的特征。

描述性概念记录了经验世界中发生的现象，这些现象一般是通过我们的感官被我们把握的。俗话说："知其然，不知其所以然。"描述性概念只向我们报告了这个世界发生的事情，并不能告诉我们这个事情为什么会发生。内禀概念的作用就是回答为什么事情会发生，更准确地说是，回答事情为什么会如此这般地发生。

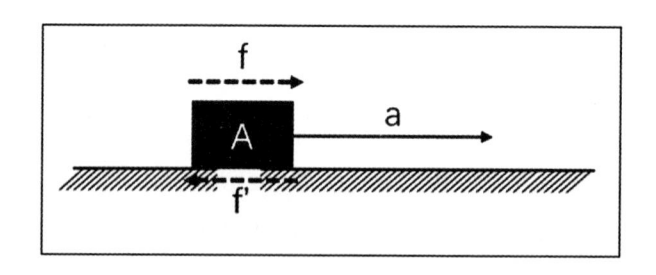

图 1.1

举个例子，如图1.1所示。物体A保持加速度a向右移动，这句话就描述了一个经验现象，其中的"向右移动""物体A""加速度a"都是描述性概念，是我们可以通过感官加以感知和确证的。那么，物体A为什么会保持加速度a向右移动呢？回答这个问题，我们就需要引入力的概念，物体A受到一个向右的作用力f，并且受到一个向左的作用力（即摩擦力）f'，f-f'的差值就可以解释为什么A会保持加速度a向右移动了，因为f-f'的值恰好等于物体A的质量乘以加速度a。这里使用到的力的概念就是一个内禀概念，它可以对物体的运动状态做出解释。

或许有人会说，"力"也是描述性概念，因为我们用测力计就可以观测力的大小，"力"在经验世界中也有对应的现象。其实这种理解是有一定道理的，内禀和描述的区分本就是相对的，它们的区分依赖于人们信念系统的理解力。比如地球的自转，我们现在就会把它看作一个描述性概念，它描述了一个经验现象，即地球在围绕一个轴转动；

但是在几百年前,人们可能把它看作一个内禀性概念,因为没人看得到地球的自转,这是哥白尼假设的一个概念,用来解释白天黑夜交替的现象。在哥白尼的时代,人们需要解释的是白天黑夜的现象,而我们需要解释的是地球为什么会自转,所以自转就从内禀性概念变成描述性概念了。

但是,严格来说,"力"和"物体的运动"还是有区别的,测力计上的数值之所以能够表示力,是因为我们对力做出了如此这般的定义,即(外加的)力是施加于一个物体上的作用,以改变它的静止或者一直向前均匀运动的状态①;但物体的运动并不依赖于特定系统的定义,我们凭直观、经验就可以判断一个物体的空间位置发生了变化。物体空间位置的变化对应了一个经验现象,我们可以通过感官去把握它,所以对运动的反映并不依赖于我们如何定义运动。

如此定义的内禀概念似乎就是自然科学中的理论概念,而描述性概念则相当于观察现象。这种理解也有一定的道理,因为自然科学中,经验观察描述自然现象,比如这只天鹅是白的;甚至还有全称的观察报告,比如所有天鹅都是白的。但是这些观察陈述都不能解释为什么经验是如此这般的。只有科学理论可以为我们提供解释。从满足人们的认知需求角度看,内禀概念和描述概念的区分,正好对应了科学理论和科学观察的区分。

但我们不能说内禀概念就是科学理论,描述概念就是科学观察。实际上,我们可以说,科学理论所使用的概念都是内禀概念,科学观察所使用的概念都是描述概念,但不能反过来说。因为科学理论只是我们认识世界的一种知识,我们只是恰好举了自然科学中的例子。我们也可以举生活中的例子。

理解内禀概念后,我们就可以把握随附性在金在权心目中的地位了。金在权把随附性看作一个内禀概念,而内禀概念的含义我们刚刚已经讨论过,它是那些从本质上描述了对象的情况,并且可以被我们

---

① [英]艾萨克·牛顿:《自然哲学之数学原理》,商务印书馆2006年版,第2—3页。

的理智所理解的。因而随附性就是从本质上描述了心—身关系的情况，并且我们应该理解、接受它。

我们可以推测，金在权的想法大概是这样的：随附性就表达了某种本质联系，类似于力与运动之间的本质联系。随附性所表达的这种关系不属于我们已经掌握的任何一种关系。它既不是还原关系（所以是非还原的），也不是等同关系；从对应性上看它是充分关系（所以是共变的），但它又不同于充分关系。因为它论断了一种真实的依赖性，有点类似于实质蕴含（所以是依赖的），但又不同于实质蕴含。因为处于随附关系中的两个东西是同时发生的，没有时间上的先后顺序，所以它也不是因果关系。

那么，能不能把随附性看作共变、依赖、非还原的复合关系呢？金在权显然是不赞同这种做法的。随附性所包含的共变现象并不能直接推出依赖性，而且不同的随附性中包含的依赖性可能是不同的，所以这种思路是行不通的。从这个角度看，金在权比较倾向于把随附性看作一个基本关系，而非复合关系。以下几段话可以作为佐证：

> 实际上，当一个随附关系被论断时，追问这个随附关系为什么会出现是十分有意义的。为什么道德属性随附于非道德属性？为什么关于整体的事实随附于关于部分的事实？为什么心理属性随附于物理属性？
>
> 对于这些问题，我们能得到的答案很可能是：它就是这样（a brute fact），至少就目前看来。但这不必成为唯一的答案，我们应该追寻更好的答案，并且也能做到。从以下事实就可以很明显地看出这一点，即不管是共变意义上的随附性，还是表达了依赖关系的随附性，它们都是可传递的。这意味着，至少在特定情形下，回答"为什么 X 随附于 Y"是可能的；我们可以用"X 随附于 Z，Z 随附于 Y"来回答……①

---

① Jaegwon Kim, "*Supervenience and Mind*", New York: Cambridge University Press, 1993, pp. 156–157.

这两段话的意思是，就目前的情况来看，随附性应该被当作一个基本关系，一个不能被进一步解释的基本事实。虽然金在权也说了，有可能得到更好的答案，但他给的理由其实并不充分。

从上下文看，这里的更好的答案应该是相对于把随附性看作一个基本事实而言的，即我们可以对随附性做出一个解释，把它解释为其他更加基础的关系。金在权给的理由却不能论证这一点。他的理由是，我们至少可以通过传递性，把 X – Y 的随附性还原为 X – Z 和 Z – Y 的随附性（如果你不喜欢"还原"，也可以理解为"解释为"）。这实际上是在用随附性还原随附性，或者说用随附性解释随附性，这并不能为我们提供任何有价值的知识；相反，这种做法会把问题复杂化，因为它把一个随附性变成了两个随附性，它实现了数量上的翻倍，却没有换来任何质上的简化。

关于进一步解释随附性的问题，金在权的态度其实是不太明确的，最多就说了一个"更好的答案"。这是一个很模糊的描述，何为"更好的答案"？只要比"brute fact"提升一点，就可以算作更好的答案了，这个提升一点到底是多少呢？比如把它变成一个"common fact"算不算是提升了一点呢？所以，在总结这个问题的时候，金在权更直接地说："为什么心理的随附于物理的，还有为什么标准的随附于非标准的？这些问题都是可以理解的，并且都是很好的问题，但它们可能得到有价值的答案，也可能得不到。"① 他并没有表达任何倾向，对于能不能解释随附性，他似乎是保持中立的。

在较早的时期，随附性是金在权心灵哲学中的核心概念，其1993年的论文集就被命名为《随附性与心灵》，随附性的重要性可见一斑。更重要的是，他在这一时期的随附性还是一个基本概念，表达了一种基本关系，是一个不需要或者不能被进一步解释的概念，它代表了一个理论，甚至一个结论。但他对随附性的看法发生过较大的变化。

---

① Jaegwon Kim, *Supervenience and Mind*, New York: Cambridge University Press, 1993, p. 157.

二 作为描述概念的随附性

首先，我们需要引用金在权的一段话，这段话表明了他后期对随附性概念的基本观点：

> 那么，我们必须做出结论，心—身随附性本身并不是一个解释理论；它只是陈述了心理与物理之间的一种属性的共变模式，表明二者之间存在一种依赖关系。这种依赖关系的本质或许可以解释为什么心理随附于物理，但它对此并没有做出任何判断。随附性并不是一个在形而上学上深刻的、具有解释力的关系；它仅仅是一个关于属性共变模式的现象关系。因此，心—身随附性是对心—身关系问题的陈述，而不是对它的解决。①

这段话表明，随附性不再被看作一个独立的理论，它只能被看作描述了一种现象关系。所谓现象关系就是，我们观察了一百只天鹅，发现它们都是白色的，"这一百只天鹅都是白色的"描述的就是一个现象关系。它是事物表层的关系，是对事物"看"起来是怎么样的回答。但人们在认识世界时，不仅仅是追求"是什么样"的知识，还要追求"为什么是这样"的知识；而且，后一种知识往往更重要。

也就是说，如果我们去做经验观察，就会发现心理和物理之间会具有特定的伴随关系，比如当某类物理事件发生的时候，总会有一类特定的心理事件发生。这种观察是很容易做出的，而随附性就是一个用来描述这种观察结果的概念。当然，这种经验现象似乎预示了心理与物理之间的某种依赖关系，否则这种特殊的伴随关系怎么会具备呢？所以，随附性就变成了一个纯粹描述性的概念，描述了一种经验现象。

我们说过，比发现经验现象更重要的是理解经验现象，由于随附

---

① Jaegwon Kim, "The Mind-Body Problem after Fifty Years", *Royal Institute of Philosophy Supplement*, Vol. 43, 1998, p. 10.

性不能解释为什么心理和物理之间会具有这种伴随关系，所以它不能帮我们理解心理现象，我们需要其他理论来解释为什么心理和物理具有这种伴随关系。金在权认为，很多理论都可以成为备选项，比如突现主义、功能主义、副现象主义，甚至同一论。

突现主义是一种属性二元论，它强调突现属性的不可还原性。而突现属性和基础属性之间恰好就满足随附性所规定的伴随关系，突现属性只在特定基础属性出现时才会突现出来，而且相同的基础属性也一定会突现相同的高级属性。所以，我们完全可以用突现主义来解释心理和物理之间的随附现象。功能主义也是，它认为心理属性的出现，是由物理基础实现的，这种实现关系在现象上也表现为随附性，因为同样的物理条件实现同样的心理属性，不同的心理属性由不同的物理基础实现。副现象主义和同一论也一样，它们在现象上也表现为随附性，我们不再赘述。

要知道这些理论是相互冲突、相互竞争的理论，因此随附性可以同时和这些理论协调一致，恰恰说明随附性不是一个独立的理论，它只具有描述性，不具有解释性。金在权不再把心—身随附性看作一个不需要解释的基本事实，这是和他早期思想完全不同的。

总结一下，金在权在把随附性用来讨论心—身关系的研究中作出了重要贡献，他对随附性概念基本看法的转变其实是对学术界思想演变的一种反映。与其说是金在权的思想发生了转变，不如说是哲学家们通过讨论，认识了随附性概念的局限性。因此人们才开始在随附性之外寻找理解心—身关系的方法，比如金在权本人的功能化还原模型就是一个例子。

但是，在我们看来，随附性概念的描述性特征可能正是它在心—身关系研究中能发挥作用的基础。因为当下科学家们对意识问题的研究仍然搞不清人的意识是如何从身体中产生的，但是已经具备了探索身体和意识对应关系的能力。作为描述性概念的随附性，或许正好符合人们的需要，能够帮助人们了解心—身关系的部分特征。

第二章

心理因果的困难

在笛卡尔提出心—身关系的实体二元论后,他就遇到了心理因果何以可能的问题;实体二元论也因为无法解释心灵实体如何与物理实体相互作用,而被大多数人放弃。同样的问题仍然需要被考虑,以随附性为基础的心—身关系模型下,心理因果如何可能,这一问题也是需要被回答的。

心理属性具有因果效力是人们最常见的常识,如果不想否定这种常识(实际上大多数都不想否定),就必须解释在属性二元论中,心理因果是如何发生的。也正因如此,在随附物理主义解释心—身关系的时候,它也需要对心理因果问题做出解释。

第一节 随附因果模型

关于心理因果,金在权提出过两种观点,一种观点主张把心理因果看作宏观因果(macrocausal relation)的一种,而宏观因果则被分析为一种副现象因果(epiphenomenal causation),本质上是以随附性为基础产生的因果关系,所以这种观点被叫作随附因果。另一种观点就是,将心理属性功能化,然后还原为物理属性。功能化本质上就是因果化,因此心理属性本质上描述了一个因果角色,而且其描述的因果效力被一个对应的物理属性实现。所以心理因果本质上就是物理因果,只不过是另一种术语下的表述。本节主要介绍早期金在权的心理因果思想,讨论随附因果模型。

一　副现象因果与随附性因果

金在权想用副现象因果来解释心理因果。什么是副现象因果呢？我们先看两个副现象因果的例子：

案例1：当我们连续观察镜子中的影像时，我们会发现它看起来是连续不断的，保持着一种完美的同一性。但是实际情况并不是这样的，哲学家们很清楚地知道，镜中的影像实际上是不断被刷新的。镜中影像是由镜子外面的对象，通过反射光线在镜子中形成的，但是它并不是持续存在的，每一时刻都有旧的影像消失，新的影像同时产生。虽然这些影像看起来是连续的，但是在两个时刻的不同影像之间并不存在直接的因果联系。这一点很容易被发现，因为当我们用某个东西挡住新的光线时，镜子中的影像就消失了，所以前一刻的影像并不是下一刻影像的原因。[1]

案例2：想象一个旋转的聚光灯在一个房间中打转，因此在墙上形成运动的光点。我们知道，从聚光灯发出的光线才是墙上光点的原因，不同时刻的光点之间并没有因果关系。[2]

在这两个例子中所描述的，影像之间的关系和光点之间的关系大概就是金在权所说的副现象因果，之所以说是"大概"的，是因为它们表明了副现象因果的基本思想，但并不是金在权所讨论那一类案例。但是，这些案例有助于我们理解副现象因果的基本含义，所以我们在这里把它们讲出来。

当金在权说两个事件被一个副现象因果关系联结的时候，并没有

---

[1] Jaegwon Kim, *Supervenience and Mind*, New York: Cambridge University Press, 1993, p. 92.

[2] Jaegwon Kim, *Supervenience and Mind*, New York: Cambridge University Press, 1993, p. 93.

表达这两个事件是副现象的意思，虽然这两个词是如此的相近。金在权在副现象因果讨论中，只讨论两个事件的关系，并没有对那两个事件的本质做出任何论断。但是，就算是这种关系，也会有人反对，认为这种关系根本就不是因果关系，被贴上"副现象因果"的标签会产生误解，以为它们表达了某种因果关系。

虽然某时刻的镜中影像并不是下一时刻影像的原因，但是在这两个影像之间是有某种因果联系的，它们是同一个原因的两个连续的结果。如果我们否定两个影像之间的因果联系，然后将之丢在一边，就像这些反对者所说的那样，那我们岂不是错过了一个重要的因果事实（即，它们是同一个原因的两个接续的结果）。更重要的是，金在权认为他所关注的副现象因果情形，本身是包含真正的因果关系的，并且这种副现象因果的现象是随处可见的。①

金在权认为心理因果是宏观因果的一种，而他所说的宏观因果则是指那些包含宏观事件（macroevent）或者状态的因果关系，这里的宏观事件或者状态可以被理解为，某物在某时刻对一个宏观属性的示例。② 当然，宏观和微观的区别是相对的，对于金在权的讨论来说，这个区别不用非常精细，可以把那些普通物体和它们的可观察属性当作宏观的，所以金在权这里讨论的现象就包括火产生烟、提高金属的温度引起金属扩张等。还有，我们日常生活中所熟悉的所有因果关系都是宏观因果，属于金在权讨论的范围。

金在权提供了两个理由来支持宏观因果都是副现象因果的观点。首先，在哲学家们看来，一个彻底的物理主义观点，是无法忍受非还原属性的，就像他们不可忍受非还原的对象一样。因为，如果属性 F 是非还原的，那么从它的存在就可以知道，必定有什么东西具有 F，否则 F 就只是一个概念，不会得到物理主义者的关注。因此，F 的存在就意味着存在一个非物理的事实，这说明物理理论不能充分地理解这

---

① Jaegwon Kim, *Supervenience and Mind*, New York: Cambridge University Press, 1993, p. 94.
② 关于事件与属性的关系，可以看金在权的《作为属性示例的事件》。

个世界，物理主义是不会喜欢这个结果的。① 有三种可能的方法来处理这个状况，但都不是物理主义所满意的：第一，那个非还原的事实是一个不可理解的事实，科学不能研究它；第二，关于那个事实的一个自治理论被提出，这个理论是非物理理论；第三，用物理理论说明这个非物理的事实，这会打破物理理论的封闭性。所以，如果我是物理主义者，最可能选择的出路是否定前提，即不存在这种F，所有属性都是可被还原的，因而所有事实都可被还原，那么我们就有充足的理由把宏观的因果关系当作副现象因果了。

而且，在科学中有一个非常基础的研究方法，认为我们应该构建基础的微观结构理论来描述宏观的属性，这种方法是理论科学的基本方法，也是被公认有效的方法，我们过去几百年的科学实践也是以这种方法为指导进行的。如果我们从哲学上推测这种方法的依据，最有可能的结论就是，宏观属性被微观属性决定，随附于微观属性，所以这种方法才可行。如果我们接受这个世界是被微观层面的事实决定的，那么就不可能有宏观的关系存在。所以，对于我们在宏观层面观察的关系，最合理的处理方式就是，把它们当作副现象因果，随附于微观层面的因果进程。

那么，将宏观关系还原为微观进程的一般形式是什么呢？一种直观又有吸引力的形式是，如果被还原的宏观因果关系是从F到G的②，那么我们可以把F和某个微观属性m（F）对应，把G和某个微观属性m（G）对应；然后表明，在m（F）和m（G）之间有一个因果联系。最后这一点的证明可以通过m（F）和m（G）处于同一个规律管辖下，或者在它们之间找到一个因果实现机制来完成。③

那么F和m（F）的对应关系，以及G和m（G）的对应关系是什

---

① Jaegwon Kim, *Supervenience and Mind*, New York: Cambridge University Press, 1993, p. 96.
② 准确地说，F的示例到G的示例，为了论述方便，都省略示例，如需要特征属性本身，再作说明。
③ Jaegwon Kim, *Supervenience and Mind*, New York: Cambridge University Press, 1993, p. 97.

么呢？金在权说，很多人都主张 F 和 m（F）是同一的，G 和 m（G）也一样。虽然这种理解确实可以很好地实现微观还原，但是金在权认为，这种处理有不妥。首先，一个属性如何能既是宏观属性又是微观属性？这需要我们重新解释宏观属性和微观属性。但这不是最重要的，最棘手的是，从宏观到微观的还原并不是一一对应的还原，同样地，宏观属性可以被不同的微观属性实现。比如 F 的对应属性可能是 m（F），也可能是 h（F），还可能是其他的，甚至是无限多个。那么我们如何建立同一性呢？① 所以 F 和 m（F）的关系，起码要满足两点，既能保证 F 和 m（F）之间的对应性，又和 F 的可多重实现性不矛盾。

所以，金在权建议用随附性来描述 F 和 m（F）之间的关系（"建议"是金在权的原话，他没有为此提供专门的论证）。很明显，随附性既可以保证 F 和 m（F）之间的对应性，也可以满足 F 的可多重实现性。随附性的概念不用多说，我们已经介绍过了（见本书第一章）。在这里，我们只需要在原有的基础上对随附性概念进行一些延伸，用它描述事件随附于事件、关系随附于关系：

事件随附性：事件"x 具有 F"随附于事件"x 具有 G"，仅当 x 具有 G 并且 F 随附于 G。②

关系随附性："x 具有 F 是 y 具有 G 的原因"随附于"x 具有 m（F）是 y 具有 m（G）的原因"，当且仅当"x 具有 F 随附于 x 具有 m（F）"，且"y 具有 G 随附于 y 具有 m（G）"，m（F）和 m（G）分别是对应于 F 和 G 的微观属性；并且 x 具有 m（F）是 y 具有 m（G）的原因。③

---

① Jaegwon Kim, *Supervenience and Mind*, New York: Cambridge University Press, 1993, p. 98.
② Jaegwon Kim, *Supervenience and Mind*, New York: Cambridge University Press, 1993, p. 99.
③ Jaegwon Kim, *Supervenience and Mind*, New York: Cambridge University Press, 1993, p. 99.

关系随附性表示的是，关系 R_1 [x 具有 F, y 具有 G] 随附于关系 R_2 [x 具有 m (F), y 具有 m (G)]，当然，这里的 R_1 和 R_2 都是因果关系。所以满足以上关系随附性定义的任意关系，都被叫作"随附因果关系。"

由此看来，金在权把宏观因果处理为副现象因果，进而处理为随附因果的出发点是一个"建议"①，他建议我们用随附性来描述宏观属性和相应微观属性的关系。他这个建议的理由是，这个关系必须满足的两个条件，随附性都满足。所以，初步看来，金在权把副现象因果处理为随附因果的依据是比较弱的。但是金在权自己做了一个说明，他说：

> 虽然在以上讨论中，整体部分的随附性是必不可少的，但是我所描绘的宏观因果的一般图景所表达的主旨，是与具体如何处理宏观—微观关系无关的。我所表达的主旨是什么呢？有两点：(1) 宏观关系一般来说，应该当作可被还原为微观关系。(2) 还原的机制包括确认宏观状态所依赖的微观状态，或它们所对应的微观状态，并表明在这些微观状态之间，存在某种恰当的因果关系。接受 (1) 就意味着接受宏观因果被看作副现象因果的观点。接受宏观因果是随附因果，就是接受对 (2) 中还原机制的一种特定处理。②

这种处理方式对那些否定宏观属性之间存在规律的哲学家来说，是很有吸引力的。这些哲学家一般认为，不存在宏观规律，或者至少不存在严格的宏观规律；对于那些日常所见的因果讨论，都必须进行重新描述之后才能被规律包含。而金在权则在此基础上增加了两点：不管宏观的律则联系是否存在，宏观因果关系都应该被认为可还原为

---

① Jaegwon Kim, *Supervenience and Mind*, New York: Cambridge University Press, 1993, p. 98.

② Jaegwon Kim, *Supervenience and Mind*, New York: Cambridge University Press, 1993, pp. 99-100.

微观因果关系；可以用来联结从宏观状态到微观描述间关系的是随附关系。

二 心理因果与随附因果

在讨论心理因果之前，金在权先澄清了一个观点，即副现象因果并不意味着虚假的或者不真实的关系。比如镜中影像、气体温度升高引起气压上升，在这些例子中，如果我们用微观可还原性来否认这些因果关系的真实性，那么这整个可观察世界都将变得不真实了。

在上一节，我们介绍了金在权的一个观点，他认为镜中影像这种案例不是自己感兴趣的副现象因果案例，现在我们可以回答为什么了。和"气体温度升高引起气压上升"相比，两个时刻的镜中影像与其说是随附于更微观的属性，因而可被还原为微观因果过程，不如说它们是微观层面上连续发生的因果进程的结果，影像处于这些因果进程的末端。这不满足随附因果的定义，因为随附因果定义的对象是，在微观进程上是处于因果联系中的两个事件，而不是连续发生的因果进程。在气体温度升高引起气压上升中，"气体温度升高"和"气压"分别随附于一个微观层面的事件，并且微观层面的这两个事件处于因果联系中。所以，有的副现象因果是真实的因果过程，比如随附因果，这些因果关系随附于微观层次上的某个因果关系。还有一些副现象是不真实的，因为它们只是表现出了一些连续性，而这些连续性来自微观层面上连续发生的原因。

那么，那些包含心理事件的因果关系是哪一种呢？思考一下这个例子：拇指上的刺痛是我快速缩手的原因。这是一个典型的心理事件引起物理事件的例子，但是我们很难想象，疼痛直接作用于我手上的肌肉，产生了这个结果。假设我们承认神经生理学对这些现象的解释，在我们的神经生理的层次上，有一个完整的因果过程，产生了缩回手这个结果。如果疼痛要在缩回手这个结果中扮演因果角色的话，那它只能利用神经生理层次的发生过程。但是不可能有两个因果进程，同时通向缩回手这个结果，所以疼痛的因果角色肯定会在某个环节和神经生理层次的某个环节交汇。可是，我们很难想象、就算能想象也不愿接受的是：心理事件如何可以因果地作用于物理进程？因为这会打破物理世界的封闭性，从而物理世界中发生的事件不能得到完全物理的说明，必须借助心理事件才能被说明。

所以，心理事件和物理事件同一的观点就出现了。当然，如果接受了这种同一性，心理因果的问题就不存在了，因为心理事件和物理事件是同一个事件，所以它们的因果效力也是相同的。但是，一方面，总有人不愿意接受同一性，金在权后来也讨论了类型同一论，认为这种理论是有缺陷的；另一方面，就算接受同一论，也未必能给心理因果以满意的说明，因为心理事件和物理事件被同一化后，心理事件就没有独立的因果效力了，也就是说，我们的心理事件不会产生任何效果（make no difference），这也不能让我们满意。

再一次，金在权又"建议"了，他说："我提议（suggest），我们把心—物因果关系看作副现象的随附因果关系（ephiphenomenal supervenient causal relations）①，所有包含心理事件的因果关系都是。"② 当心理事件 M 引起物理事件 P^* 时，之所以会如此是因为 M 随附于 P，并且 P 引起了 P^*，这样完整的物理因果过程就被保住了，$M-P^*$ 的因果关系也得到了说明。如果是心理事件 M 引起 M^* 的话，就会变成 M 和 M^* 分别随附于物理事件 P 和 P^*，然后 P 引起 P^* 发生。

所以，疼痛引起缩手的过程就变成了，疼痛随附于某个大脑状态，这个大脑状态通过一系列的神经和身体的活动引起了缩手这个行为。对心理因果的这种处理方式，既没有把心理事件当作无因果效力的副现象，也没有把它当作一种不真实的妄想。心理因果确实发生了，只不过它是一个副现象因果，可以被还原为或者解释为更低层次的因果过程。所以，金在权说："在副现象的随附因果关系中，包含心理事件的因果关系，并不比那些包含宏观事件的关系缺乏真实性和实在性。

---

① 这里的副现象一词是修饰这个"关系"的，不是修饰心理事件的。
② Jaegwon Kim, *Supervenience and Mind*, New York: Cambridge University Press, 1993, p. 106.

它们都是随附因果关系。"①

金在权对这种处理方式是满意的,从结果上看,心理因果在实在性上并不比宏观因果差,就是和诸如"气体温度升高引起气压上升"这一类的因果关系一样实在。这个结果确实是令人满意的。而在处理过程中,心理事件没有参与到物理层次的因果过程,所以保存了物理因果的封闭性和完备性。而这种处理所依赖的一个条件,即心理事件随附于物理事件,对于这个条件是否成立,虽然不是完全没有争议,但也是被大多数人承认的。至少可以说,如果心—物随附性为真,那么金在权对心理因果的处理可能是令人满意的。

最后,我们来看看金在权是如何赋予心理因果实在性的。心理因果的实在性和宏观因果是一样的,而我们认可宏观因果的实在性,所以我们对心理因果的实在性也很满意。而联结心理因果和宏观因果的桥梁是随附因果这个概念;根据随附因果的定义,心理因果是随附因果这一点是无疑的,因为心理事件随附于物理事件是被充分接受的。因此,所有的心理因果归根结底都是随附因果。

三 金在权对随附因果模型的自我批评

金在权在《接近充足的物理主义》中,对随附因果进行了批判,他说:

> 几年前,我认为这(随附因果模型)可能是一个维护心理因果的合理方法。这就是所谓的随附因果模型。但是很快我就开始明白,这只是一个空洞的语言策略;我们可以"说",如果我们愿意,M是一个"随附的"原因、"依赖的"或"衍生的"原因等,并且我们可以在 Figure 1(图 2.1 左)中增加一个水平箭头将 M 和 M* 联结起来,将箭头注解为"随附的原因",就像 Figure 3(图 2.1 右)一样。但这只是一个骗人的把戏,没有实际的意义;实际情况是 Fig-

---

① Jaegwon Kim, *Supervenience and Mind*, New York: Cambridge University Press, 1993, p. 107.

ure 1 所描述那样的。在 Figure 1 中插入一个虚线箭头，并将之称为"随附的因果关系"，或者别的东西（如"假装的"或"人造的"因果关系）并不能对实际情况有任何改变。这既没有增加任何新事实，也没有发现任何被我们忽略的关系。增加额外的箭头不仅是无意义的，而且在哲学上是有害的，它可能会误导我们认为，我们给心理事件 M 赋予了某种因果角色。此外，接受这种处理还会把我们带回到过度决定/排他性问题——除非我们简单地假设，随附因果不与其基础因果竞争，以此来回避这种问题。①

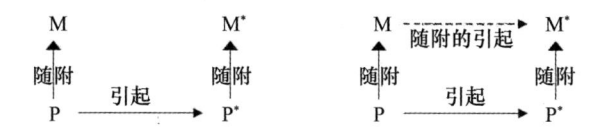

```
M ────→ M*             M ┄┄随附的引起┄┄→ M*
↑         ↑              ↑                ↑
随附      随附           随附             随附
│         │              │                │
P ──引起→ P*            P ────引起────→ P*
```

图 2.1

总结一下，金在权对随附因果模型的批判有三点：（1）随附因果模型并没有刻画出任何实质的因果关系，说心理因果是随附因果并不会使心理因果变得更实在。（2）把心理因果称为随附因果反而是有害的，会让我们觉得心理属性具有某种因果角色。（3）随附因果会面临过度决定或者排他性论证的问题。

金在权并没有展开自己的批判，所以我们无从评价他的论证。但是，似乎（1）和（3）是相互矛盾的。如图 2.1 左，如果（1）成立，也就是说随附因果模型确实没有赋予 M – M* 任何实质的因果关系，也没有赋予 M 任何实质的因果效力；那么 M 怎么会对 P* 或者 M* 产生任何实质的因果效力呢？因而既不可能出现 M – P* 的因果效力被 P – P* 的因果效力排斥的问题，因为 M – P* 的因果效力是不存在的；也不会出现 M* 被 M 和 P* 过度

---

① Jaegwon Kim, *Physicalism, or Something Near Enough*, Princeton: Princeton University Press, 2005, p. 62.

决定的问题，因为 M 对 M^* 没有任何实质的决定作用。所以，过度决定或者排他性的问题就不会出现，（3）不成立。

反过来说，如果（3）为真，也就是说 $M-P^*$ 的因果效力确实被 $P-P^*$ 的因果效力排斥，或者 M 的因果效力确实使得 M^* 被 M 和 P^* 过度决定的话，那么 M 怎么可能没有实质的因果效力呢？也就是说（1）怎么可能为真呢？

毕竟金在权没有详细论证他的自我批判，所以我们的以上推断是否符合他的原意还有待商榷。但是有一点是确定无疑的，那就是金在权认为，自己后来提出的功能化还原模型比随附因果模型好。也正是因为这样，他才会抛弃自己原来的理论，而主张一种新理论。就像拉卡托斯所主张的那样，证伪一个理论的通常不是经验证据，而是一个更好的新理论[①]。那么，功能化的还原模型真的比随附因果模型更好吗？我们后面再讨论这个问题。

第二节　心理因果的排他性论证

上一节讨论的随附性因果模型实际上并没有为我们保住心理因果，这一点金在权自己心理也很清楚，他在后来的讨论中也揭示了这种模型的虚假性。实际上，不仅仅是随附性因果模型，所有以随附性概念为基础的非还原物理主义模型，在心理因果问题上都会遇到困难，要么是像随附因果模型那样，心理因果失去实在性；要么是像本节要讨论的这样，心理因果会进入某种矛盾关系中。

心理因果问题是近四十年心灵哲学研究的热点，金在权在相关问题上的研究是格外突出的，尤其是他提出的心理因果的排他性论证，更是心—身关系研究中无法回避的问题。排他性论证的另一个名字就

[①] 拉卡托斯："在一个研究纲领内部，一个理论只能被一个更好的理论所淘汰，即被一个比先行理论具有超越经验内容的理论所淘汰，这些经验内容有一些随后得到确认。"参见[匈]伊姆雷·拉卡托斯《科学研究纲领方法论》，兰征译，上海译文出版社2005年版，第143页。

叫随附性论证，因为所有接受随附性概念的理论都会遇到排他性论证的问题。正因为随附性概念是排他性论证的核心，我们才试图从修订随附性概念出发，重构随附物理主义，以此解决心理因果的问题。

一 心理因果的三个问题

金在权总结了心理因果面临的三个问题，分别是：心理属性的反常性、心理属性的外在性和心理因果的排他性。我们首先对这三个问题作简要介绍。

首先是心理属性的反常性。心理属性的反常性首先是由戴维森提出的，他在《心理事件》一文中提出了三个原则：心理因果性、因果律则性和心理反常性。[①]

> 心理因果性：至少有一些心理事件和物理事件有因果作用。
> 因果律则性：作为原因和结果的事件必须满足严格的决定律。
> 心理反常性：在心理事件之间，不存在严格的决定律；心理事件不能被规律预测或者说明。

这三个原则使心理事件的因果效力处于一种奇怪的处境。一方面，至少一部分心理事件是有因果效力的；另一方面，就这一部分心理事件来说，根据因果律则性原则，它们应该满足至少一个决定律。但是根据心理反常性原则，所有心理事件，当然包括被假定有因果效力那部分心理事件，都不满足任何决定律。也就是说，由心理因果性和因果律则性可以推出心理事件的律则性，而心理反常性则否定了心理事件的律则性。

戴维森并不是要调和这三个原则，因为这三个原则是他的哲学出发点，他要做的是，在这三个原则的指导下，找到一种前后一致的立场。戴维森的立场就是反常一元论，即所有和物理事件有因果作用的

---

① Donald Davidsion, *Essays on Actions and Events*, Oxford: Clarendon Press, 2001, p. 208.

心理事件，本身也是一个物理事件①；根据戴维森的哲学立场，这是因为，具有因果性的心理事件，既可以被心理词汇描述，也可以被纯粹物理词汇描述。

戴维森的这种立场被金在权解读为，心理事件之所以具有因果效力是因为它们和具有因果效力的物理事件是同一的②。金在权认为这种立场会损害心理事件的因果性，因为在一个具体的因果关系中起决定作用是物理事件，心理事件的因果效力完全由它所对应的物理事件呈现，心理事件本身并不需要承担任何因果效力。③ 用金在权的话来说就是：

> 在戴维森的世界中，就算在事件之间随意地重新分配心理属性，也不会改变世界的因果关系网；随机任意地分配心理属性给事件，甚至从世界中完全移走心理属性，也不会打乱哪怕一个因果关系。④

金在权介绍了三种路径，可能在反常一元论的背景下来恢复心理因果：第一，允许非严格的规律存在，并且因果关系只要满足这种非严格的规律就可以了。第二，用反事实依赖性而非律则性来生成因果关系。第三，定义一种因果关系，这种因果关系比严格决定律生成的因果关系弱。不管是哪种路径，心理因果的反常性其实就是要回答：反常属性如何可能成为因果属性？⑤

其次是心理属性的外在性。心理属性的外在性问题是说，从计算主义的角度来看，心理过程就可以被比作数字电脑处理信息的过程，在这个过程中，真正起作用的不是数据的语义含义，而是数据的句法

---

① Donald Davidsion, *Essays on Actions and Events*, Oxford: Clarendon Press, 2001, p.224.
② Jaegwon Kim, *Mind in a Physical World: An Essay on the Mind-Body Problem and Mental Causation*, New York: Cambridge University Press, 1998, p.33.
③ Jaegwon Kim, *Mind in a Physical World: An Essay on the Mind-Body Problem and Mental Causation*, New York: Cambridge University Press, 1998, p.34.
④ Jaegwon Kim, *Supervenience and Mind*, New York: Cambridge University Press, 1993, p.269.
⑤ Jaegwon Kim, *Mind in a Physical World: An Essay on the Mind-Body Problem and Mental Causation*, New York: Cambridge University Press, 1998, p.34.

含义;电脑在运算的时候,它运算的是符号的形状而不是符号的意义。比如,一台电脑在运算一串 0 或者 1 的时候,它并不关心这一串数字代表的意义是什么。数字串可以表示当地超市的牙膏存货,可以是普罗维登斯今天下午的气压,也可以是一架飞机进场着陆的高度,或者什么都不代表也可以,这些对电脑来说是没有差别的。①

类似地,计算主义把人的思想也看作一个这样的计算过程,所以在产生个人行为的时候,起作用的就是心理属性的"句法"方面的性质,而不是"语义"方面的性质。因此心理状态的内在属性(intentional properties)在产生行为上成为因果不相关的,但正是这种心理状态的内在属性组成了一些心理状态(如信念、欲望)的心理性(mentality)。

金在权说,如果两个有机体在某一时刻,在总的内在状态上是同一的,那么似乎他们在行为输出上也会是同一的;内在状态的语义属性却并不完全是由其当时的内在状态决定的,这还和有机体经历的历史和生态环境有关。比如,生活在地球上的你会认为水是湿的;但是在孪生地球上,和你对应的那个人却会相信 XYZ 是湿的。也就是说,一个给定的内在状态对具体的语义属性的示例是跟有机体的过往经历和外部环境有关的,这不是一个纯粹内在的事情。而这就使得内在属性变成了关系性的或者外在的属性,这种外在性不满足我们对产生行为的心理属性的期望,我们希望有机体产生行为完全是一个内在的过程。② 所以,心理属性的外在性其实就是在追问:外在的关系属性如何在行为生成中具有因果效力?

最后是心理因果的排他性。假设关于心理因果的前两个问题都被解决了,假设我们有了一个关于心理因果如何可能的理论,这个理论满足心理因果反常性和外在性提出的要求。那么,我们就假设心理事件 m 在 t 时刻发生,并且引起物理事件 p* 发生;这个因果关系之所以发生,是因

---

① Jaegwon Kim, *Mind in a Physical World: An Essay on the Mind-Body Problem and Mental Causation*, New York: Cambridge University Press, 1998, p. 35.

② Jaegwon Kim, *Mind in a Physical World: An Essay on the Mind-Body Problem and Mental Causation*, New York: Cambridge University Press, 1998, p. 36.

为 m 是心理类 M 的一个事件，p^* 是物理类 P 的一个事件。但是，p^* 是否在 t 时刻还有一个物理原因，这个物理原因是物理类 N 的一个事件？

如果说，只承认 m 是 p^* 的原因，而否定 p^* 有一个物理原因，这就会违背物理世界的因果封闭性；但是如果我们承认 p^* 有一个物理原因（p），那么在 $p-p^*$ 的因果关系中，m 扮演着什么样的角色？有什么因果效力让 m 来发挥呢？其实，心理因果的排他性对我们提出的问题是：如果每个物理事件都有一个物理原因，那么心理事件还如何可能成为物理事件的原因呢？

二 排他性论证的原理

排他性论证是金在权讨论心理因果问题最重要的成果，这个论证可以看作对所有物理主义提出了一个问题：如果物理世界是一个自足完备的世界，那么人类的心理、思想还有什么因果效力呢？就金在权本人来说，他提出排他性论证是为了反对非还原的物理主义，所以我们的讨论就从非还原的物理主义开始。

排他性论证（也被叫作随附性论证）反驳的主要对象是非还原的物理主义。关于非还原的物理主义，我们并没有一个被一致认可的定义，这主要是由于大家对"物理主义"和"还原"的理解不一致造成的。但是随附性论证并不需要一个完全准确的"非还原的物理主义"的定义，金在权的随附性论证适用于所有承认以下三个原则的理论：心—身随附性、心理的非还原性和心理的因果效力。

> 心—身随附性：心理属性强随附于物理/生物属性。也就是说，如果任一系统 s 在 t 时刻示例属性 M，那么必然存在一个物理属性 P，s 在 t 时刻示例 P；并且必然地，如果任何系统在任何时刻示例属性 P，那么它也会在相应的时刻示例 M。[①]

[①] Jaegwon Kim, *Physicalism, or Something Near Enough*, Princeton: Princeton University Press, 2005, p. 33.

金在权说,他这里的随附性并不只是表达了一种对应关系或者协变关系,它还表达了心理对身体的依赖关系。一个机体之所以在时刻t示例某个心理属性,正是由于(in virtue of)它的一个物理基础在时刻t被这个有机体示例。金在权认为这种意义上的随附关系会被很多哲学家接受,包括两重论者、神经元一元论者、突现论者、副现象论者,甚至实体二元论者。①

> 心理的非还原性:心理属性既不可以被还原为物理属性,也不等同于物理属性。②

这一原则就表达一个意思,如果一个属性是物理非还原的,那么它就在物理领域之外存在;如果一个属性是物理可还原的,那么它就等同于某个物理对象。

> 心理的因果效力:心理属性具有因果效力,也就是说,它们的出现可以也确实会引起其他属性(包括心理的、物理的)出现。③

这和非还原性的原则是相呼应的。非还原性本就是要保持心理属性特有的地位,使之和物理属性相区分;但是如果否定了因果性原则,那么非还原性虽然保持住了心理属性的独立地位,可是这种心理属性却是因果无效的,并不是我们真正想要的心理属性。

这三个原则是否规划了一种物理主义理论,这需要进一步的讨论,但是这一点并不会影响排他性论证。因为任何理论,只要承认这三个

---

① Jaegwon Kim, *Physicalism, or Something Near Enough*. Princeton: Princeton University Press, 2005, p. 34.
② Jaegwon Kim, *Physicalism, or Something Near Enough*, Princeton: Princeton University Press, 2005, p. 34.
③ Jaegwon Kim, *Physicalism, or Something Near Enough*, Princeton: Princeton University Press, 2005, p. 35.

原则，都会被排他性论证所反驳，比如突现主义一般不被当作一种物理主义理论，它却同时承认这三个原则，所以随附性论证也对突现理论构成反驳。①

除此之外，金在权还介绍了驱动排他性论证的原理，这可以被理解为该论证的哲学本质，他将之称作爱德华的宣言：②

> 爱德华宣言：在纵向的决定关系和横向的因果关系之间存在一些冲突；事实上，纵向决定关系排斥横向因果关系。

那么何为纵向决定关系、何为横向因果关系呢？以一块铜为例，在某一个时刻，它具有一系列的内在属性，包括颜色、形状、纹理、密度、导电性等。大部分人都会认同这一点，即这块铜之所以具有这些性质，是因为它此刻正好具有某种微观结构，比如由某种分子以特定的结构组成。这种情形可以被描述为，宏观属性垂直地被微观结构所决定。

此外，在一条由过去到将来构成的水平线上，我们可以发现一些因果关系，比如这块铜在 t 时刻之所以会导电，是因为它在 $t-\Delta t$ 时刻导电。过去决定将来，将来依赖过去，这种情形就是横向因果关系。

这里就出现了两种决定关系：从微观到宏观的纵向决定关系和从过去到将来的横向因果关系。那如果我们问，为什么这块铜在此刻是黄色的呢？大概有两个答案：（1）因为它的表面具有某种微观结构；（2）它在上一个时刻是黄色的。从随附性论证的角度看，这二者似乎是冲突的，因为只要这块铜在此刻具有某种微观结构，那么它就会是黄色的，不管它在上一个时刻是不是黄色的；并且除非它此刻具有这种微观结构，否则它不可能是黄色的，不管它在上一个时刻是不是黄

---

① Jaegwon Kim, *Physicalism, or Something Near Enough*, Princeton: Princeton University Press, 2005, p. 35.

② Jaegwon Kim, *Physicalism, or Something Near Enough*, Princeton: Princeton University Press, 2005, p. 36.

色的。似乎这块铜在上一个时刻具有的属性跟它此刻是黄色的没有关系，它此刻的微观结构就可以充分地决定它此刻是黄色的。

爱德华提出了一个例子来说明上帝是万物的原因，但客观地说，这个例子表明了连续发生的事情之间是有可能没有因果联系的。当我们看镜中影像时，镜中影像表现出一种连续性，似乎此刻的镜中影像和上一刻的镜中影像是完全同一的。但是我们知道，实际上并非如此，镜中影像是持续被刷新的，每时每刻都有新的光线进入镜中，形成新的影像。所以，上一个时刻的光线形成的影像消失了，此刻的影像是由此刻的光线形成的，与上一个时刻的影像没有任何关系。①

金在权指出，如果把心—身随附性或者物理的实现论题看作纵向的决定关系，就像光线和镜中影像的关系一样；同时，高层次的因果关系就扮演着横向因果关系的角色，就像不同时刻的镜中影像一样。那么，这种来自纵向决定和横向因果的冲突，本质上和金在权所担心的心理因果问题是一样的。

三 排他性论证的推理过程

金在权先后提出过多个版本的排他性论证②，虽然核心思想是一致的，都是爱德华宣言所表达的冲突，但各个版本在论述上都略有差别。我们在这里介绍其中最新的版本，同时也是最完整地融入其思想系统中的论述方式。③

首先，作为出发点的是心理因果性，金在权假设了心理—心理因果：

(1) M 是 M^* 的原因。

---

① Jaegwon Kim, *Physicalism, or Something Near Enough*, Princeton: Princeton University Press, 2005, p. 37.
② 比如在"非还原物质主义的秘密""非还原主义者的心理因果困境""物理世界中的心灵""接近充足的物理主义"里都有论述到。
③ Jaegwon Kim, *Physicalism, or Something Near Enough*, Princeton: Princeton University Press, 2005, p. 39.

这是简化的说法，准确地说是，M 的一个示例引起 M* 的一个示例。金在权在后面的讨论都采用了这种省略的说法。根据随附性就有：

（2）存在一个物理属性 P*，P* 是 M* 的基础属性。

当我们追问 M* 被示例的原因是什么时，（1）和（2）就会形成一种冲突。因为看起来似乎有两个答案：（a）因为 M 的示例引起了 M* 的示例；（b）因为 M* 的一个基础属性 P* 被示例，所以 M* 被示例。就像爱德华宣言一样，如果 P* 被示例了，不管 M 是否被示例，M* 都会被示例，因为 P* 作为 M* 的基础属性，P* 被示例是 M* 被示例的充分条件。

在有一种情况下，（a）和（b）所形成的冲突可以被缓和，那就在 M 和 P* 之间具有某种关系的时候，即：

（3）M 通过引起 P* 成为 M* 的原因。

这是随附性论证第一阶段的结论，这个结论实际上是说，在假定随附性的情况下，心理—心理因果关系以心理—物理因果关系为前提，即同一层次内的因果关系以下向因果关系为前提。

在第一步，金在权确立了 M 是 P* 的原因；随附性论证的第二步是要确立 P 是 P* 的原因。有两种方法可以得到这一结论。

方法一：根据随附性有：

（4）M 也有一个基础属性，设为 P。

金在权认为，我们有很强的理由相信，P 就是 P* 的原因。他说："如果你认为因果性植根于律则的充分性，那么由于 P 对 M 来说是充分的，并且 M 对 P* 来说是充分的，所以 P 对 P* 来说也是充分的，因此 P 可以被认定为 P* 的原因。如果你选择从反事实条件句来理解因果性，那么我们也有足够的理由认为 P 是 P* 的原因。因为如果 P 不发生，那么 M 就不会发生，并且如果 M 不发生，那么 P^* 也不会发生；总的来说，如果 P 不发生，那么 P^* 就不会发生。"① 所以就有：

（5）M 是 P^* 的原因，并且 P 是 P^* 的原因。

也许有人会说，和（3）的情形一样，或许 P 通过引起 M 成为 P^* 的原因，也就是说 P – M – P^* 是一个因果链。金在权否定了这种可能，因为 P – M 的关系是随附关系，不是因果关系，这两者有着本质的区别；由于 P – M 是随附关系，所以 P、M 是同时发生的，而原因和结果是不可能同时发生的。

进一步，根据非还原物理主义的第二个原则，即非还原性有：

（6）M ≠ P。

（5）和（6）形成了这样一个情形：一个事件（P^*）同时具有两个不同的原因，每一个原因对它来说都是充分的。这和一个形而上学原则矛盾，金在权将这个形而上学原则表示为：

排他性原则：不存在事件可以同时具有一个以上的充分原因，除非这个事件是被过度决定的。

金在权将过度决定的情形放在后面去讨论了，而在这里假设了心理因果不是过度决定的情形，也就是说：

（7）P^* 不是被 M 和 P 过度决定的。

---

① Jaegwon Kim, *Mind in a Physical World: An Essay on the Mind-Body Problem and Mental Causation*, New York: Cambridge University Press, 1998, p.43.

那么根据排他性原则，我们必须在 M 和 P 之间选择一个，作为 P* 的原因。这时候，金在权借助了另一个原则：

> 物理世界的因果封闭性：如果一个物理事件在 t 时刻有一个原因，那么这个物理事件在 t 时刻有一个物理原因。

所以，心理因果被物理因果排斥的结论就得出来了：

（8）原先假定的心理原因 M 被物理原因 P 排斥了，P 是 P* 的原因，M 不是 P* 的原因。

从（7）到（8）的推理可以看到，排他性原则本身是中立的，它只是说在 M 和 P 之间要取消一个作为 P* 的原因，但是并没有指定要取消 M 作为 P 的原因。是封闭性原则的加入打破了这种平衡，使得 M 对 P* 的因果性被取消了。金在权甚至说，如果封闭性原则被反转了，因果封闭的是心理世界而非物理世界，那么随附性论证的结论也会随之反转，变成 P 的因果效力被 M 排斥了。

方法二：根据结论（3）有：

（4′）M 是 P* 的原因

根据封闭性原则有：

（5′）P* 有一个物理原因，设为 P

根据非还原性原则：

（6′）M≠P

（7′）P* 有两个不同的原因，M 和 P，并且 P* 不是被过度决定的

(8′) 所以，根据排他性原则，或者 M 或者 P，必有一个不是 P* 的原因

(9′) 根据封闭性原则，M 不是 P* 的原因，P 才是 P* 的原因。

方法二相比方法一更简单，但是更重要的是，它从封闭性原则直接得出 P 是 P* 的原因，不需要 M 和 P 之间的随附关系，也就减少了论证的工作量。

从以上论证可以看到，随附性论证从心理因果的假设出发，加上一些形而上学的原则，推出心理因果被排除掉。本质上，金在权为我们提出了这个问题：在物理世界因果封闭的前提下，下向因果何以可能？①

在心—身关系中，一方面人们会觉得下向因果应该成立，这几乎是常识。因为我们的思想作用于世界，改造世界，这就是下向因果的情形。大概没人会否定人类思维的主观能动性，我们的思想能改变这个世界，这是很自然的事情。但另一方面，人们也有理由否定下向因果。因为如果下向因果成立，那么人们在理解物理世界发生的事情时，就要述诸人类的思想，否则就不能完全理解物理世界发生的事情；但就目前人类掌握的科学知识来看，似乎没有这个必要，从物理世界中寻找理解物理事实的方法，这正是科学的内在精神之一。

第三节 消除排他性论证的一些方法

排他性论证在形式上是一个论证，有前提有结论。所以消除排他性论证的常规做法就是分析其前提，找到其前提中不合理的成分，主要是对非过度决定原则和封闭性原则的讨论。除此之外，还有一类讨论方法，通过给"因果关系"赋予特定内涵来消除排他性论证的推理。

---

① 由于心理—心理因果是以心理—物理因果为前提的，所以如果下向因果不能被辩护，那么整个心理因果也会受到威胁。

接下来，我们将介绍一下消除排他性论证的一些方案。

一 排他性论证与过度决定

第一种方案是，接受非过度决定原则，但是认为心理因果的情形不满足过度决定的条件。为了说明这一点，首先需要定义过度决定。比如克里斯特普（Jesper Kallestrup）① 从反事实条件句出发，分析了一般过度决定情形和心理因果的情形，认为心理因果的情形不满足反事实条件句中非空洞真的要求；班尼特（Karen Bennett）②、艾玛（Simona Aimar）③ 则定义了非过度决定原则，并从多重实现性的角度，说明心理因果的情形不符合非过度决定原则；还有罗奇（Michael Roche）④，他反对那种从原因独立性的角度来论证心理因果不满足过度决定的情形，但仍然认为金在权对非过度决定的论证是有问题的；斯特沃（Robin Stenwall）⑤ 区分了有害的过度决定和无害的过度决定，来说明排他性论证的因果关系可以是无害的；再比如董心⑥从区分两种充分原因入手，强调两个充分原因在具有实现关系的情形下，过度决定情形是可接受的。接下来，我们就介绍一下罗奇的观点，来看看他们对非过度决定的讨论。

过度决定原则在排他性论证中的作用有两个：在一些前提下，心理因果就会变成过度决定的情形；如果要消除这种过度决定，就要排除心理属性的因果效力。因此，消除排他性论证的方法也有两种：一

---

① Jesper Kallestrup, "The Causal Exclusion Argument", *Philosophical Studies*, Vol. 131, No. 2, 2006, pp. 459–485.

② Karen Bennett, "Why the Exclusion Problem Seems Intractable, and How, Just Maybe, to Tract It", *Nous*, Vol. 37, No. 3, 2003, pp. 471–497.

③ Simona Aimar, "Counterfactuals, Overdetermination and Mental Causation", *Proceedings of the Aristotelian Society*, Vol. 111, No. 3, 2011, pp. 469–477.

④ Michael Roche, "Causal Overdetermination and Kim's Exclusion Argument", *Philosophia*, Vol. 42, No. 3, 2014, pp. 809–826.

⑤ Robin Stenwall, "A Grounding Physicalist Solution to the Causal Exclusion Problem", *Synthese*, 2021 (198), pp. 11775–11795.

⑥ 董心:《对心灵因果性的辩护——论过决定的区分》,《自然辩证法通讯》2021年第1期。

种是证明这些前提并不会把心理因果推向过度决定的情形;另一种是接受这种过度决定,从而保留心理属性的因果效力。

有一种常见的观点,认为过度决定情形下的两个原因应该完全相互独立,而心理因果中的两个原因并不是相互独立的。具体来说,心理属性 M 和物理属性 P 过度决定了结果 P*,在这个关系中 M 随附于 P,它们并不相互独立,所以不构成过度决定的情形。这就反驳了"在一些前提下,心理因果就会构成过度决定的情形",达到了消除排他性论证的目的。

罗奇反对这种做法,他提出了两条理由。第一条理由是这种思路太简单了,如果金在权在排他性论证中确实是这样理解过度决定的话,那么他就不需要专门为过度决定提供论证了,所以罗奇认为金在权心中的过度决定应该不需要这种独立性。①

我们认为,第二条理由更有意思,这条理由和排斥性原则有关。排斥性原则的内容是:任何一个事件都不可能在一个给定时间里,有一个以上的充分原因发生,除非它在事实上是因果过度决定的情形。② 这一定义中包含了"过度决定",如果把原因的独立性理解为过度决定内涵,那么排斥原则就变成了:任何一个事件都不可能在一个给定时间里,有一个以上的充分原因发生,除非它在事实上具有两个或者更多相互独立的充分原因。③ 这就比较有意思了,排斥原则了变成了一个分析命题,没有经验内容的同义反复。这种命题是无法为论证提供任何帮助的。

为了构建排他性论证,金在权需要证明,在一些给定的前提下(随附性、非还原性、心理因果性),心理因果会变成过度决定的情形。针对这一点,学界提出了过度决定中的独立性要求,上文已经讨论过了,罗奇反对这种观点。除此之外,消除排他性论证的方法就是,接

---

① Michael Roche, "Causal Overdetermination and Kim's Exclusion Argument", *Philosophia*, Vol. 42, No. 3, 2014, p. 816.
② Michael Roche, "Causal Overdetermination and Kim's Exclusion Argument", *Philosophia*, Vol. 42, No. 3, 2014, p. 814.
③ Michael Roche, "Causal Overdetermination and Kim's Exclusion Argument", *Philosophia*, Vol. 42, No. 3, 2014, p. 817.

受过度决定原则,认为心理因果就是过度决定的情形。金在权认为这种做法会违背物理世界的因果封闭性,这是非还原物理主义不愿接受的。罗奇的讨论也是沿着这条路展开的。

在现实世界中,M 和 P 过度决定了 P*。在一个可能世界中,P 没有发生;除此之外,这个世界和现实世界要尽量相似。如果接受过度决定,那么在这个可能世界中,M 就会成为 P* 的唯一原因,使得一个物理结果(P*)完全由一个心理原因(M)引起,而这就违背了物理世界的因果封闭性原则。这就是金在权的思路。

布洛克(Ned Block)把这个可能世界分为三种情况:(1)M 也不发生,(2)M 发生了,但 M 的另一个物理基础 P′也发生了,(3)M 发生了,并且没有任何物理基础发生。很明显第(1)种可能没什么可说的,M 和 P 都没有发生,跟我们要讨论的问题没多大关系。金在权围绕第(2)种和第(3)种可能构造了一个两难困境。简单说就是,如果第(2)种可能出现,那么 M 就会变成一种副现象;如果第(3)种可能出现,物理世界的因果封闭性就会被违背。罗奇批判的是金在权的两难困境。

首先是第(3)种情况下,确实 M 作为 P* 的原因,会违背物理世界的因果封闭性。罗奇追问的是,第(3)种情况真的可能吗?尤其是对非还原物理主义者来说,它可能吗?金在权认为,M 不需要任何物理基础就发生的情况并没有违背任何物理规律,因而是物理上可能的;它最多只能被看作违背了心—物规律,所以它不能算作律则上可能的。

罗奇认为,第(3)种情况能否看作物理上可能的,这与随附性概念中的模态性有关,如果这种模态性是形而上学的必然性,那么第(3)种情况在形而上学意义上就是不可能的,因而在物理上也是不可能的。[①]

而且就算第(3)种情况是可能的,罗奇认为它也不能看作离现实世界最近的可能世界,因为第(2)种情况比第(3)种情况离现实世

---

① Michael Roche, "Causal Overdetermination and Kim's Exclusion Argument", *Philosophia*, Vol. 42, No. 3, 2014, p. 820.

界更近。第（3）种可能要发生需要两个奇迹，一个奇迹使 P 不发生，一个奇迹使 M 在没有任何物理基础的情况下发生；而第（2）种可能只需要一个奇迹就可以发生，即使得 P 不发生的奇迹。① 所以，罗奇认为金在权的两难困境里，第（2）种可能的困境更棘手。

在第（2）种可能下，金在权认为心理属性 M 会变成一个副现象，因而 M 就不能算是 P^* 的原因，那么从设定的前提就推不出过度决定的情形。按道理说，推不出过度决定的情形，那么排他性论证也就消失了。但心理因果没有因此得到保留，因为心理属性变成了副现象，其因果效力仍然被排斥了。所以，这还是非还原物理主义不愿意接受的。

这种副现象是怎么推出来的呢？在第（2）种情形下，不管是现实世界还是可能世界，都有两条因果链，一条是从 P（或者 P′）到 P^* 的因果链，一条是从 M 到 P^* 的因果链。金在权说，这两条独立的因果链怎么可能同时存在呢？唯一的可能是，M–P^* 的因果链在某个环节融合到 P–P^* 的因果链中去了。② 因而这就形成这样一种情形：任何心理属性在引起结果时，都要伴随一个物理的因果链，而物理属性在引起结果时，可以没有心理属性的伴随。这种不对称性就使得心理属性变成了副现象。如果这个推理成立，那么不需要非过度决定原则，心理属性的因果效力就被排斥了；如果这个推理不成立，那么非过度决定原则就需要进一步的证明。

罗奇认为，金在权应该不会接受这一推理，因为这个推理过程比金在权的排他性论证推理简单多了。如果金在权心中所想便是如此，那么他就不必从一些有争议的前提（比如非过度决定、物理世界的因果封闭性）等推出排他性。因此，罗奇认为，这种不对称性并不能如金在权所说的那样，独立地推出心理属性是副现象的结论。③ 因此，第

---

① Michael Roche, "Causal Overdetermination and Kim's Exclusion Argument", *Philosophia*, Vol. 42, No. 3, 2014, pp. 820–821.

② Jaegwon Kim, *Physicalism, or Something Near Enough*, Princeton: Princeton University Press, 2005, pp. 47–48.

③ Michael Roche, "Causal Overdetermination and Kim's Exclusion Argument", *Philosophia*. Vol. 42, No. 3, 2014, p. 823.

(2)种可能的困境并不能为过度决定提供证明。

二 消除排他性论证的因果释义进路

我们这里介绍的第二种消除排他性论证的做法是,通过解释因果关系的含义来消除排他性论证,我们认为这种做法并不能完全解决问题①。比如钟磊②用反事实条件句理论解释排他性论证中的因果关系,用反事实依赖关系解释随附关系,以此消除排他性论证;再如克里斯坦森(Jonas Christensen)等③、摩尔(Dwayne Moore)④,他们也是从反事实条件句理论出发来解释因果关系的。而伍德沃(James Woodward)⑤、夏皮罗(Lawrence A. Shapiro)⑥、柏鲁(Tuomas K. Pernu)⑦等人从干涉因果理论出发,消除排他性论证。

我们这里以夏皮罗、柏鲁为例,介绍干涉因果理论对消除排他性论证的消除。干涉因果理论对直接原因的定义是:相对于变量集 V 来说,X 是 Y 的直接原因的充分必要条件是,V 中除 X、Y 之外的其他变量都是固定的,并且对 X 存在一种可能的干涉会改变 Y(或者 Y 的概

---

① Bram Vaassen, "Causal Exclusion without Causal Sufficiency", *Synthese*, Vol. 198, No. 3, 2021, pp. 10341 – 10353.

② Zhong Lei, "Can Counterfactuals Solve the Exclusion Problem?", *Philosophy and Phenomenological Research*, Vol. 83, No. 1, 2011, pp. 129 – 147. Zhong Lei, "Counterfactuals, Regularity and the Autonomy Approach", *Analysis*, Vol. 72, No. 1, 2012, pp. 75 – 85. Zhong Lei, "Why the Counterfactualist Should Still Worry about Downward Causation", *Erkenntis*, Vol. 80, No. 1, 2015, pp. 159 – 171.

③ Jonas Christensen & Jesper Kallestrup, "Counterfactuals and Downward Causation, A Reply to Zhong", *Analysis*, Vol. 72, No. 3, 2012, pp. 513 – 517.

④ Dwayne Moore, "Causal Exclusion and Dependent Overdetermination", *Erkenntis*, Vol. 76, 2012, pp. 319 – 335.

⑤ James Woodward, "Modeling Interventions in Multiple lvel Causal Systems: Supervenience, Exclusion and Underdetermination", *European Journal for Philosophy of Science*, 2022, Vol. 12, No. 59.

⑥ Lawrence A. Shapiro, "Lessons from Causal Exclusion", *Philosophy and Phenomenological Research*, Vol. 81, No. 3, 2010, pp. 594 – 604.

⑦ Tuomas K. Pernu, "Causal Exclusion and Multiple Realizations", *Topoi*, Vol. 33, 2014, pp. 525 – 530.

率分布）。① 而在心理因果的排他性论证是，M 是 P* 的原因，并且 M 随附于 P，所以 P 对 P* 来说也是原因，根据物理世界的因果封闭性，M 对 P* 的因果效力被 P 对 P* 的因果效力排斥了。

在因果干涉理论中，如果我们要判断 M 是不是 P* 的原因，就要假设 P 不变，然后改变 M，再看 P* 会不会发生变化或者受到影响。由于 P 对 P* 是充分的，所以即便 M 发生了变化，只要 P 没有发生变化，P* 也不会发生变化，因此 M 不是 P* 的原因，M 的因果效力被 P 排斥了。夏皮罗认为，一方面，我们不可能在不改变 P 的情况下改变 M，这就是 M 是 P* 的原因的一个证据。另一方面，不可能的干涉可以分为偶然的不可能和形而上学的不可能，如果某个情形属于形而上学的不可能的干涉，那么再谈论因果性就是没有意义的，而心理因果的情形就是形而上学的不可能。②

柏鲁认为，夏皮罗这里所说的不可能其实是否定了心理属性的多重可实现性，但夏皮罗对多重实现论表现出了模糊的态度。但是如果否定多重实现论就会使得心理属性和物理属性之间的实现关系变成一对一的关系，从而使得心理属性和物理属性变成同一的属性，至少在因果性上它们是同一的。③

如果把心理属性和物理属性看作同一的，哪怕只是在因果上同一的，排他性论证也就失去了意义。因为排他性原则就无用武之地了，本身就只有一个属性或者一个因果关系，那就谈不上谁排斥谁了。但这不符合排他性论证的初衷，正是在区分心理属性和物理属性的基础上，才有排他性的问题。所以，柏鲁的结论就是，放弃多重实现论确实可以消除排他性论证，但这并不符合提出排他性论证的初衷，不符

---

① James Woodward, *Making Things Happen: A Theory of Causal Explanation*, New York: Oxford University Press, 2003, p. 55.
② Tuomas K. Pernu, "Causal Exclusion and Multiple Realizations", *Topoi*, Vol. 33, 2014, pp. 526-527.
③ Tuomas K. Pernu, "Causal Exclusion and Multiple Realizations", *Topoi*, Vol. 33, 2014, p. 527.

合非还原物理主义的基本立场。①

柏鲁提出，如果保留多重实现论，根据因果干涉理论，跨层次的因果关系（下向因果和上向因果）就会受到威胁。他引用了因果干涉理论的一个定义：如果 C 在世界 w 中引起 E 发生，那么这两个反事实条件句必须在世界 w 中为真，即 C□→E 和¬ C□→¬ E。这种定义的核心就是原因可以产生影响（make difference），这是符合因果干涉理论的基本思想的。

但是柏鲁认为，因果关系的这种标准和多重实现论结合，就会完全消除跨层次因果的可能性。比如还是在排他性论证的情形下：M 是 P^* 的原因，M 和 M^* 分别随附于 P 和 P^*，且 M 和 M^* 是被多重实现的，P 对 P^* 也是充分的。此时，M 还是不是 P^* 的原因呢？

根据定义，M 是 P^* 的原因必须满足：M□→P^* 和¬ M□→¬ P^*。很明显¬ M□→¬ P^* 成立，但 M□→P^* 不成立。¬ M□→¬ P^* 是因为，M 随附于 P，所以当 M 不出现的时候，P 肯定没有出现；又由于 P 是 P^* 的原因，所以 P^* 是反事实的依赖于 P 的；所以，当 M 不发生的时候，P^* 也不会发生。M□→P^* 不成立是因为，当 M 出现的时候，P^* 不一定会出现，因为 M 可以被多重实现，因而有可能 M 出现了但 P 没有出现的情况，这种情况下 P^* 就不会出现。因此，根据定义，M 是 P^* 的原因不成立。②

同理，P 是 M^* 的原因也不成立。因为 P 是 M^* 的原因，需要满足 P□→M^* 和¬ P□→¬ M^*，但由于心理属性的多重可实现性，P□→M^* 成立而¬ P□→¬ M^* 不成立。P□→M^* 成立是因为，当 P 出现的时候，P^* 一定会出现，因为 P 对 P^* 来说是充分的；而 P^* 对 M^* 又是充分的，所以当 P^* 出现时，M^* 也一定会出现；所以，当 P 出现时，M^* 一定会出现。¬ P□→¬ M^* 不成立的原因是，虽然当 P 不出现时，P^* 也

---

① Tuomas K. Pernu, "Causal Exclusion and Multiple Realizations", *Topoi*, Vol. 33, 2014, p. 528.

② Tuomas K. Pernu, "Causal Exclusion and Multiple Realizations", *Topoi*, Vol. 33, 2014, p. 529.

不会出现；但 M 和 M* 都是多重可实现的，因此 M 和 M* 的其他基础属性 P′ 和 P″ 可以出现，从而使得 M* 也会出现。①

总的来说，从因果干涉理论出发，如果放弃多重实现论，那么排他性论证就不存在了；如果接受多重实现论，那么跨层次的因果性就是不可能的。柏鲁认为这个结论对排他性论证来说是两面的，一方面它否定了 M - P* 的下向因果，这和排他性论证的目的是一样的；但另一方面它也否定了物理属性对心理属性的因果效力，这是金在权等物理主义者所不愿意接受的。②

三 排他性论证与因果封闭性

第三类消除排他性论证的讨论是围绕物理世界的因果封闭性展开的。比如马库斯（Eric Marcus）③反对物理世界的因果封闭性，而代之以物理世界的因果完备性，并且认为建立在完备性和随附性基础上的心—身关系不会面临心理因果的问题；还有科里（Richard Corry）④将封闭性定义为物理事件的原因追溯到物理事件，但并不排除追溯过程中有非物理事件，这样就可以解决排他性问题了。我们以科里的讨论为例介绍因果封闭性原则在排他性论证中的作用。

科里首先展示了因果封闭性原则对下向因果带来的问题。他说，如果一个心理属性 M 拥有因果效力，并且引起了一个物理结果 P*，那么根据物理世界的因果封闭性原则，P* 会有一个物理原因（假设是 P），根据心理属性的非还原性，M 和 P 是不同的。因此，P* 就有了两个不同的原因，P 和 M，因此就出现了 P 和 M 的因果效力相互排斥的

---

① Tuomas K. Pernu, "Causal Exclusion and Multiple Realizations", *Topoi*, Vol. 33, 2014, p. 529.

② Tuomas K. Pernu, "Causal Exclusion and Multiple Realizations", *Topoi*, Vol. 33, 2014, pp. 529 - 530.

③ Eric Marcus, "Mental Causation in a Physical World", *Philosophical Studies*, Vol. 122, No. 1, 2005, pp. 27 - 50.

④ Richard Corry, "Emerging from the Causal Drain", *Philosophical Studies*, Vol. 165, 2013, pp. 29 - 47.

情况。结论就是：要么心理属性是可还原的（还原之后，物理属性和心理属性就是同一的，自然就不存在相互排斥的问题了），要么下向因果是不可能的。由于非还原物理主义坚持心理属性的非还原性，所以下向因果是不可能的。①

科里也同意金在权的观点，非还原物理主义不会放弃物理世界的因果封闭性，因为放弃它就意味着物理理论不能对所有物理现象都给出说明，这是物理主义所不能接受的。但是在不放弃物理世界封闭性的前提下，科里认为，非还原物理主义还可以否定它适合于心理因果的情形。

在心理因果的情形中，心理属性和物理属性之所以在因果关系上相互排斥，是因为物理世界有因果封闭性，以及心理属性有非还原性。物理世界的封闭性要求所有物理结构都有物理原因，非还原性则限定了心理属性不同于物理属性。科里提出，非还原性中不同于物理属性的"物理的"和封闭性中物理原因的"物理的"是否是同一的呢？科里认为，这种同一性并不是不可置疑的。②

科里提出，可以从突现论的角度来重构心理因果的情形，并在突现论的框架下来解释"物理的"含义，科里建构的心理因果情形如下：

  随附性（突现性）：突现属性强随附于基础的物理属性。
  非还原性（突现性）：一个系统的突现属性不能还原为，也不能同一于组成这个系统的基础的物理属性。
  心理因果性（突现性）：突现属性会带给复杂系统新的因果效力，这些因果效力是不同于突现属性的随附基础的因果效力。③

---

① Richard Corry, "Emerging from the Causal Drain", *Philosophical Studies*, Vol. 165, 2013, p. 40.
② Richard Corry, "Emerging from the Causal Drain", *Philosophical Studies*, Vol. 165, 2013, p. 41.
③ Richard Corry, "Emerging from the Causal Drain", *Philosophical Studies*, Vol. 165, 2013, pp. 41–42.

科里认为这些定义所描述的突现论就是一种非还原的物理主义，金在权也有过这样的主张。但是在这些定义下，非还原的意思发生了一点变化，即心理属性不能还原为物理属性中的"物理属性"是指，构成这个系统的组成部分的物理属性，并不是指所有的物理属性。因此，突现论者可以一方面接受物理世界的因果封闭性；另一方面又坚持心理属性有因果效力，只不过这时的心理属性从某种意义上也是物理属性，心理因果也是某种意义上的物理因果。①

科里做的事情是，通过限定"物理的"含义，从两个不同的角度重新解释了心理因果的非还原性和物理世界的因果封闭性。从心理属性所随附的那些物理属性来看，这个心理属性不能还原为物理属性，并且具有不同于这些物理属性的因果效力；但从物理属性整体来看，心理属性又可以还原甚至同一于物理属性，因而物理世界的因果封闭性也得以保留。

科里考虑到了这种做法可能面临的反驳，比如实体二元论可能会采取同样的方式，把心理实体也说成是某种意义上的物理实体。但科里认为，突现论和实体二元论还是不同的，比如实体二元论所主张的心理实体不同于任何物理实体，也不具有物理实体所具有的一般属性，比如质量、位置等；但突现论并没有引入任何新的实体，所有东西都是由基础的物理实体构成的。实体二元论主张心理实体所拥有的属性，是独立于物理实体或者物理属性的；但突现论并没有这种观点，突现论认为突现属性随附于基础的物理属性，当物理属性被固定后，突现属性也就确定了。还有实体二元论主张了很多不同于物理性质的属性，即心理实体的一些性质；突现论也主张了一些不可还原为物理基础的属性，比如感受性，但科里认为这不是必需的，突现属性可能是物理属性的另一种或者另一层次上的表现。②

---

① Richard Corry, "Emerging from the Causal Drain", *Philosophical Studies*, Vol. 165, 2013, p. 42.

② Richard Corry, "Emerging from the Causal Drain", *Philosophical Studies*, Vol. 165, 2013, pp. 42–43.

突现论主张突现属性具有不同于基础属性的新因果效力，这一点才是突现论不同于物理主义者的地方，因而可能成为反对者的靶子。由于科里把封闭性原则中的"物理的"解释为物理属性全体，所以如果突现属性给物理系统增加了新的因果效力，那么这个"新"的意思应该是指，不能追踪到物理个体的属性。因而物理世界的因果封闭性也就变成了：如果物理事件在时刻 t 有一个原因，那么它在时刻 t 有一个能够追溯到物理个体的属性的原因。①

我们可以看到，由于"物理基础"概念在排他性论证中的核心位置，科里通过改变这一概念的内涵，实际上是把心理属性也从某种意义上囊括到了物理世界中来，心理属性的因果效力也被算作了物理因果效力。

四 一些回应

金在权分析了几种拒斥随附性论证的方法，我们也在这里做一些介绍，首先是过度决定的方法。他在随附性论证的过程中引入了过度决定的原则，当时是作为一个假设引入的。后来他讨论了通过拒斥过度决定原则来拒斥随附性论证的方法，认为这种方法是不可行的。

（一）过度决定

在《物理世界中的心灵》一书中，金在权就说了，认为 P^* 是被过度决定的会违背物理世界的因果封闭性，因为在过度决定的情形，当 P 不发生的时候，P^* 也会因为 M 的发生而发生。这就是说，在一个 P 没有发生的世界中，M 的发生引起了 P^* 的发生，P^* 是一个物理事件，并且有一个原因，但是它缺乏物理原因，这是对物理世界的因果封闭性的违反。②

但是内德·布洛克（Ned Block）认为 P 不发生、M 发生是不可能的，不存在这样的可能的世界，因为 M 随附于 P。既然不会出现 P 不

---

① Richard Corry, "Emerging from the Causal Drain", *Philosophical Studies*, Vol. 165, 2013, p. 43.

② 从金在权这一分析来看，他似乎比较倾向于认为，排他性论证的关键在于物理封闭性和心理因果的冲突，与过度决定的关系不大。这和本书第五章所论述的观点是一致的。

发生 M 发生的情形，那么也就不可能违反封闭性原则了。不得不说，这个方案是最容易被想到的。对此，金在权的看法是，随附性并不是说在 P 不发生的世界里，M 发生是不可能的；随附性是说，在这种世界里，M 必须有一个物理基础（例如 P′）。

为了讨论过度决定，金在权在 P 不发生 M 发生的世界（世界 W）中，区分了两种情形：随附性在 W 中成立和随附性在 W 中不成立。

首先，如果随附性在世界 W 中成立，会怎么样呢？显然，这种情况和现实世界的情况并没有本质的区别，因为在 W 中，P 是 M 的物理基础，所以 M 的因果效力被 P 排斥掉了；而在世界 W 中，P′是 M 的物理基础，M 的因果效力就被 P′排斥掉了。①

在现实世界中，我们可以假设在 P 和 P* 之间有一个连续的因果链（在一些情形下，我们的神经生理学已经获得了关于这种因果链的详细知识），但是如果要假设在 M 和 P* 之间有一个独立的因果链，似乎又是不合理的。如果从 M 到 P* 有一个因果链，似乎最有可能的情形就是，从 M 到 P* 的因果链和从 P 到 P* 的因果链是同一的。这也可以说明心理因果不是一般过度决定的情形，因为在一般的过度决定情形中，从两个原因出发，有两条完全独立的因果链连接到结果。

其次，当随附性在世界 W 中不成立的时候，也就是说 M 引起 P* 的发生，并且 P* 没有任何的物理原因。② 显然在这样的世界中，封闭性原则是被违反了的。

金在权说，既然非还原的物理主义是目前考虑的对象，那么我们假定随附性中的"必然性"表示一种律则的必然性，W 就是律则上不可能的世界（nomologically impossible world）。W 是律则不可能的世界并不是因为它违反了物理规律，而是因为它违反了心物规律，因为 W 世界中的心理属性 M 没有任何物理基础。对于这种可能世界，我们完

---

① Jaegwon Kim, *Mind in a Physical World: An Essay on the Mind-Body Problem and Mental Causation*, New York: Cambridge University Press, 1998, p. 47.

② Jaegwon Kim, *Mind in a Physical World: An Essay on the Mind-Body Problem and Mental Causation*, New York: Cambridge University Press, 1998, p. 48.

全可以想象它在物理方面和现实世界上一模一样的，而只是在心理方面与现实世界不同，这种情形似乎是物理主义者不愿意看到的。在这样一个世界中违反封闭性原则，显然不是物理主义者愿意接受的，所以物理主义者也不会因此接受过度决定的处理方案。

（二）反事实条件句

有一部分学者提出用反事实条件句消解随附性论证中的冲突，金在权反驳了这种方法。反事实条件句对随附性论证的消解是通过用"说明"（explanation）解释（explain）因果性（causation），再用适当的反事实条件句描述这种说明，最后在一个给定的原因下，得到一个必然的结果。比如，琳恩·贝克（Lynne Baker）提出了一个例子，吉尔认为她把钥匙掉在了柜台并且她想拿回，这引起了她回到书店[①]。这个例子里的因果关系可以由一个"说明的事实"（explanatory fact）得到：如果她没有想起把钥匙掉在了柜台，她就不会回到书店；由于她确实想起把钥匙掉在了柜台，所以她必然会回到书店。这样，贝尔就避免了使用心理因果相关的词汇，同时描述了一个与心理因果相关的事实。

金在权认为，他赞同这些"说明的事实"和反事实条件句是心理因果的基础，也认同解释活动在哲学分析中的应用，但是这并不能回避随附性论证提出的问题。金在权的依据是，除了贝克的反事实条件句外，还有一些条件句是消解随附性论证所应该拒斥的，贝克却没有拒斥。比如从副现象论的角度来描述吉尔的例子就是，某个神经状态 N 既是吉尔想起她把钥匙掉在柜台的原因，也是她回到书店的原因，那么条件句"如果吉尔没有想起把钥匙掉在柜台了，那么她就不会处于神经状态 N；由于吉尔确实想起了，所以她必定处于神经状态 N，这就使得吉尔必然会回到书店"为真。但是这个条件句是从副现象论出发得出的，而副现象论看来是没有心理因果的，所以如果贝克要坚持用反事实条件句消解

---

① Jaegwon Kim, *Mind in a Physical World: An Essay on the Mind-Body Problem and Mental Causation*, New York: Cambridge University Press, 1998, p. 69.

随附性论证中的冲突，那么她就要排除这一类条件句。①

除此之外，金在权从根本上认为，反事实条件句本身就是有缺陷的，在一个因果关系中（如 c 是 e 的原因），本来应该是"如果 c 没发生，那么 e 也不会发生"为真；但是几乎在所有反事实条件句理论中，"如果 e 没发生，那么 c 也不会发生"也可以被辩护。而就贝克的方案来说，她还需要对她"解释的事实"中的"必然"做出说明，因为说"由于 c 发生了，所以 e 必然会发生"似乎就是"c 是 e 的原因"的另一种说法。

金在权关于这些讨论最后的立场是，反事实条件句理论需要解释，为什么我们需要的那些关于心—身关系的反事实条件句（如贝克的那个条件句）为真，而我们不需要的那些反事实条件句（如副现象论的那个条件句）为假。②

（三）一般化论证

根据随附性论证，随附属性的因果效力会被其基础属性排除，会变得没有因果效力。有哲学家从这个结论出发提出，如果这种排斥关系在不同的层次之间都具备的话，比如物理和化学、分子和原子、原子和电子等，那么就会产生两个我们不愿意接受的结论：第一，既不存在心理层次的因果，也不存在生理学层次的因果，甚至分子层次的因果、原子层次的因果也不存在，只存在最底层的物理因果；第二，如果没有最底层，那么因果效力就是根本不存在的东西。

这个论证被叫作一般化论证（generalization argument），它的核心思想是，假设世界中的物体和属性都是按照一定层次排列的，并且在相邻的层次之间，高层次都随附于低层次。那么随附性论证就可以适用于所有相邻的层次，使得所有高层次的因果效力都会被低层次所排斥。

这里推导的两个结论，不管是因果效力只存在于最底层，还是因果效力完全不存在，都是难以接受的。因此有人提出，随附性论证推

---

① Jaegwon Kim, *Mind in a Physical World: An Essay on the Mind-Body Problem and Mental Causation*, New York: Cambridge University Press, 1998, p. 70.
② Jaegwon Kim, *Mind in a Physical World: An Essay on the Mind-Body Problem and Mental Causation*, New York: Cambridge University Press, 1998, p. 71.

出了一个难以接受的结论，所以随附性论证是不成立的，物理属性排斥掉心理属性因果效力的讨论是没有价值的。

金在权的回应是，如果随附性论证可以被普遍化，那么所有随附属性的因果效力都会被取消并不能成为拒斥随附性论证的依据。相反，这只是在提示我们，有一个一般性的哲学问题需要我们去面对。如果我们只说生物层次的因果性或者生理层次的因果性是显而易见的，这对于我们理解心理因果并没有任何帮助，我们应该说明的是，为什么在基础层次的因果关系之外，还有高层次的因果关系，以及这些关系是如何实现的，它们和基础层次的因果关系之间有什么联系。

金在权在这里也说出了自己提出随附性论证的真正目的。随附性论证的目的并不是要反驳前提（1）①，即 M 的示例引起 M* 的示例。随附性论证的目的在于，要物理主义者做出一个选择，在心理因果性和心理属性可还原之间的选择。金在权用两个图来表示这两个选项的区别②：

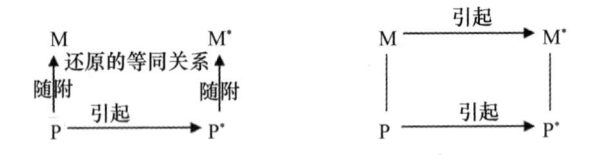

图 2.2

如图 2.2 所示，左图和右图的区别是，在面对随附性论证时，左图放弃了心理因果，保留了心理属性对物理属性的不可还原性；右图则放弃了心理属性对物理属性的不可还原性，保留了心理因果。随附性论证想要告诉我们的是，如果你是一个物理主义者，那么你就要在图 2.2 的两种情形中选择一种模型作为你的心—物关系模型。

---

① 指排他性论证的前提，见本书第 71 页。
② Jaegwon Kim, *Physicalism, or Something Near Enough*, Princeton：Princeton University Press, 2005, p. 54.

第三章

功能化还原模型的尝试

心理因果问题的本质并不是一个论证的技术问题,而是何种心—身关系可接受的问题,非还原的心理因果代表的是非还原的心—身关系,但这条路似乎走不通,至少金在权是这样认为的,因此他走向了还原主义的道路。如果要还原心理属性和心理因果,那么最核心的问题就是如何还原,金在权分析了三种还原的方式,分别是同一还原模型、内格尔还原模型和功能化还原模型。

但是金在权并没有直接从心理因果出发来讨论还原的问题,而是从另一个跟还原联系更紧密的问题开始讨论的,那就是说明裂缝的问题。之所以说它是跟还原联系更紧密的问题,是因为还原是把一个东西的存在归结为另一个东西,在这个过程中,最重要的就是,是否把被还原对象的全部内涵都转移到还原对象中去。本质上,说明裂缝问的就是这个问题,即对意识的还原,是否是完全的?

说明裂缝问题,简单来说就是,大脑产生意识这个现象,我们应该如何说明它。比如,为什么大脑状态 C 会产生意识 A 而不是意识 B?或者为什么大脑状态 C 会产生一个意识?如果意识可以被还原为大脑状态,那自然可以对这些问题进行回答;因此,如果我们不能回答这些问题,那么还原似乎就是不成立的,至少是不完备的。

第一节 心—身关系的还原主义

心—身关系的说明裂缝发生在心理现象和物理现象之间,为了消除这种裂缝，一种最符合科学思维的方法是，把心理现象还原为物理现象，就像把热量还原为分子运动那样。如果这种还原是成立的，那么说明裂缝也就不存在了。但遗憾的是，似乎大多数人都不赞同还原论。倒是还原化的说明被看作消除说明裂缝的有效方法。所谓还原化的说明，就是主张用物理层面发生的事说明心理层面发生的现象，但同时又保留心理现象的独立性。

一　还原主义

还原论和还原化的说明在过去几十年的遭遇大相径庭。还原论在过去几十年常常被人们说成是不成熟的、幼稚的，金在权在《五十年后的心—身关系》中说道："大脑状态理论的失败给了所有形式的还原论一个坏名声，使得'还原论者'变成了一个明显消极的、通常也是被人轻视的称号。那时候，在学术圈或者知识界称呼某人是一个还原论者更多的是在说，他或者她持有一种错误的观点。那是一个稍加掩饰的标签，表达了对他（或者她）在理智上落后和简单的调侃。"①

但是还原化的说明则不然，它没有被这些坏名声所波及；相反，它一直都处于被哲学家认可的位置。甚至连自称是还原论敌手的人也会对还原化的说明美言相加。在科学和哲学中，即便是在还原论被证明不可能的情况下，还原化的说明仍然被当作一种可行并且有意义的事业。

还原化的说明并不需要将上层的属性（或者特殊科学的理论）还原为基础属性（或者一般物理学理论），对上层属性的还原化说明并不会破坏这些属性的本体论地位，所以还原化的说明既可以保住上层属性的自主性，也不至于走向物理主义的反面。这一点是还原论做不到的，因为还原上层属性会破坏其本体论地位。正是因为这个原因，福多（Jerry Fodor）才会说：

---

① Jaegwon Kim, "The Mind-Body Problem after Fifty Years", *Royal Institute of Philosophy Supplement*, Vol. 43, 1998, pp. 3 – 21.

在我看来，对科学统一体的经典解释极大地误解了科学还原论的目标。还原的目标主要不是寻找某种物理学的自然类谓词，使得每一个具体学科的自然类谓词都有对应的物理学谓词与之对应；更重要的是说明事件是如何遵循具体科学规律而发生的物理机制。[1]

虽然为具体科学的词汇寻找一个物理对应词汇可以生成很多桥接规律，借助这些桥接规律，我们可以从物理学中导出具体科学的理论。但是，福多认为多重实现的现象是普遍存在的，这使得桥接规律变得不可能。这就意味着还原论是不可能的。但是福多觉得，这并不会阻碍我们说明具体科学中现象和规律的物理机制。并且，福多提出要用还原化的说明代替还原论，作为统一科学的目的。

这种立场也为一些物理主义者提供了好的选择。虽然有些人认为还原论是不可能的，尤其是心—身还原是不可能的，但是他们仍然认为心理现象——心理潜能、功能还有活动等，都是以相应的物理机制为基础的。所以，还原化的说明就成了一个好的选择，因为这既可以避免多重实现带来的困境，又可以保留物理主义的基本立场。查尔默斯就是这样的哲学家，他一方面认为心理状态是由物理状态引起的，另一方面又认为心理状态在本体上是区别于并且不可还原为物理系统的。所以，查尔默斯（David John Chalmers）把还原化的说明作为他的哲学出发点，他说：

> 对一个现象的还原化说明并不需要对这个现象进行还原，至少在某种模糊的意义上是这样的。在某一个意义上，同一个现象可以被不同的物理基础实现，比如学习，不能同一化为任何低层

---

[1] Jerry Fodor, Special Sciences (or: The disunity of science as a working hypothesis), *Synthese*, Vol. 28, No. 2, 1974, p. 47.

次的现象，因此不能被还原。但是这种多重实现性，并不会阻碍任何学习的示例被低层次的现象还原化的说明。①

虽然，在回到心—身关系的问题时，查尔默斯认为不管是还原论还是还原化的说明，都不能为意识在物理系统中安置一个合适的位置。但是从这段话可以看出，在还原论和还原化说明的关系上，查尔默斯的观点是，还原化的说明不需要以还原论为前提。

那么，还原化说明和非还原的说明有何区别呢？突现论者认为，突现现象不能通过它们的基础条件被说明和预测。金在权说，当这些突现论者这样说时，他们指的就是还原化的说明。因为像摩根、布罗德（Charlie Dunbar Broad）这些突现论者都承认，在某种明显的意义上，突现现象是可以被说明的。所以，他们说突现现象不能被说明时，指的是突现现象不能被还原化的说明。

假设当 C 纤维被刺激时，疼痛就会发生，那么我们就可以预测，当一个人的 C 纤维被刺激时，他会经历疼痛。在日常生活中，我们也经常做出类似的预测：比如看到有人摔倒，膝盖皮被摔破了，那么我们就可以自信地预测，摔倒的人会感到疼痛。但是这些预测都在前提中假设了突现现象和基础现象之间的对应关系，比如疼痛和 C 纤维刺激的对应关系。比如下面这个说明也是类似的。

说明 1：
当一个人的 C 纤维被刺激的时候，他就会感觉到痛。
琼斯的 C 纤维在 t 时刻被刺激了。
所以，琼斯在 t 时刻有疼痛的感受。

说明 1 看起来对琼斯在 t 时刻感到疼痛做出了很好的说明，它似乎符合说明的律则—演绎模型。但是它不能算是用琼斯的神经生理状态，

---

① David John Chalmers, *The Conscious Mind*, Oxford: Oxford University Press, 1996, p. 39.

来还原化地说明了她在 t 时刻感到疼痛。它只能算是对琼斯在 t 时刻感到痛的归纳说明，因为它通过对过去经验的总结，得出 C 纤维刺激和感到疼痛之间的对应关系，然后用这种对应关系来说明琼斯在 t 时刻感到疼痛。

所以突现论者说突现现象不能被说明时，指的是不能被还原化的说明，也就是说，仅凭关于神经生理状态的知识，不能对疼痛做出说明。也正是因为对疼痛的说明（和预测），必须借助对应关系，所以突现论者才会说，我们只可以归纳地预测突现现象。

为什么在说明前提中使用了这种跨层次的对应关系后，说明 1 就不是还原化的说明了？金在权说，我们可以给出的理由是：使用这些对应关系产生的后果是，需要说明的属性在本体上是说明理论的一部分，而用来表达被说明属性的概念也成了说明的理论的词汇了，这样形成的说明不是还原的。这是还原化说明的原则，也就是说，只有满足这个约束条件的说明才能算作还原化的说明：

约束条件 R：一个还原化说明在说明现象 F 发生的原因时，在前提条件中不能出现与 F 有关的条件。[1]

约束条件 R 还可以被加强：在说明现象 F 时，还原化说明不仅不能使用与 F 相关的前提，而且不能使用与 F 处于同一层次的属性作为前提。或者说，对属性 F 的还原化说明只能使用低于 F 所在层次的属性作为说明项。根据约束条件 R，我们也可以判断说明 1 不是还原化的说明，因为被说明的属性是疼痛，而在前提 1 中，它使用了疼痛这个属性。

但是这也会带来一个问题。一般来说，说明的过程是演绎的，至少逻辑演绎性是关于说明的讨论中，唯一可以具体化、客观化的标准。

---

[1] Jaegwon Kim, *Physicalism, or Something Near Enough*, Princeton：Princeton University Press, 2005, p. 105.

说明一个现象就是从描述说明项的句子中，演绎地推出描述被说明项的句子。结合约束条件R，我们要还原地说明属性F，我们就必须只使用低于F层次的属性，并用逻辑演绎的方法，推导出属性F。但是这并不容易做到，金在权说：

> 我们如何通过说明从一个层次上升到另一个层次？假设说明是演绎的，如何可能从说明项所在的基础层次做出一个演绎的转换，达到被说明项所在的高层次？①

这个问题被称作"在说明中实现上升的问题"。这是说明裂缝的核心问题：如果说明是演绎的，那么我们如何演绎地消除说明项和被说明项之间的裂缝？比如，为了说明琼斯正在疼痛，我们就必须通过演绎的方法，从描述琼斯神经状态的语句中推导出她正在疼痛。但是"疼痛"或者疼痛的概念甚至都没有出现在神经生理学中，那么我们如何能从神经生理学中推导出琼斯正在疼痛来呢？神经生理学的研究对象不包括疼痛，它研究的是大脑的活动状态、神经元的运动方式等；在研究这些现象时，它也不需要与疼痛有关的词汇和概念。神经心理学会研究心理现象与生理现象的对应关系，比如当一个人报告他正感到疼痛时，神经心理学家可以观测他此时的大脑活动。但实际上科学家并不能判断受试者是否准确地汇报他的心理状态，他完全可以在感到痒的时候说自己感到疼痛，从而误导神经心理学家把痒的大脑状态和疼痛对应起来。即便所有受试者都是诚实的，神经心理学家也只能找到疼痛和大脑状态的对应关系，而说明裂缝追问的是，这种对应关系的本质是什么？

这就是说明裂缝的核心问题所在。我们关于大脑状态、神经活动等物理方面的知识，永远都不能对意识的感受性质进行描述，所以意

---

① Jaegwon Kim, *Physicalism, or Something Near Enough*, Princeton：Princeton University Press, 2005, p. 107.

识的感受性质和物理知识就处于两个层次,并且二者之间没有直接联系。在这种情形下,我们要从物理知识中推导出感受性质几乎是不可能的,除非我们可以在物理词汇和心理词汇之间建立某种对应关系,并且保证这种对应关系是不需要说明的;凭借这种对应关系,我们可以从物理知识中演绎出心理知识。金在权认为有三种方式可能会帮助我们实现说明上升,分别是:

(i) 桥接原理,或者转换律(trans-ordinal laws)——偶然的经验定律,联结被说明的现象和还原基础中的现象。

(ii) 概念联结,比如通过定义在两个层次之间提供概念或者语义的联系。

(iii) 同一性陈述,把被说明现象和低层次的现象看作同一的。[1]

要实现上升,必须遵循约束条件 R,所以第一种方法被排除在外了,因为它不满足约束条件 R,这一点在上文已经论述过了。所以,下面我们主要介绍第二种和第三种方式。

二 同一性与还原化说明

同一关系和还原关系是两种不同的关系,我和我自己是同一的,所以"我"具有的性质,"我自己"也具有,这简直就是句废话。但还原关系不是这样的,我们可以把我的身体还原为一堆分子,但是我的身体具有的性质并不会被这一堆分子具有,这堆分子具有性质也不会被我的身体具有。比如这堆分子都在进行剧烈的位移运动,并且都是直径小于 1 毫米的球;而我的身体就在这,没有做位移运动,至少没有剧烈的运动;并且我的身体远远大于直径 1 毫米的球。

---

[1] Jaegwon Kim, *Physicalism, or Something Near Enough*, Princeton: Princeton University Press, 2005, pp. 107–108.

但是，还原化说明并不同于还原，不需要建立在还原的基础上。同一性可以作为一种替代原则，把一个结论转换为另一个结论，从而达到还原化说明的目的。希尔（Christopher S. Hill）和麦克劳克林（Brian P. McLaughlin）、布洛克和斯托内克（Robert Stalnaker）就是这样做的。

金在权认为，希尔和麦克劳克林、布洛克和斯托内克，他们为类型同一论提供正面论证的努力都失败了，使得类型同一论成了一种需要人们自主选择的哲学立场。如果我自愿选择类型同一论，那我可以找到论据，证明类型同一论为真。如果我不喜欢类型同一论，那根据金在权的看法，没有什么正面的论据可以让我接受它。但是不管怎样，在哲学界仍然有人持有类型同一论的立场，而通过同一性来还原化地说明心理属性又是实现说明上升的方法之一，所以我们在这里介绍一下类型同一论对说明裂缝的处理是有意义的。

布洛克和斯托内克主张用同一性来构造还原化说明，消除说明裂缝。他们所依赖的同一性论题主要是克里普克式的同一命题，即"水 = H_2O""热是分子运动"这一类的同一性。根据克里普克（Saul Aaron Kripke）的观点，这一类的同一性是具有经验必然性的。对于布洛克和斯托内克来说，他们认可的是诸如"意识 = 神经细胞活动""疼痛 = C 纤维刺激"这样的命题，并且认为，借助这些命题，我们就可以还原化地说明意识、疼痛等现象。

布洛克和斯托内克将心理属性与特定的物理属性等同，然后从神经生理学的理论推出关于物理属性的陈述，再借助心—物等同关系，将关于物理属性的陈述改写为关于心理属性的陈述，从而达到用神经生理学说明心理现象的目的。比如我们要说明的现象是，当人们被注射了硫喷妥钠[①]后就会失去意识。布洛克和斯托内克的说明是这样的：

T（神经生理学）
（E）注射硫喷妥钠会引起神经元细胞停止活动。

---

① 硫喷妥钠是一种麻药。

（K）意识=神经元细胞活动。

（C）所以，被注射硫喷妥钠的人会失去意识。

布洛克和斯托内克认为，从神经生理学 T 可以逻辑地推导出（E），而说明活动也在（E）被导出的时候就完成了。至于（K）的作用，只是用来改写（E），通过（K）我们可以把（E）改写为（C）。（E）和（C）是对同一现象的两个不同的描述，（E）属于科学语言内部的描述，而（C）属于日常语言的描述（因为它包含了"意识"这样的词汇）。所以，我们通过神经生理学 T 说明了（E），然后我们通过（K）和（E）得到了（C）。那么，这是一个还原化的说明吗？[①]

首先，判定的第一个标准是，它是否有违背约束条件 R。前提（K）中包含了"意识"，这正是我们需要说明的东西，所以它似乎是违背了约束条件 R 的。但是如上文所说，说明的过程在（E）这一行就已经完成了，（E）后面的内容只是对（E）的一个改写，也就是说，严格来说，（K）并不是一个说明前提，所以在（K）中出现"意识"并不算违背约束条件 R。

（K）作为一个重写规则，却包含了丰富的经验内容。功能化还原模型中的因果角色定义是概念分析，是先验的（*a prior*）；而布洛克和斯托内克这里引用的同一性是一种经验的（*posterior*）同一性，比如水 = H_2O、热 = 分子运动，还有这里的意识 = 神经元细胞活动。由于（K）表达的同一关系是经验的，所以（K）中的"意识"是指称经验中的意识，并不是指称"意识"这个概念的。而约束条件 R 不允许说明的前提包含与被还原项相关的对应关系，所以从逻辑上就可以推出，约束条件 R 也不允许说明的前提包含（与被还原项相关）比对应关系更强的关系。

这里的（K）是经验必然的同一性，所以它是一个比对应关系更

[①] 关于这种说明的分析，在上一章都已经介绍过了，不过这里讨论的着重点略有不同，主要是讨论这些说明是否是还原化的说明。

强的关系，可以推导出同一性。而（K）恰恰就是与被还原项（即意识）相关的。如果真如布洛克和斯托内克所说那样，说明活动在（E）那里就结束了，因而（K）不能算是说明的前提，那么布洛克和斯托内克的说明就没有违背约束规则R。但是从（E）到（C）的改写并不是建立在概念转换的基础上，而是建立在经验事实的基础上。恰好在我们这个世界，（K）成立，意识就是神经元细胞的活动；在其他世界完全有可能出现（K）不成立的情况，那这个改写就不成立了。也就是说，单独从（E）是不可能通过分析的方式得到（C）的，（K）应该看作从（E）到（C）的一个前提，说明的活动在（E）这里并没有结束。

因此，我们认为布洛克的说明只是在形式上遵守了约束条件R，但是它实际上还是在说明中，借助了与被说明项相关的经验内容；只不过他不把这个内容算作说明前提，从而避开了约束条件R。换种方式说，单凭神经生理学的知识（T），我们能否做出任何与疼痛、意识相关的预测？克里普克式的同一性（K）不能算作神经生理学的知识，所以不能作为预测的前提。排除（K），布洛克和斯托内克还可以做出关于疼痛和意识的预测吗？如果不能，他们的说明就不是还原的。答案很明显是否定的。

其次，在说明"为什么琼斯在t时刻产生了意识"时，布洛克和斯托内克似乎会面临困境。先看看下面这个说明：

（K）意识＝神经元细胞活动。
（E′）琼斯的神经元细胞活动在t时刻被激活。
所以，琼斯在t时刻产生了意识。

这是一个完整的说明，因为意识就是神经元活动，琼斯的神经元活动在t时刻被激活，所以琼斯在t时刻具备了意识；不需要引用其他原理，我们就可以理解这个说明。在这个说明中，前提有两个，（E′）和（K），其中（K）表达了一种同一关系。（E′）是一个经验陈述，表达了一个经验条件,可以被看作说明的初始条件。由于神经生理学并不能推导出(K),因为神经生理学不包含意识这一类的词汇,所以这个说明既没有在前提中使用规律,也没有在背后隐含任何规律。这个说明的演绎过程只能被看作由(K)完成的。但按照布洛克他们的观点,同一性只是改写依据,不具有说明力。

所以他们在面对这些责难的时候,做出了自己的回答。他们的主要观点是,"为什么琼斯在神经活动激活的时候会有意识?"类似这种问题是错误的问题。因为神经活动激活和大脑体验到意识本来就是同一的;所以这些问题就相当于在问,为什么H_2O出现的地方都有水出现?这是因为"H_2O出现"就是"水出现",这不需要任何解释。

需要被说明的是对应关系,不是同一关系。我们不会问为什么A出现的地方会有A出现,只会问为什么A出现的地方会有B出现。在这两个问题中,只有后者才是一个合适的问题。所以,布洛克和斯托内克说:

> 如果我们相信热对应于但不同一于分子运动的能量,那么我们可以合理地问,为什么会有这个对应关系?以及实现它的机制是什么?但是,如果我们认为热就是分子运动的能量,那这些问题都应该被看作错误的(wrongheaded)。[1]

这个结论不能令人满意,因为这些问题,比如为什么意识状态会从相应的神经状态中产生出来?以及它们是如何产生出来的?都是可理解的(intelligible)问题,我们不应该给它们贴上问题错误的标签。从"意识状态"到"神经状态"的联结看起来就是需要说明的,在这二者之间似乎真的还有什么东西,正是这些东西把二者结合起来,形成了二者之间的同一关系。从根源上说,"神经元活动=意识"这种同

---

[1] Ned Block & Robert Stalnaker, "Conceptual Analysis, Dualism, and the Explanatory Gap", *The Philosophical Review*, Vol. 108, No. 1, 1999, p. 24.

一性和"a = a"这种同一性是有区别的，前者依赖于经验世界的具体情况，而后者与经验没有关系。

布洛克和斯托内克的观点可以被理解为通过同一性进行还原，所以他们应该是承认还原的可能性的。但是，似乎他们并不具有提供还原化说明的可能，因为当 X 通过同一性还原为 Y 时，"Y 具有 F"不能说明"X 具有 F"，这一点在上文已经论述过了。

最后，金在权将布洛克和斯托内克对功能还原模型的批判概括为，"如果心理属性可以被功能化地定义，那将是极好的，它可以为意识提供还原化的说明，消除说明裂缝。但唯一的问题是，这种功能化的定义是不可能的。"① 因此，金在权以类似的形式对布洛克和斯托内克的理论进行了评论，他说："如果心理属性可以在类型上等同于物理/神经属性，那将是极好的，它可以为我们提供还原，帮助我们处理说明裂缝。但唯一的问题是，这种同一性是不可能的。"②

三 经典的还原模型

虽然还原对于还原化说明来说不是必需的，但是如果有还原作为基础，再来进行还原化说明应该就会容易得多。所以金在权从还原出发，找到了一种比较（他认为）可行的还原模型，然后再尝试进行还原化说明。金在权对还原论的讨论总是从内格尔（Ernest Nagel）开始的。根据金在权的说法，这是因为内格尔的还原模型是标准的还原模型，在过去三十年关于还原的讨论中，占据了统治地位。

内格尔的还原模型主要适用于理论之间的还原，即将一个理论中的规律还原为另一个理论的规律。在他的还原模型中，占据核心地位的是桥接规律，它为还原的目标理论和基础理论提供了语言上的连接，也是还原过程中最本质的连接，因此可以保证从基础理论

---

① Jaegwon Kim, *Physicalism, or Something Near Enough*, Princeton: Princeton University Press, 2005, p. 120.
② Jaegwon Kim, *Physicalism, or Something Near Enough*, Princeton: Princeton University Press, 2005, p. 120.

到目标理论的演绎。虽然内格尔本人并没这样说,但是在哲学讨论中,一般都假设桥接原理具有条件句的形式,并且为被还原理论中的每一个基本谓词,在基础理论中确定一个对应的谓词。如果参与还原的不是两个理论,而是两个领域的属性,比如心理属性和物理属性,那么桥接规律就要为每一个被还原的属性,在基础领域中确定一个对应的属性。

桥接律在还原的过程中扮演着辅助假说的角色。通过桥接律,我们可以将被还原理论中的任意规律 L 改写为 L*,使得 L* 只包含基础理论中的词汇。如果 L* 可以由基础理论逻辑地演绎出来,那么 L* 就被还原为基础理论了;如果 L* 不能从基础理论中演绎出来,那么就将 L* 作为一条规律增加进原有的基础理论中去。由于 L* 所使用的词汇全部来源于原有的基础理论中,而且 L* 只不过是经过了语言上的改写,其内容还是 L 所论断的内容,所以将 L* 作为规律增加到基础理论中并不会影响基础理论的科学性;相反,这恰恰说明原来的基础理论不完备,因为它错过了一条普遍规律。①

对于桥接律来说,内格尔认为最重要的并不是它采用何种形式,而是能保证对所有的 L 进行改写。所以,这会产生的问题是,需要何种桥接律依赖于参与还原的两个理论?因此,在参与还原的两个理论确定之前,我们就完全不知道需要哪些桥接律。这不能满足哲学讨论的需要,哲学讨论一般都以追求普遍性为目标,因此更希望能在参与还原的具体理论被确定之前,就开始关于还原的讨论。而且就心—物关系来说,不管是关于心理学还是作为其还原基础的神经生物学(或者其他科学)都不具有完成的形态,或许它们永远都不可能被完成。所以,如何提供可行的桥接规律,是一个很重要又很有争议的问题。

但是,桥接律的可得性(availability)是有争议的,这主要是由于

---

① Jaegwon Kim, *Mind in a Physical World: an Essay on the Mind-Body Problem and Mental Causation*, New York: Cambridge University Press, 1998, p. 91.

多重实现论证的出现。根据多重实现论证,每一个高层次的属性 P 都可以被多个低层次的属性实现,比如 Q_1,Q_2……,所以不可能为 P 提供一个单一的基础属性 Q,使得 P↔Q 成立。如果不存在 P↔Q,那么 P 就不能被还原为单一的基础属性。多重实现论证为还原论造成了极大的损害,金在权说:"关于多重实现论题的哲学意义有一种流行的、几乎无争议的观点,认为多重实现论题彻底地拒斥了心—物还原主义。"[1]

关于桥接律的可得性,除了普特南(Hilary Pumam)的多重实现论题之外,戴维森的心—物反常性也否定了桥接规律的可得性。因为心—物反常性的主要内容就是在心理事件和物理事件之间没有任何律则性地联系,因此条件句形式的桥接律就更加不可能存在了。不过正因为戴维森的论证是以心—物反常性为前提的,所以他的论证也只适用于心—物关系问题,不能推广到其他具体科学中去。但是多重实现论证则只依赖于高层属性的多重可实现性,这是被普遍承认的,所以多重实现论证才是对可得性问题的更一般的反驳。这也是金在权以多重实现论证来讨论还原问题的主要原因。

或许有人会说,为什么不从个体的角度来看待实现问题,任何个别的属性被实现的时候,都是一对一的实现,不存在多重实现的问题。比如个体 a 具有个别属性 P_i,P_i 实现了个别属性 M_j,这是一个事实,M_j 就是由 P_i 实现的,没有其他属性来实现 M_j。多重实现论确实是从类别属性的角度看问题,个别属性不存在多重实现的问题;但我们研究心—身关系(或者其他还原问题)的目的是获得律则性的知识,而不是个别经验的知识。虽然个别属性没有多重实现的问题,但研究个别属性也不能为我们提供普遍性的规律。而且,我们认为,从个别属性的角度看,或许"同一性"比"还原性"更适合用来描述这种关系。

面对多重实现论证,一般认为还原论有两种可供选择的途径:一

---

[1] Jaegwon Kim, *Supervenience and Mind*, New York: Cambridge University Press, 1993, p. 309.

是析取进路（disjunctive strategy），二是局部还原（local reduction）进路。所谓析取进路就是，既然多重实现论证认为，P_1、P_2、P_3 都可以实现 M，那么我们就把 $P_1 \vee P_2 \vee P_3$ 当作 M 的基础属性，将 M 还原为 $P_1 \vee P_2 \vee P_3$，这样就可以回避多重实现带给桥接律的困难了。很明显，从对应关系上看，$P_1 \to M$，$P_2 \to M$ 并且 $P_3 \to M$，所以 $P_1 \vee P_2 \vee P_3 \to M$；并且，如果 P_1、P_2、P_3 是所有可以实现 M 的基础属性，那么 $M \to P_1 \vee P_2 \vee P_3$ 也是成立的。所以，$P_1 \vee P_2 \vee P_3 \leftrightarrow M$ 是成立的，从对应关系看，$P_1 \vee P_2 \vee P_3$ 和 M 是一一对应的关系的。

但是，这种处理的问题在于，把 $P_1 \vee P_2 \vee P_3$ 当作 M 的对应属性在其他方面是否也恰当。根据福多的观点，要还原种类 M 就必须在基础领域中找到一个对应的"种类"P，但是不同种类的析取不是一个种类，所以不能把 M 还原为 $P_1 \vee P_2 \vee P_3$。金在权接着福多往下讲，他提出了两个理由来说明，不应该把 $P_1 \vee P_2 \vee P_3$ 当作一个种类。福多说，一个谓词 P 是一个科学种类，仅当科学中存在规律，以 P 为前件或者后件。所以，$P_1 \vee P_2 \vee P_3$ 能否被当作一个种类，就在于它能否作为规律的前件或者后件。

规律的一个重要特征是具有投射性（projectibility），就是一种可以被正面的观察经验确证的性质①。属性的析取在投射性上会面临一些困难，举例来说，假如"所有的 F 都是 G"是一个规律，被所有"既是 F 又是 G"的经验确证了。如果允许析取式出现在规律中，由于所有从已被确证的句子中导出的句子也是被确证的，所以这些经验同时也可以确证"所有的 $F \vee H$ 都是 G"，其中 H 可以被随意设定。而我们又可以从"所有的 $F \vee H$ 都是 G"中导出"所有的 H 都是 G"，所以"所有的 H 都是 G"也被确证了，准确来说，它被所有"既是 F 又是 G"的经验确证了。这一结论明显是不合理的，所以我们之前的假设，即析取式可以出现在规律中就是不合理的。

再结合福多的观点，由于析取式不能出现在规律中，所以析取式

---

① 因为规律可以被投射到经验事实上，所以应该规律就应该被经验事实确证。

就不应该是对一个种类的表达。之所以会这样，金在权认为，主要原因是："不同于合取属性，析取属性不能保证，在它的示例之间存在一定的相似性①，而相似性正是属性的核心特征。所以，如果你认为具有同一个属性的对象之间应该具有相似性，那么你就应该接受，不存在什么析取属性之类的东西（否定属性也不存在）。"②

金在权提供的第二个理由是，析取属性和三个原则结合，会推出不可接受的结论，即心理种类不是科学种类，心理学是不可能的，这三个原则是③：

> 物理实现论题：心理状态出现在一个系统中，当且仅当合适的物理条件出现在那个系统中；心理状态的性质，尤其是心理状态之间的律则关系可以通过其物理基础的性质和关系被说明。④
> 因果的个体化原则：科学中的种类是根据因果力个体化的，对象和事件属于同一个种类的条件是它们具有相近的因果力。⑤
> 因果继承原则：如果心理属性 M 在一个物理系统中通过基础属性 P 被实现出来，那么这个 M 示例的因果力和 P 的因果力是同一的。⑥

所以，通过相同的物理基础被实现的心理属性 M，应该被归为同一个种类；被不同的物理基础实现的心理属性 M，则应该被归为不同

---

① 比如红的苹果和红的笔之间在颜色上是相似的。而 F′是 F∨H 的示例，H″也是 F∨H 的示例，但是 F′和 H″之间完全可能没有任何相似性。
② Jaegwon Kim, *Supervenience and Mind*, New York: Cambridge University Press, 1993, p. 321.
③ 为了论述方便，这三个原则的翻译与原文略有出入，但不影响这里的论证。
④ Jaegwon Kim, *Supervenience and Mind*, New York: Cambridge University Press, 1993, p. 322.
⑤ Jaegwon Kim, *Supervenience and Mind*, New York: Cambridge University Press, 1993, p. 326.
⑥ Jaegwon Kim, *Supervenience and Mind*, New York: Cambridge University Press, 1993, p. 326.

的种类，因为它们的物理基础在因果上属于不同的种类。被多重实现的心理属性（$P_1 \vee P_2 \vee P_3 \leftrightarrow M$）由于可以被不同的物理基础实现，所以 M 在因果上不能被归入一个种类，M 就不能成为一个科学种类，这最终会导致心理学不能成为一种科学。

其实，在面对多重实现论题时，金在权更倾向于用局部还原来为桥接理论辩护。多重实现一般认为心理属性的物理基础是在物种之间变化的，也就是说人感觉疼痛的物理基础和猩猩感觉疼痛的物理基础是不同的神经状态。所以，局部还原的观点认为，我们可以提出类似"$H \rightarrow$（疼痛$\leftrightarrow N_1$）"的条件句，其中 H 表示"是人类"，N_1 表示人类感到疼痛时的神经状态。通过这种条件句，我们就可以把人类的疼痛还原为神经状态 N_1。

反对意见认为，局部还原最大的困难在于，多重实现可能不仅仅是在物种之间的，还可能在同一个物种中，甚至同一个个体的不同时间段中，都有多重实现的现象。也就是说，可能一部分人（比如白种人）和另一部分人（比如黄种人）感到疼痛时的神经状态也是不同的，疼痛在不同的人种之间也可以被多重实现。更极端地说，在同一个人生命的不同时期，它感到疼痛的神经状态也可能是不同的，我们的神经科学已经发现了一些案例，比如大脑损伤前后，数学运算就是由不同的大脑状态实现的。如果是这样的话，我们岂不是要形成无限多样的局部还原命题？

金在权认为，这没有问题，如果心理属性确实可以被还原为物理属性，并且多重实现确实如此复杂，那我们就确实应该形成如此多的局部还原命题，他说：

> 在最坏的形势下，在人类之间，以及同一个个体的不同时期之间，多重实现广泛地存在着，以具体结构为基础的条件律仍然可以存在（如果心理状态确实可以被物理地还原），完美的局部还原仍然可能，就算这些还原只适用于单个个体的某一个具体的时刻……我们或许可以做出这样的结论，将多重实现极端化并不会

驳倒局部还原，它只会使局部还原更精细、更基础，可能让它变得不具有操作价值。①

第二节 功能化的还原模型

金在权讨论还原化说明的目的是，一方面进一步地反驳同一论；另一方面对意识的"难问题"做出回应，表明自己的理论可以处理难问题。他以功能化的还原模型为基础的，对心—身关系做出了界定，也为心理因果和还原化说明做出了回应。功能化还原的基础是对心理属性的功能化定义，功能化定义是以因果关系为基础对心理属性因果角色的描述。所以，如果心—身关系的功能化还原是可接受的，那么心理因果的问题就自然而然地被解决了，排他性论证的困难也就不成立了。

一 理论背景

关于心—身关系问题，我们首先要回答的是：在物理存在之外，还有其他存在吗？也就是在实体二元论和本体的物理主义之间，我们要做一个选择。本体的物理主义主张世界的内容全部是物理的，物质存在就是所有的存在，除了物质存在，（本体上）再无其他存在了。实体二元论则主张在物质存在之外，还存在心理的东西。

金在权讨论过这一选择，由于有因果配对问题的存在，金在权选择了本体的物理主义。金在权的观点是，如果接受实体二元论，我们将无法说明非物理的心理是如何对物理对象产生因果作用的。心理要产生任何因果效力，必须借助于我们的身体，比如伸手拿杯子这个行为，必定是从神经元活动到手上的肌肉，有一个完整的因果链来实现的，所以我们的心理就必须（因果地）作用于我们的神经元，但是这

---

① Jaegwon Kim, *Mind in a Physical World: an Essay on the Mind-Body Problem and Mental Causation*, New York: Cambridge University Press, 1998, pp. 94 – 95.

种作用如何可能？实体二元论无法回答。

在金在权看来，心理对象如果独立于物理对象而存在，并且要具有因果效力的话，就必须有一个类似于空间系统的基础；在这个系统中，心理对象可以根据其系统特征来被唯一地确定，即心理对象可以依据其系统特征获得个体性。但是，除了空间系统之外，我们找不到任何满足这一条件的系统，而心理对象恰恰又不在空间之中。所以，在实体二元论和本体的物理主义之间，金在权选择了本体的物理主义。

虽然实体二元论被淘汰掉了，但是各种形式的属性二元论还是有其用武之地的。金在权说："心理属性和物理属性的二元主义有各种各样的形式，它统治了上个世纪下半世纪的心灵哲学领域，并且仍然有大部分哲学家拥护它……我们大多数人都愿意相信，虽然我们都只由物质构成，但我们是极其复杂的物理系统，并且具有很多非物理的或者并不能还原为物理的属性、潜能和功能。"[①] 另外，我们也相信，那些与人相关的学科，比如认知科学、心理学等，它们都不可以被还原为物理学，而有着自己的自治性。这就是我们面临的第二个选择，即在本体的物理主义前提下，这些物理的存在都具有什么样的属性，准确来说就是，这些物理的存在是否具有非物理的属性？

在这一点上，如同配对问题一样，金在权也有自己的论证，而且是非常有名的论证，即随附性论证。通过随附性论证，金在权向我们展示了，在物理主义本体论的前提下，如果我们要坚持属性二元论，就无法说明心理因果相关的现象。实际上，金在权认为，在心理因果的问题上，属性二元论并不比实体二元论做得更好。

这种以物理主义为前提的属性二元论都可以被叫作非还原的物理主义，它有很多表现，比如突现论、反常一元论、普特南－福多的功能主义。我们知道随附性论证只需要借助两个前提，即心理属性和物

[①] Jaegwon Kim, *Physicalism, or Something Near Enough*, Princeton: Princeton University Press, 2005, p. 151.

理属性之间的随附关系，以及心理属性的非还原性，就可以推导出心理属性不具有因果效力。

随附性论证在上文已经被详细介绍了，它用到了一个原则，那就是物理世界的因果封闭性。金在权说，或许有的二元论者会说，封闭性原则使得随附性论证有诉诸问题的嫌疑，因为封闭性原则本身就已经否定了心理因果的可能性，而结论也是心理因果不可能。

所以，金在权还提供了一种构建随附性论证的方法。他说，假设疼痛是由神经元活动 N 引起的，并且假定对于某人来说，神经元活动 N 出现的时候他就会感到疼痛，神经元活动 N 不出现的时候他就不会感到疼痛。我们进一步假设他的疼痛引起了他把手缩回来。我们已有的神经科学已经可以发现神经元活动 N 和他缩回手之间的因果链了，这一点是不需要怀疑的。那么他缩回手的原因到底是神经元活动 N 还是他感到疼痛？

金在权这个论证本质上还是随附性论证。只不过随附性原则被他转换成了神经元活动 N 和疼痛感受之间的对应关系，物理世界的因果封闭性从原则变成了经验科学的事实，结论还是一样的，如果疼痛的感受不能还原为神经元活动 N，那么究竟神经元活动 N 和疼痛的感受，哪一个是他缩回手的原因？

随附性论证给我们的结论是，如果心理属性具有因果效力，那么它就是可以被还原为物理属性的。虽然将心理属性还原为物理属性会付出很大的代价，即心理属性失去了其自主性。但是这至少拯救了心理属性的因果性。在最好的结论，即非还原的物理主义不成立的情况下，我们只能退而求其次，选择还原的物理主义了。但是，心理可以还原为物理吗？

二 功能化的还原模型

金在权认为功能化还原模型可以弥补内格尔还原模型的不足，并且可以消除说明裂缝。功能化还原模型的核心思想是，首先将被还原属性功能化为一个因果角色，然后找到一个基础属性来实现这个因果角色，所以被还原属性就和基础属性是同一个属性了。从这个意义上说，功能化还原模型也是一种同一性理论。

如果要还原心理属性 M，我们首先要对 M 进行解释和重构，把它转换为一个关系性的外在属性。用金在权的话说，就是要"把 M 解释为第二属性，并通过其因果角色定义它"①。假设 H 描述了一些原因和结果，这些原因可以引起 M，这些结果则由 M 引起，因此 H 就是 M 的因果角色。所以，"属性 M"就变成了"具有某个属性 x，属性 x 具有如此这般（H 所描述）的因果效力"，而"属性 P 就恰好具有如此这般的因果效力"，所以"属性 M"就是"具有属性 P"。而"具有属性 P" = "属性 P"，所以"属性 M" = "属性 P"。② 金在权相信，他所提出的这个还原模型适用于很多层次间的还原情形。

举例来说，要还原温度，我们首先要停止把温度看作内在属性，而要把它解释为一种外在的关系属性，比如把温度解释为物体的一定量的某种东西，当一个物体接触具有更大量的这种东西的其他物体时，它的这个量会增加。当物体具有大量的这种东西时，这个物体会引起周围的蜡块融化，带给人温暖的感觉；当金属具有极小量这种东西时，金属会变得很易碎等。再比如基因可以被解释为生物机体的一种机能，这种机能是遗传性状从父母传递到子女的原因。③

然后我们要寻找实现这些因果描述的属性，一般会是微观层面的属性来实现。比如我们可能会发现，温度就能实现那些让金属变得易碎相关的因果描述，所以温度就是它的实现者；而 DNA 分子则满足传递遗传性状相关的因果描述，所以 DNA 分子就是基因的实现者。

在这种情况下，心理因果的排他性问题就不存在了，因为本质上就没有两个因果效力，只有一个因果效力，一方面这个因果效力是对

---

① Jaegwon Kim, *Mind in a Physical World: An Essay on the Mind-Body Problem and Mental Causation*, New York: Cambridge University Press, 1998, p. 98.

② Jaegwon Kim, *Mind in a Physical World: An Essay on the Mind-Body Problem and Mental Causation*, New York: Cambridge University Press, 1998, p. 99.

③ Jaegwon Kim, *Mind in a Physical World: An Essay on the Mind-Body Problem and Mental Causation*. New York: Cambridge University Press, 1998, p. 25.

某个心理属性的定义；另一方面这个因果效力是由一个物理基础承担（实现）的。这个立场很奇怪，因为我们不能说心理属性没有因果效力，因为心理属性本身就是因果效力，但似乎我们也不能说心理属性有因果效力，因为心理属性的因果效力是由物理属性实现的。

能被功能化是实现还原的必要条件，而功能化就是用因果角色来定义一个属性，因果角色是一种外在的关系，所以功能化 M 的后果就是，不管 M 是不是严格指示词，被功能化后 M 都不再是一个严格指示词了。[①] 因为功能化使得 M 只是一种因果角色，而在不同的可能世界中，可能承担这种因果角色的对象是不同的，所以 M 最终指向的对象也会随着可能世界的变化而变化。因此，如果我们把 M 功能化地还原为 P，那么 M = P 这种关系就只是一个偶然的关系，只存在于这个可能世界。在另一个可能世界，在不同的规律作用下，M 的因果角色可能由不同的属性实现，因而被还原为不同的属性。这似乎暗示了功能还原模型消除多重实现困难的方法。

有几点可能会成为被批判的对象，金在权进行了说明：首先，克里普克认为，像"热是分子运动""基因是 DNA 分子"这样的理论同一性，是满足形而上学的必然性的。但是根据功能还原模型的分析，这些同一性是依赖于可能世界中的规律的，所以它们最多满足律则必然性（nomologically necessity）。对此，金在权的回答是，这些同一性本来就是律则必然的，因为如果一个世界的生物学规律发生了变化，那么完全可能基因的功能不是由 DNA 分子实现的，所以这一部分理论同一性就是律则必然的。当然，金在权补充说，并不是所有理论同一性都是律则必然性的，诸如"水 = H_2O"这种同一性应该是形而上必然的，因为我们完全没必要把"水"或者"是水"看作一个功能属性。[②]

其次，突现论者认为突现属性不可被功能化。他们的理由主要是，

---

① Jaegwon Kim, *Mind in a Physical World: An Essay on the Mind-Body Problem and Mental Causation*, New York: Cambridge University Press, 1998, p. 25.

② Jaegwon Kim, *Mind in a Physical World: An Essay on the Mind-Body Problem and Mental Causation*, New York: Cambridge University Press, 1998, p. 100.

从关于基础属性的完备知识，无法推导出将有何种突现属性会产生。例如，早期突现论者认为化学属性是突现属性，不可被还原，因为从关于氧原子和氢原子的完备知识我们无法预测，将它们以1∶2的比例结合所产生的东西会具有"是透明的"和"可溶解糖但不可溶解铜"的属性。但是金在权说，突现论者错了，因为固体物理学可以解释这些现象，也可以依据微观物理的事实来预测这些现象。进行这种说明和预测的关键是，对这些属性进行功能化的解释。比如，在水的例子中，我们只要把透明性功能化为，物质所具备的可无损传递光线的能力，那么原则上我们就可以形成微观物理的说明，来解释为什么 H_2O 分子具有这种能力。不仅如此，金在权还认为，对生物现象也可以作这种说明，因为很多生物属性也可以被解释为相对于物理化学的功能属性。①

然后，还有一个问题比较棘手，如果 M 是第二属性，P 是第一属性，比如 M 是一个因果角色，而 P 可以实现这个角色，那么 M 还怎么可能与 P 是同一的？也就是说，我们如何才能不矛盾地声称，一个属性同时是一个因果角色和这个角色的实现者。

金在权认为，这是由于我们的语言使用得比较随意。我们应该意识到，通过在给定领域的属性上添加存在量词，并不会产生新的属性。尤其是当我们承认新的属性必须以新的因果力为前提时，仅通过逻辑算符是不可能改变本体域的大小的。具有第二属性 M 就是具有某种第一属性，或者具有其他满足某种因果描述的东西。② 假如有三个第一属性 P_1、P_2 和 P_3，它们都可以实现 M 的因果角色。那么一个东西具有属性 M，和它具有 P_1 或者具有 P_2 或者具有 P_3 是同一回事。我们没有理由认为在 P_1、P_2、P_3 之外还有一个属性 M，比如把 $P_1 \vee P_2 \vee P_3$ 当作属性 M，就像我们知道斯密斯或者约翰杀死了琼斯时，我们只会理解为斯密

---

① Jaegwon Kim, *Mind in a Physical World*: *An Essay on the Mind-Body Problem and Mental Causation*, New York: Cambridge University Press, 1998, pp. 100–101.

② Jaegwon Kim, *Mind in a Physical World*: *An Essay on the Mind-Body Problem and Mental Causation*, New York: Cambridge University Press, 1998, p. 103.

斯杀死了琼斯或者约翰杀死了琼斯，而不会认为有一个人是"斯密斯∨约翰"，他杀死了琼斯。所以，金在权建议我们放弃第二属性这一词汇，改用第二描述、第二指称，或者第二概念等词汇，来避免这种误解。

最后，关于多重实现问题，从金在权的观点来看，通过功能还原模型，我们把所有第二属性都等同于第一属性了。尤其是取消第二属性这种说法后，就只有第一属性，以及对它的另一种描述或者指称。那么，多重实现性实际上就不存在了，因为多重实现性描述的是第二属性的实现方式，由于根本就没有第二属性，只有第二描述，所以也就谈不上实现了。原先被称作多重实现的属性也被分割为不同的第一属性了，所以 P_1、P_2、P_3 对 M 的多重实现关系变成了 $P_1 - M$、$P_2 - M$、$P_3 - M$ 的同一关系了。原来是一个四元关系，现在变成了三个二元关系，而且，准确来说是三个同一关系。三个同一关系之间是不可能互相冲突的，也不可能对还原论构成威胁。

三 消除说明裂缝

考察完两种还原模型后，我们回到说明裂缝问题。虽然金在权已经论证了内格尔还原模型的缺点，从某种意义上说，内格尔还原模型已经被证明不适用于心—物关系了。但是我们还是可以介绍一下，内格尔模型是如何看待说明裂缝问题的。

在内格尔还原模型中，当我们进行还原演绎的时候，桥接律起着辅助假说的作用，连接着两个领域。所以说明裂缝问题在内格尔模型中，就集中体现在桥接律上。如果把内格尔还原模型运用到心—物关系上，桥接律告诉我们疼痛对应于 C 纤维刺激，所以关于疼痛的描述都可以改写为关于 C 纤维刺激的描述。

不太符合直觉的是，我们关于疼痛的描述都是外在的，疼痛是如何发生的以及它引起了什么结果。比如疼痛是由针扎引起的，会引起缩手、哀号的行为，除此之外，我们还能如何描述疼痛呢？生活经验告诉我们，除了"好痛啊！"之外，关于疼痛你真的说不出什么来。比如你会说"就像一万只蚂蚁撕咬那样痛",这好像描述的不是疼痛的外在表现,可实际上它还是没有说出疼痛的任何内在特质,只不过是用另一种痛来描述当下的痛。

关于疼痛的这些描述都可以通过桥接律改写为关于 C 纤维刺激的描述,似乎这就消除了说明裂缝。但说明裂缝追问的正是疼痛和 C 纤维刺激之间的对应关系是如何形成的?为什么 C 纤维刺激发生的时候,感受到的是疼痛而不是其他心理现象,比如瘙痒被感受到?金在权说:"正是对这些桥接规律的说明,对为什么对应关系是如此这般的说明,是我们说明心理性的核心问题。"[1] 但是,内格尔只把这些当作桥接原理的事实,不需要说明。

在功能化还原模型中,对心理属性的功能化解释可以看作一种功能化的定义,这就预示了功能化还原模型在实现说明上升时可能会采取的形式,即概念联结。通过概念联结实现说明上升,看起来是比较有希望成功的方案,因为有很多哲学家都持有这种观点。比如查尔默斯说:

> 是什么允许我们对这些多种多样的现象,比如繁殖、学习、热,进行还原化地说明的?在所有这些情形中,刻画这些现象的特征的概念,其本质是关键的。如果有人反驳用细胞对繁殖进行的说明,认为"这只说明了,一个与原实体类似的物质实体是如何通过细胞进程产生的,但是这没有说明繁殖"。我们将没什么耐心——因为这些就是"繁殖"的意义。一般来说,对一个现象的还原化说明,总是伴随着一些对这个现象的粗略分析,可能是含蓄的也可能是明确的。繁殖的概念可以被粗略地分析为一个机体通过某种特定的方式产生另一个机体的能力。所以,一旦我们说明了一个机体产生另一个机体的过程,我们就说明了那一次繁殖。

---

[1] Jaegwon Kim, *Mind in a Physical World: An Essay on the Mind-Body Problem and Mental Causation*, New York: Cambridge University Press, 1998, p. 96.

这可能看起来不重要，但是这种分析的可能性可以增加还原说明的可能性。如果没有这些分析，我们就没有从低层物理事实说明现象的联结。当我们已经获得这样的分析后，我们只需要表明某个低层的物理机制是如何满足这一分析的，以及一个说明是如何完成的。

在所有需要说明的现象中，最有趣的包括诸如繁殖和学习等现象，相关的概念通常都可以被功能化地分析。这些观念的核心可以通过一些功能的实现方式得到刻画（这里的功能更多的是指因果的功能，而非目的论的功能），或者实现这些功能的能力。因此，一旦我们说明了这些功能是如何实现的，我们就说明了需要说明的现象。一旦我们说明了一个机体是如何实现产生另一个机体的功能时，我们就说明了繁殖，因为繁殖的意思就是实现那个功能。①

还有莱文（Joseph Levine）也表达了类似的观点，我们没必要一一列举。从查尔默斯的论述可以看出，他的概念分析具有很强的功能化分析的含义。比如，他说："这些观念的核心可以通过一些功能的实现方式得到刻画，或者实现这些功能的能力。"因此，在说明上升的问题上，大概查尔默斯和金在权是站在同一战线的。

那么功能化还原是如何实现说明上升的呢？我们先看看功能化的还原是如何实现的：第一，对属性 M 进行功能化，找到一个因果角色的描述 H，使得属性 M 具有因果角色 H。第二，在基础属性领域找到对应的属性 P，P 可以实现 H。第三，构建一个理论，说明 P 是如何实现 H 的。② 举例来说，要把疼痛还原为 C 纤维刺激，就要通过这三步来完成：

---

① David John Chalmers, *The Conscious Mind*, Oxford: Oxford University Press, 1996, p. 40.
② 可以看到，金在权在《接近充足的物理主义》中对原先的功能还原模型进行了优化，增加了第三步。他在《物理世界中的心灵》中介绍功能还原模型时，第三步是没有的。Jaegwon Kim, *Physicalism, or Something Near Enough*, Princeton: Princeton University Press, 2005, pp. 101 – 102.

第一步，疼痛（M）的因果角色（C）是，由划伤或者烧伤等引起，同时会引起哀号、自保等反应。

第二步，在我们的神经系统中找到一个神经状态（比如C纤维刺激），并且C纤维刺激可以实现因果角色C。

第三步，构建一个理论，比如神经生理学，来说明C纤维刺激是如何实现因果角色C的。

功能还原模型跟内格尔的还原模型比，有两个优势：第一，不用借助桥接理论，从而也就不会违背约束条件（R）；第二，由于功能还原的第二步就是确定相应因果角色的实现者，所以当被还原属性具有多个实现者时，功能还原模型可以把它还原为多个物理属性，也就是说，多重实现问题不能威胁到功能还原模型，这在上文已经论述过了。

那么，用功能化的还原模型来实现说明上升时，我们应该如何构建一个说明呢？假设M是需要被还原说明的属性，对象x在t时刻具有M。同时，假设M的因果角色是C，并且x在t时刻之所以具有属性M，是因为它具有C的一个实现者，比如P_i，对x具有M的还原化说明就是：

x在t时刻具有P_i，
在类似x的系统中，P_i可以实现因果角色C，
具有M$\overset{def}{\leftrightarrow}$｛具有某个可以实现因果角色C的属性｝，
所以，x在t时刻具有M。

金在权从两个方面来解释了这是一个还原化的说明：首先，它满足约束条件（R）。虽然在第三个前提中出现了M，但是这个M并不指称被还原的那个属性M，这里的M没有指称。如果非要说这里的M有一个指称，那么它指称概念M。从另一个方面说，这是一个定义，定

义并不能算作一个前提,从这个角度说,这也不算违背约束条件(R)。①

其次,从这个论证我们可以看到,不需要引用属性 M 所在层次的对象,就可以预测 M 的出现。我们可以做出这样的预测:只要 P_i 出现在一个对象中,这个对象就会具备因果功能 C,也就是具备属性 M。这一预测只用到了 P_i 层次的属性,并没有借助 M 层次的任何属性。如果这不是一个还原化的说明,我们就不可能只用到 P_i 层次的属性就预测 M 的出现。

比如,我们要说明琼斯此刻正在感觉到疼痛这个事实,用功能化的还原说明就是这样的:

琼斯此刻处于神经状态 N,

神经状态 N 是由烫伤等原因引起,并且会引起哀号等行为,

疼痛 $\overset{def}{\leftrightarrow}$ {处于某种状态,这种状态由烫伤等原因引起,并且会引起哀号等行为},

所以,琼斯此刻正在感觉到疼痛。

金在权认为,这种功能化的还原说明可以消除说明裂缝,实现说明上升。说明裂缝和说明上升其实是同一个问题,都是在追问如何从关于物理状态的事实得出关于心理状态的事实。功能化的还原说明,通过将心理状态定义为一个因果角色,然后让一个物理状态来实现这个因果角色,实现从物理状态到心理状态的上升。我们可以看到,这个上升之所以能够实现,关键在于将心理状态定义为某个因果角色,也就是查尔默斯说的"概念分析"。某个物理状态之所以扮演特定的因果角色,这一点可以由具体科学演绎地说明,而从这个因果角色到心理状态的上升则是依靠定义实现的。所以,在我看来,金在权能否消除说明裂缝,实现

---

① Jaegwon Kim, *Physicalism, or Something Near Enough*, Princeton: Princeton University Press, 2005, p.111.

说明上升,关键在于用因果角色定义心理状态的做法是否合理。

以上所展示的说明是否是还原化的说明,以及能否消除说明裂缝,我们暂且按下不表。我们先强调一点,在以上说明中,功能还原模型起着不可替代的作用。从查尔默斯在前面的论述也可以看到,没有概念分析,这种说明就不可能。再看金在权提供这两个说明,如果没有功能化还原模型,我们就不能对属性 M 或者疼痛做出如此这般的定义,从而我们的结论就会变为"x 会在 t 时刻实现因果角色 C"和"琼斯此刻正处于一个由烫伤等引起并会引起哀号等行为的状态"。特别需要提一下的是,内格尔还原和类型物理主义都无法代替功能还原在这些说明中所起的作用,这两点在上文都已论述过了。

四 接近充足的物理主义

如果要用最简单的语言概括金在权的心灵哲学思想,应该是"接近充足的物理主义",物理主义指的是他的功能化还原模型,这在上一节已经论述了。在他看来,功能化还原模型可以消除说明裂缝,随附性论证就更不在话下了。我们这里主要讨论的是何为"接近充足的"?这有两层意思:第一,物理主义是不充足的;第二,但是它离充足已经不远了。前一层意思回答了"心理能否还原为物理",由于答案是否定的,所以金在权又用第二层意思来补充。

首先是能否还原的问题,对金在权来说,就是心理属性能否被功能化的问题。对于这个问题,金在权的回答是:部分可以,部分不可以。遵循查尔默斯的方法,金在权将心理(mental)属性分为两类:心理的(psychological)和现象的(phenomenal)。所谓心理的属性就是那些在我们产生行为的过程中扮演一定因果角色的心理属性,比如信念、欲望、记忆、知觉等,金在权将它们称作意向的/认知的(intentional/cognitive)属性。所谓的现象的属性就是那些具有某种定性特征(qualitative character)的心理属性,比如疼痛、发痒以及当你看到黄色时的视觉体验等,也就是一般哲学家所说的感受性(qualia)的属性或者现象属性。很明显,查尔默斯所说的心理的属性是可以被功能化的,现象的属性是不能被功能化的，金在权也持有类似的观点。金在权列举了两个案例来支撑这一结论。

第一个案例是一个思想实验。金在权让我们想象一种生物，这种生物可以像人一样行为。这倒不是说他们跟人一模一样，只是说他们可以像人一样跟物理环境互动，还有可以像人一样用语言进行交流。在这种情况下，金在权认为，我们不能合理地想象这些生物没有信念、欲望、知识等心理状态。至少一点，他们的语言行为必须以思想、信念、理解、意义等作为前提，否则他们的语言行为就会显得很奇怪了。如果我们把这些生物看作行动者（agent），那么最合理的情形就是，他们是在信念等指导下行为的。金在权说："在我看来，我们不得不把思想、信念、欲望等意向性的/认知性的属性看作随附于我们的行为和其它物理事实。我们必须接受，那些像我们一样行为的生物具有和我们类似的心理性（mentality）。"①

金在权的另一个案例更具体，与模态无关。我们现在的人工智能技术已经可以制造机器完成一些简单的任务了。我们完全可以想象，通过技术，我们制造出的机器能够感知颜色和形象等（perception），然后存储它获得的信息（belief、menmory、knowledge），并用这些信息指导自己的行为（agency）。而之所以机器可以完成这些任务，是因为这些任务（认知、记忆、知识、行为指导）都是可以根据其因果角色被定义的，也就是说这些任务是可以被功能化的。金在权进一步说，也正是因为这个原因，心理聊天（mental talk）才会普遍存在。比如我们说雷达"错过"了一个气象气球、AlphaGo正在尝试"抓住"敌人的先头部队。而这些任务，包括了感知、信念、记忆、知识、行为等，正是金在权所说的意向性的/认知性的心理属性。

这就是金在权关于意向性/认知性属性的论证。虽然目前没有哪一个意向性/认知的属性被完全功能化地定义出来，或许我们永远无法

---

① Jaegwon Kim, *Physicalism, or Something Near Enough*, Princeton: Princeton University Press, 2005, p. 166.

给出这样的定义。但是金在权认为这并不重要，重要的是：第一，即便这些属性的完全功能化不可能，我们也可以根据它们的因果角色，对其进行部分的功能化分析（partial functional analysis），这些分析足以帮助我们找到它们的物理实现机制。第二，就算我们永远也无法给出一个完全的功能化分析，这也不意味着在因果角色外，这些属性还具有其他内涵。

而关于感受性属性是否可以还原为物理基础的问题，已经被广泛地讨论了，金在权也关注了这个问题，认为这种还原是不可能的。他的理由仍然是人工智能的案例，只不过这次我们要制造的机器有点不同。假设我们要制造一个机器（我们可以把它叫作疼痛盒子，pain box），当它的表面被划伤或者刺穿的时候，它会做出反应，逃避伤害源，除此之外，它还会感觉到疼痛。

金在权认为，这种机器我们是造不出来的。我们可以根据它的因果角色，将这个机器设计为表面被划伤就躲避伤害，却无法让它在躲避伤害的时候，有痛的感觉而不是痒的感觉，甚至我们都无法保证让它在躲避伤害的时候有某种感觉。我们在痛的时候会躲避，痒的时候也会躲避，所以我们无法仅从因果角色上区别痛和痒。我们有很强的直觉认为，缩手可以和疼痛一起出现，也可以和挠痒一起出现，但是只有从我们感觉到疼痛来说，它才是疼痛。

所以，金在权对还原问题的回答就是：意向的/认知的属性可以被功能化地还原，而感受性的属性则不可以被功能化地还原。由于感受性的心理属性不能被物理地还原，所以感受性是这个世界的"心理的残留物"（mental residue）。从这个意义上说，完全的物理主义是不可能的，也就是说，有可能存在一个可能世界，和我们这个世界在各方面都相同，只是在感受性的分配上和我们这个世界不同（感受性反转）。

五 拯救感受性

对于这个世界的"心理残留物"，我们能说什么呢？金在权认为，其实我们可以说的内容还是很多的：首先，所谓的心理残留物只包括感受性,并不影响我们的意向性/认知性的领域,后者才是我们认知和行为的领域。其次,一般的感觉属性,比如疼痛、痒等,除了具有感受性方面的特征,还有行为性的特征,所以我们可以对它们在行为性方面的特征进行功能化。最后,这一原则仍然成立:如果任何东西要在物理世界中发挥因果效力,它们就必须是物理的或者是可被物理还原的。① 这个原则隐含了两层意思:第一,不可还原的感受性不具有因果效力,是一种副现象;第二,意向性/认知性的心理属性可被还原,所以我们在极大程度上拯救了心理因果。

金在权说,其实我也可以尝试拯救感受性,他说:"简单的反思之后,我们发现感受性的一些重要特征在行为中显现出来了,所以它也有被功能化的可能。"② 比如在感受性反转的例子中,如果一个人关于红和绿的感受性被反过来了,也就是说,我们看到红色时的感受,和他看到绿色时的感受是一样的,而我们看到绿色时的感受,和他看到红色时的感受是一样的。这样的一个人,虽然感受性和我们不同,但是他走在大街上,遇到红绿灯的时候,他仍然可以正常地过红绿灯,只不过红绿灯的规则,在他那里变成了红色感受性时走,绿色感受性时停,但是这并不会造成交通(行为输出)混乱。因为在这里引导人们行为的是感受性的区别,而不是感受性本身。如果我们换一下,用形状来协调交通运作,比如用方形表示走,用圆形表示停,用三角形表示等,也是完全可行的。

所以,在感受性的心理属性上,或许它们的内在感觉不能被功能化,但是它们的差异可以被功能化。而人的行为,如果是受到感受性影响的,那也是被感受性的差异影响的。正是感受性的这种特征,为功能化提供了可能。

所以,从实践的层面来说,即便感受性的心理属性不能被还原,物理

---

① Jaegwon Kim, *Physicalism, or Something Near Enough*. Princeton: Princeton University Press, 2005, p.171.
② Jaegwon Kim, *Physicalism, or Something Near Enough*, Princeton: Princeton University Press, 2005, pp.171-172.

主义也可以充分地指导我们的行为,所以金在权说:"物理主义不是全部的真理,但它是接近充足的真理,而接近充足就应该是接近完美。"①

第三节 功能化还原的问题

功能化还原模型是金在权成熟时期的心—身关系理论,这个理论是否真的如金在权所说的那样成功,是否可以解决说明裂缝的问题,是否可以解决心理因果的问题,能否令人满意地描述心—身关系,这些问题的答案似乎并不像金在权所说的那样明确。比如说明裂缝的问题就直接被金在权当作"心理的残留物"抛在了一边,并美其名曰"接近充足的";这不是对问题的回答,而是对问题的回避。要知道,很多科学发现都是由微小的反常推动的,比如那每世纪 43 秒的"残留物",最后却成了相对论的最重要的证据之一。

关于功能化还原模型,我们认为它在三个方面都不能令人满意:功能化定义不算定义、功能化定义描述的对应关系不完备、功能化还原的世界图景不能令人满意。

一 列举不是定义

在具体操作时,功能化的还原模型分为三步:②

第一步 对被还原属性 M 进行这种形式的功能化定义:具有 M $\stackrel{def}{\leftrightarrow}$ 具有某个属性 P,P 可以实现因果角色 C;

第二步 在 M 的基础属性领域中,找到属性 P;

第三步 构建一个理论,说明 P 是如何实现因果角色 C 的。

---

① Jaegwon Kim, *Physicalism, or Something Near Enough*, Princeton: Princeton University Press, 2005, p. 174.

② Jaegwon Kim, *Physicalism, or Something Near Enough*, Princeton: Princeton University Press, 2005, pp. 101 – 102.

所以，在功能化还原模型下，对疼痛的还原就是：疼痛就是处于某种神经状态下，这种状态倾向于由组织损伤引起，同时也倾向于引起缩手和哀号等行为；琼斯此刻正处于神经状态 N，并且状态 N 倾向于由组织损伤引起，也倾向于引起缩手和哀号等行为；所以琼斯此刻正感觉到疼痛。①

那么，因果角色 C 究竟是什么呢？这一点可以通过列举金在权的几个例子说明：（1）疼痛的因果角色就是一个状态，这个状态倾向于由组织损伤引起，同时倾向于引起缩手和哀号。②（2）温度的因果角色就是物体的一个量，这个量会在物体接触更高温度的物体时增长；当这个量很高时，物体会使旁边的蜡烛熔化；它会引起人们温暖和寒冷的感觉；当这个量极低时，钢铁会变得易碎；当这个量极高时，钢铁会进入熔融状态。③（3）基因的因果角色是将遗传特征从母代传递到子代。④（4）透明性的因果角色是使光线完好无损地从物体内部通过。⑤

从以上论述可以得出两点结论：第一，金在权把"具有 M"和"具有某种属性 P，P 实现因果角色 C"之间的关系看作定义；后者定义前者。第二，金在权解释因果角色 C 的方法是列举法，他通过列举 C 包含的具体因果关系，来说明 C 的含义，这一点在对温度的定义中表现得尤为明显。

虽然定义的种类很多，比如有实指定义、约定定义、词典定义、描述定义、说明定义等，但是似乎功能化定义并不能归为其中任何一

---

① Jaegwon Kim, *Physicalism, or Something Near Enough*, Princeton: Princeton University Press, 2005, p. 112.
② Jaegwon Kim, *Physicalism, or Something Near Enough*, Princeton: Princeton University Press, 2005, p. 112.
③ Jaegwon Kim, *Mind in a Physical World: An Essay on the Mind-Body Problem and Mental Causation*, New York: Cambridge University Press, 1998, p. 25.
④ Jaegwon Kim, *Mind in a Physical World: An Essay on the Mind-Body Problem and Mental Causation*, New York: Cambridge University Press, 1998, p. 25.
⑤ Jaegwon Kim, *Mind in a Physical World: An Essay on the Mind-Body Problem and Mental Causation*, New York: Cambridge University Press, 1998, p. 25.

种。比较起来，功能化定义和实指定义最接近。因为除了实指定义之外，其他定义都不会在定义项中使用被定义项的具体示例。而实指定义则是，通过直指被定义项的示例，来表达被定义项的含义。① 比如，我可以指着两个坚果说，"这就是2"②；功能化定义就好像是，指着一个皮肤被划破并正在号叫的人说："这就是疼痛。"

但是列举定义不是实指定义。列举定义所列举的具体个例是在所有情况下都满足被定义项的。比如，琼斯的皮肤被划破了，并且她在哀号，根据疼痛的功能化定义，琼斯感觉到疼痛了；同时，斯密斯的皮肤被划破了，他也在哀号，那么根据定义，他应该也感觉到疼痛了。但是实指定义是依赖于环境的，只有在特定的环境和语境下才有效。③ 比如，我指着两个坚果说"这就是2"时，只有在特定语境下，这才会被理解为对数字2的定义。在其他语境下，这也可以理解为，我说出了这两个坚果的名字。

其次，关于定义的逻辑结构，有两个被大多数人接受的标准，是所有定义都应该满足的。这两个标准就是可消除性（Eliminability）和非创造性（Non-Creativity）。

> 可消除性：通过公式 S 向某理论引入一个新的符号时，公式 S 满足可消除性当且仅当：如果 S1 是一个包含新符号的公式，那么存在不包含新符号的公式 S2，使得 S→（S1→S2）可以从原理论的公理和已有定义导出。

> 非创造性：通过公式 S 向某理论引入一个新的符号时，公式 S 满足非创造性当且仅当：不存在不包含新符号的公式 T，使得从原

---

① Anil Gupta, "Definitions", in Edward N. Zalta, ed., *The Stanford Encyclopedia of Philosophy*（Summer 2015 Edition）.
② Ludwig Wittgenstein, *Philosophical Investigations*, trans., G. E. M. Anscombe, Oxford: Basil Blackwell, 1958, pp. 13–14.
③ Anil Gupta, "Definitions", in Edward N. Zalta, ed., *The Stanford Encyclopedia of Philosophy*（Summer 2015 Edition）.

理论的公理和已有定义可以导出 S→T，却不能导出 T。[1]

只要功能化定义是一个定义，它就应该满足这两个标准。但是，功能化定义不满足可消除性。假设可消除性里的"某理论"是 L，可消除性就可以被公式化为 L ⊢ (S→ (S_1→S_2))，经过变形就是 (L + S) ⊢ (S_1→S_2)，其中 S_1 是任意包含被定义项的公式，S_2 是一个不包含被定义项的公式。由于 S_1 是包含被定义项的任意公式，比如在疼痛的功能化定义中，S_1 就是任何包含疼痛的句子。根据可消除性，以物理理论（L）和功能化定义（S）为前提，任意包含疼痛的句子（S_1）都能推导出一个不包含疼痛的句子（S_2）。

但是功能化定义是列举定义，并且是部分列举。金在权甚至承认了，完全列举是不可能的。他说："第一，就算从因果角度对这些属性进行完全的功能分析是无法达到的，部分的功能分析也可以让我们，开展寻找基层的物理/生物机制的科学活动……第二，虽然我们还没有关于信念的完全分析，或许也不可能会有，但是我们并不认为，在信念的可观察行为的因果功能外，最终会有什么别的东西。"[2]

因此，总会存在包含"疼痛"的句子 S^*，使得 S^* 中"疼痛"的因果功能没有被定义 S 列举。在这种情况下，从 L + S + S^* 必然是推不出不包含"疼痛"的句子的。证明如下：假设 S^* 中的疼痛是 s_0，则 s_0 没有出现在 S 中；由于作为前提的 L 和 S 中都不包含 s_0，所以 (L + S) ⊢ (S^*→S_2) 不成立，也就是不满足可消除性。

从以上分析可以看出，列举定义并不能归类为已有定义形式的一种。并且，金在权的列举定义不满足定义的可消除性原则，因此就算我们把列举定义当作一种定义形式，功能化定义也不是一个好的列举定义。

二 功能化定义的不完备性

功能化还原模型的基础是功能化定义，但是从定义的逻辑结构来

---

[1] Patrick Suppes, *Introduction to Logic*, New York: Van Nostrand Reinhold, 1957, p. 154.
[2] Jaegwon Kim, *Physicalism, or Something Near Enough*, Princeton: Princeton University Press, 2005, p. 167.

说，它有不足之处，这一点在上文已经论述了。除此之外，从定义的结果来看，功能化定义也会遇到麻烦。它对心理属性的功能化定义是："具有 M $\overset{def}{\leftrightarrow}$ 具有某个属性 P，P 实现因果角色 C"。由于心理属性是可以被多重实现的，所以我们需要从以下两个角度来理解这一定义：

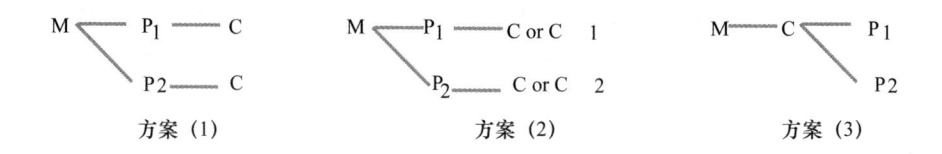

$$
\begin{array}{lll}
\text{M} \diagdown \text{P}_1 — \text{C} & \text{M} \diagdown \text{P}_1 — \text{C or C}_1 & \text{M} = \text{C} \diagdown \text{P}_1 \\
 \diagdown \text{P}_2 — \text{C} & \diagdown \text{P}_2 — \text{C or C}_2 & \diagdown \text{P}_2 \\
\text{方案（1）} & \text{方案（2）} & \text{方案（3）}
\end{array}
$$

方案（1）的意思是，M 的因果角色是 C，由于 M 可以被多重实现，所以当主体具有状态 M 的时候，可以具有 P_1 或者 P_2 这两个物理状态中的一个；P_1、P_2 都可以单独实现因果角色 C，并且它们只能实现因果角色 C。方案（2）的意思是，M 的因果角色仍然是 C，并且 M 可以被 P_1、P_2 多重实现；但是 P_1 不仅可以实现因果角色 C，还可以实现因果角色 C_1；P_2 不仅可以实现因果角色 C，还可以实现因果角色 C_2。当然，如果 P_1（/P_2）实现了因果角色 C，就不会同时实现因果角色 C_1（/C_2），同一时刻 C 和 C_1（/C_2）只能有一个被实现。

但是，方案（2）违背了随附性的定义。因为根据方案（2），当物理状态 P 被主体具备的时候，它有可能在实现因果角色 C，也有可能在实现因果角色 C_1（/C_2）。也就是说，当物理状态 P 发生时，M 并不是必然会发生的，还有可能是其他心理属性，比如 M′ 发生了；而这个 M′ 就是"具有某个属性 P，P 实现因果角色 C_1（/C_2）"。

或许有人认为，我们可以把 $C+C_1$（/$C+C_2$）这个整体看作对 M 的功能化定义，这就会使方案（2）变成方案（1）。这样做是不对的，因为 $C-C_1$（/$C-C_2$）的关系本就不是加合的关系，而是析取的关系，也就是上文说的，"同一时刻 C 和 C_1（/C_2）只能有一个被实现"。而把 C 或 C_1（/C 或 C_2）看作对 M 的功能化定义，这也是行不通的，因为这就意味着 M 对应了两个不同的因果角色。根据上文的论述，功能化定义的本质是一种列举定义,也就是说 C 本来就是一个析取式,如果再给它添加一个析取枝(C_1/C_2)的话,这就是增加析取式 C 的长度,相当于增加 C 的内容。很明显,我们是不应该凭空增加 C 的内容的。

因此,在不否定心—物随附性的前提下,功能化定义只能被理解为方案(1)。而对于方案(1),我们可以简化为方案(3):由于设定 P_1、P_2 区分的依据是 M 的多重可实现性,所以当我们只分析 M 的功能内涵,而不考虑功能的实现问题时,这种区分就是可以被忽略的。也就是说,不管在哪种实现方式下,M 的被实现都表现为因果角色 C 被实现。所以,对心理属性的功能化定义可以被简化为:具有 M $\overset{def}{\leftrightarrow}$ 因果角色 C 被实现。也就是说,只要因果角色 C 被实现,心理属性 M 就会被示例。这一结论和功能主义在逻辑结构上是非常接近的,或许金在权的新功能主义并没有对功能主义做出太多的推进,而功能主义所面临的困难也都是功能化还原模型的困难,比如感受性问题、中文屋问题。①

除此之外,从"具有 M $\overset{def}{\leftrightarrow}$ 因果角色 C 被实现"很容易就可以推出,任意两个系统,如果它们实现了相同的因果角色,那么它们就应该具有相同的心理属性。这就相当于说,做出相同行为的两个人,应该具有相同的心理活动。可是,我们知道,"笑声并不代表高兴,也可能是应酬;眼泪并不代表悲伤,也可能是感动"。这种经历随处可见,比如有两个人看到一张图画,画里是一条小狗依偎在一个男孩身边。他们都流下了眼泪,所以他们实现了相同的因果角色。但是,此刻他们的心理状态可以是不同的,一个人可能是因为小狗对男孩的陪伴而感动流泪,另一个人则因为小孩的孤单而悲伤流泪。

还有一些心理活动,它的主要内涵就在于心理活动本身,其因果角色并不是最重要的。比如对父母的孝心,可能有人做出完全相反的两种行为,也就是说两个相反的因果角色,却表达了相同的思想;或者相同的行为却表达完全相反的思想。比如给父母锦衣玉食的生活可

---

① 高新民、沈学君:《现代西方心灵哲学》,华中师范大学出版社 2010 年版,第 82—83 页。

以表达孝心，带着父母一起过穷苦日子也可以表达孝心；有的时候让父母想吃什么就吃什么是孝顺父母，有的时候让父母想吃什么就吃什么是不孝顺父母。

金在权把心理属性定义为由物理属性实现的特定因果角色，本质上就是把心理属性定义为因果关系。这种定义方式在逻辑上和功能主义是类似的，它用外在行为来定义心理属性，把心理属性外在化、关系化。这种做法的不足在于，任何外在行为都可以被不同的心理状态实现，就像心理状态可以被不同的物理基础多重实现一样；通过特定的外在行为不能确定唯一的心理状态，这种定义方法是不完备的。

三 功能化还原模型的世界图景

功能还原模型的基本思想是，将心理属性功能化为一个因果角色，然后用这个因果角色的实现者来还原那个心理属性。这种做法是否合适，我们暂且不论。我们先看看，如果这种还原真的可行，这会是一个怎样的世界。

首先，在物理领域，基本上可以保持不变。我们身边的桌子、板凳，杯子、电脑，这些都仍然是物理的，存在在那里。它们的本体论地位、认识论地位以及律则特征都不会受到影响。

但是根据亚历山大原则，具有因果效力的东西才是存在的，心理属性对这个世界来说，如果要有所意义，那它就必须进入因果关系中。否则，不在任何因果关系中的存在，对这个世界来说就没有任何意义，我们也不会认为它是存在的。

所以，在心理方面，这个世界发生了很大的变化。在本体上，心理属性被还原为物理属性，心理属性不再具有独立的本体地位了。金在权说，在本体上心理属性就是一种概念性的东西，其本质是一种语言描述方式[1]。所以，心—身关系就变成了这样：有一个因果功能C，

---

[1] Jaegwon Kim, *Mind in a Physical World: An Essay on the Mind-Body Problem and Mental Causation*, New York: Cambridge University Press, 1998, p. 104.

物理属性 P 是 C 的实现者，而我们所谓的心理属性就是另一个描述 C 的概念。而这会导致两个结果：

第一，虚假的心理因果。所有心理属性的意义就只在认识论层面了，我们这个世界从本体上就是一个物理的世界。只不过有一部分物理功能，不仅可以用物理词汇描述，还可以用心理词汇描述。那么，心理属性到底有没有因果效力呢？

心理因果本来就是金在权非常关注的问题，但是似乎在功能化还原模型下，心理属性并没有得到实质的因果效力。虽然金在权可以声称心理属性是有因果效力的，它的因果效力由物理属性来实现。但是，这种说法其实是掩耳盗铃的。

比如，一个物理属性在实现某个心理属性的因果效力时，它遵循物理规律吗？由于它是一个物理属性，所以应该遵循。这就意味着它是被完全决定的。所以，心理属性的因果效力也就被物理规律决定了。一个心理属性的因果效力被物理规律决定了，这不仅不是一个好的心理因果观，还会损害物理规律：一个物理规律如何能把心理属性纳入自己的辖域。

第二，分化的心理属性。功能化还原模型对心理属性的界定也有值得商榷的地方。由于心理学的心理属性可以被功能化，因而这些概念就是人们对一些物理属性的因果角色的第二描述，属于语言层面的东西。而现象的心理属性不能被功能化，因而不可以被还原为物理属性，所以从本体上说，它还是一种"属性"，并没有被降格为一种语言上的东西。

对人类心理世界的这种解释是不可接受的，怎么可以把人类的心理属性分为两个具有不同本体地位的部分呢？所有心理属性在本体上应该具有相同的地位，或许金在权也承认这一点，但他并没有意识到这个问题。

但是，如果金在权真的意识到这个问题，他会面临一个两难的困境：首先，他不大可能主张所有心理属性的本体地位不完全相同，这一点是显而易见的。其次，如果所有心理属性的本体地位相同，那么他只会认为所有心理属性都是语言层面的东西；因此，现象的心理属性就也应该可以被还原，这和金在权现有理论是矛盾的。

　　功能化的还原模型是金在权对心—身关系问题的回答，是金在权心灵哲学思想的核心。我们的分析表明四点：第一，作为功能化还原模型核心的功能化定义，从定义形式上看是一种列举定义；它并不满足定义的逻辑标准，不能算是一种好的定义方式。第二，功能化定义所描述的等值关系并不成立，用因果角色定义心理属性是不完备的。第三，就算忽略以上两点不足，功能化的还原模型所描述的世界图景也不能让人满意，它只从概念上保留了心理属性，代价却是取消心理属性的因果效力。第四，所有心理属性的本体地位应该是相同的，但是金在权的不彻底的物理主义会在这一点上走入两难的困境。

第四章

随附性的弱化

也许金在权对心—身关系的研究并不是最耀眼的,但是他关于心理因果的研究是具有开创性的。排他性论证是他留下的难题,也是他留给心灵哲学的遗产,还可能是解开心—身关系之谜的钥匙。金在权把心理因果问题作为理论的试金石,用它检验了多种心—身关系理论,比如实体二元论、心—身同一论、非还原物理主义。

心理属性具有因果效力,能够作为原因起作用,我们认为这一点是必须被承认的。完全取消心理因果的做法,不符合我们的主观直觉,也不符合我们对客观世界的最佳说明。仅仅因为人类在现阶段的科学研究中找不到心理属性起作用的证据,就否定心理属性的因果效力,把我们几千年来相信的东西说成是幻觉,这也是不理性的。因此,我们也赞同金在权的基本思想,心—身关系理论必须能够解决心理因果问题才可被接受。

我们认为,心理因果问题并不是一个独立的问题,它是心—身关系的一部分。当一种心—身关系确定后,心—理因果的发生方式就可以自然而然地被导出。所以我们不能仅停留在排他性论证的视角下,去分析论证哪个前提不成立,就好像做买卖一样,用最小的代价否定论证的逻辑推导过程。正确的做法应该是,回到心—身关系,对我们的心—身关系理论做出合理的调整后,心理因果的问题自然就会被解决了。因此,本章的重点是提出一种新的心—身关系模型,并对这种模型进行支撑性论证。

本书的第二章详细地介绍了排他性论证的推理过程,也介绍了消

第四章　随附性的弱化

除排他性论证的一些做法。从第二章的介绍可以看出，排他性论证是建立在物理属性可以充分决定心理属性的基础上的，而且这一点也是被大多数人所接受的。因此，在消除排他性论证的各种尝试中，都没有否定这一点，而我们的心—身关系模型恰好是从反思这一点开始的。

第一节　全局随附性

第一章讨论了全局随附性与强随附性的关系。起初，金在权认为二者是等值的，还为此提供了一个形式化的证明过程。后来，由于佩特里等人的反对，金在权意识到这两个概念之间并不相等。当时人们并没有过多地讨论全局随附性的定义是否合理，只是分析了它是否等于强随附性的问题。后来，一些哲学家重新注意到这个问题，并对全局随附性做出了重新的定义。这些新的定义深刻地分析了全局随附性和强随附性（个体随附性）的差异，这种差异对于我们理解心—身关系是有益的；这种差异指向一个结论，即强随附性所论断的物理属性决定心理属性的充分性似乎是不成立的。

一　三种全局随附性

全局随附性的概念是由金在权首先提出来的，它的基本思想是：A全局随附于B，仅当在B属性上不可区分的世界，在A属性上也不可区分。[1] 关于全局随附性的讨论都是以金在权的定义为基础的。这个定义的主要问题在于，何为"在某属性上不可区分的世界"？

金在权没有严格界定这种"不可区分性"，他只做了简单的解释：两个世界在心理上是可区分的还是不可区分的，本质上取决于心理属性在这两个世界的个体之间是如何分配的。如果两个世界在某个心理事实上是不同的，那么这种不同一定会反映到它们所包含的单个心理

---

[1] Jaegwon Kim, *Supervenience and Mind*, New York: Cambridge University Press, 1993, p. 68.

事实的差异上。所以，说"两个世界在心理上是可区分的"就相当于说，对某些心理属性 P 和个体 x 来说，x 在一个世界中具有 P 而在另一个世界中不具有 P；说两个世界在心理上是不可区分的，就是说对任意心理属性 P 和任意个体 x，x 在一个世界中具有 P 仅当 x 在另一个世界中也具有 P。①

金在权的基本思想是用个体层面的区分性界定整体层面的区分性，这或许是他早期提出全局随附性等同于强随附性的原因之一。后来的人们遵循了金在权的思想，并且把它具体化、精细化了。在金在权的论述里有一点是模糊的，即两个世界中都有无限个体，那么我们怎么知道另一个世界中的哪个个体是 x 呢？

塞德尔（Theodore Sider）提出了用同构性（Isomorphoism）来界定个体层面的区分性。综合塞德尔②、沙格里尔（Oron Shagrir）③、班尼特④等人的论述，我们可以把同构性理解为：函数 f 表示属性 A 在 W_1 和 W_2 上是同构的，当且仅当（i）f 是一个从 W_1 中个体到 W_2 中个体的满射，（ii）x 在 W_1 中具有属性 A 当且仅当 f(x) 在 W_2 中具有属性 A，并且（iii）n 元关系 R（x_1, x_2, x_3...）在 W_1 上成立当且仅当 R［f(x_1), f(x_2), f(x_3)...］在 W_2 上成立。

这个定义的意思是：在两个可能世界之间，如果它们包含的个体是一一对应的，并且这些相互对应的个体都具有相同的 A 属性和关系属性，那么这两个世界在 A 属性上就是同构的。在 A 属性上同构的两个世界，就是在 A 属性上不可区分的。在这个基础上，人们区分了三种全局随附性。

---

① Jaegwon Kim, *Supervenience and Mind*, New York: Cambridge University Press, 1993, p. 68.

② Theodore Sider, "Global Supervenience and Identity Across Time and Worlds", *Philosophy and Phenomenological Research*, Vol. 59, No. 4, 1999, p. 915.

③ Oron Shagrir, "Global Supervenience, Coincident Entities and Anti-Individualism", *Philosophical Studies*, Vol. 109, No. 2, 2002, p. 173.

④ Karen Bennett, "Global Supervenience and Dependence", *Philosophy and Phenomenological Research*, Vol. 68, No. 3, 2004, p. 502.

第四章 随附性的弱化

　　弱—全局随附性（Weak-GS）：属性 A 弱—全局随附于属性 B 当且仅当，对于任意两个可能世界 W_1 和 W_2 而言，如果在 W_1 和 W_2 之间存在一个 B 属性的同构，那么在它们之间也存在一个 A 属性的同构。①

　　中—全局随附性（Mediate-GS）：属性 A 中—全局随附于属性 B 当且仅当，对于任意两个可能世界 W_1 和 W_2 而言，如果在 W_1 和 W_2 之间有一个 B 属性的同构，那么在 W_1 和 W_2 之间至少有一个 B 属性的同构同时也是 A 属性的同构。②

　　强—全局随附性（Strong-GS）：属性 A 强—全局随附于属性 B 当且仅当，对于任意两个可能世界 W_1 和 W_2 而言，在 W_1 和 W_2 之间的任何一个 B 属性的同构，也同时是一个 A 属性的同构。③

表 4.1

分类	弱—全局随附性	中—全局随附性	强全局随附性
区别	存在 B 属性的同构 存在 A 属性的同构 可能所有 B 属性的同构都不是 A 属性的同构	存在 B 属性的同构 存在 A 属性的同构 至少有一个 B 属性的同构是 A 属性的同构	存在 B 属性的同构 存在 A 属性的同构 所有 B 属性的同构都是 A 属性的同构④

　　举个例子来说，如果有一个设备可以检验两个对象的某属性是否一致，那么我们就把两个世界中的个体一对一地组成对子，然后让它们去接受检验（图 4.1）。如果每一个对子都可以通过检验，则这两个

---

① Karen Bennett, Global Supervenience and Dependence, *Philosophy and Phenomenological Research*, Vol. 68, No. 3, 2004, p. 503.
② Karen Bennett, Global Supervenience and Dependence, *Philosophy and Phenomenological Research*, Vol. 68, No. 3, 2004, p. 503.
③ Karen Bennett, Global Supervenience and Dependence, *Philosophy and Phenomenological Research*, Vol. 68, No. 3, 2004, p. 503.
④ 这里呈现出一种可能，还有比强—全局随附性更强的全局随附性，即所有 B 属性的同构都是 A 属性的同构，并且所有 A 属性的同构也都是 B 属性的同构。

世界在这个属性上就是同构的。同构性里的 f 就是这里组对的规则。

而三种全局随附性的区别就表现在这些对子的组对方式上。弱—全局随附性的意思是，在检验 B 属性时组对的方式和检验 A 属性时组对的方式可以全不相同，比如在检验 B 属性时，组对方式是 $a_i - b_i$，而在检验 A 属性时，组队方式是 $a_i - b_j$。虽然所有检验结果都是肯定的（positive），但实际情况是，a_i 和 b_i 在 B 属性上相同，a_i 和 b_j 在 A 属性上相同。在这种情形下，任何在 B 属性上相同的个体都不必然在 A 属性上相同，因此这不能算 B 属性决定 A 属性。

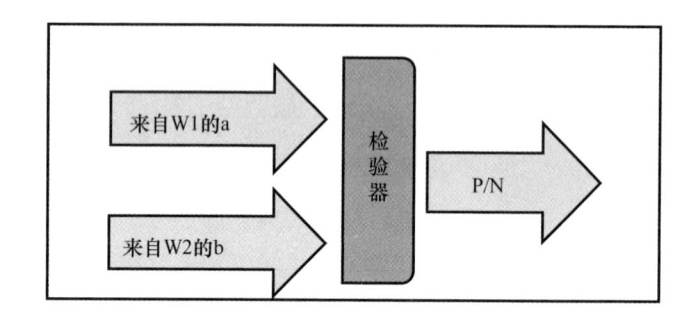

图 4.1

中—全局随附性说的是，对于两个世界 W_1 和 W_2 中的个体来说，如果有组对方式通过了 B 属性的检验，则这些组对方式中，至少有一个也可以通过 A 属性的检验。这种关系之所以比弱—全局随附性强，是因为在 W_1 和 W_2 的个体之间，至少存在一种对应方式，使得这些在 B 属性上相同的个体在 A 属性上也相同。

强—全局随附性则是说，W_1 和 W_2 个体之间的任何组对方式，如果通过了 B 属性的检验，则它也一定能通过 A 属性的检验；不存在那种只能通过 B 属性但不能通过 A 属性检验的组对方式。比如 $a_i - b_j$ 是一种组对方式，在 A 强—全局随附与 B 成立的情况下，它的检验结果只有三种可能：所有对子同时通过 A 属性和 B 属性的检验，所有对子同时不通过 A 属性和 B 属性的检验，所有对子只通过 A 属性但不通过 B

属性的检验。其中第三种情况少有被人们谈到，但其实是可能的，它表达了随附属性的多重可实现性。

在这三种全局随附性中，只有强—全局随附性才能表达一种依赖关系。弱—全局随附性和中—全局随附性都会面临一种被称为"变动问题"的困难①。变动问题的意思是，基础属性不可区分性的对应关系和随附属性不可区分性的对应关系不是同一个对应关系，这就会导致它们符合全局随附性的概念，但根据基础属性不可区分性对应的个体，在随附属性上是不同的，而根据随附属性对应的个体，在基础属性上是不同的。因为弱—全局随附性和中—全局随附性都允许某个对子只通过 B 属性的检验，而不通过 A 属性的检验。比如 ai - bi 组成的对子通过了 B 属性的检验，但没有通过 A 属性的检验，而 ai - bj 组成的对子通过了 A 属性的检验。

举例来说，假如心理属性弱—全局随附于物理属性，则这种情况是完全有可能的，即世界 W 和现实世界在物理属性上是不可区分的（物理属性的同构 f），并且世界 W 和现实世界具有相同的心理属性，只不过这些心理属性的分布与现实世界不同，比如根据 f 与我对应的个体正在思考你的思想，根据 f 与你对应的个体正在思考乔治·W. 布什的思想，而根据 f 与布什对应的个体正在思考麦当娜的思想……这种情形符合弱—全局随附性的定义。②

中—全局随附性也有同样的问题，虽然有对应关系既是 A 的同构，又是 B 的同构，但这并不能完全避免变动问题。区别于弱—全局随附性的地方在于，中—全局随附性的变动问题要以世界内的变动问题为前提，如果世界内部不存在变动问题，那么中—全局随附性描述的两个世界之间就不可能出现变动问题。沙格里尔举了这种情形：

---

① Karen Bennett, "Global Supervenience and Dependence", *Philosophy and Phenomenological Research*, Vol. 68, No. 3, 2004, pp. 515–516.
② Karen Bennett, "Global Supervenience and Dependence", *Philosophy and Phenomenological Research*, Vol. 68, No. 3, 2004, pp. 515–516.

表4.2

属性＼世界	W_1	W_2
随附属性	Qa，¬Qb	Qc，¬Qb
基础属性	Pa，Pb	Pc，Pd

W_1和W_2之间是满足中—全局随附性的，因为从a到c、b到d的函数既是一个P属性的同构，也是Q属性的同构[①]。在这种情形下，我们会发现，跨世界的变动问题出现了，因为从a到d、b到C是一个P属性的同构，所以a和d的P属性相同；但它们的Q属性不同；究其原因，在世界内就有变动问题，即a和b的P属性相同，Q属性不同。

班尼特证明了跨世界的变动问题要以世界内的变动问题为前提[②]，证明如下：

表4.3

属性＼世界	W_1	W_2
随附属性	A［a］	A［f′（a）］
基础属性	B［a］	B［f（a）］，B［f′（a）］

（1）假如在世界W_1和W_2之间出现了跨世界的变动问题，则存在两个对象［W_1中的a，W_2中f（a）］在B属性上是不可区分的、在A属性上是可区分的。

（2）根据中—全局随附性的定义，必然存在一个函数同时是

---

① Oron Shagrir, "Global Supervenience, Coincident Entities and Anti-Individualism", *Philosophical Studies*, Vol. 109, No. 2, 2002, p. 185.

② Karen Bennett, "Global Supervenience and Dependence", *Philosophy and Phenomenological Research*, Vol. 68, No. 3, 2004, pp. 514-515. 班尼特的论证出现在注释中，没有出现在正文中。

B 属性的同构和 A 属性的同构，假设为 f′(x)。则 a 和 f′(a) 既是 B 属性上不可区分的，又是 A 属性上不可区分的。

(3) a、f(a) 和 f′(a) 在 B 属性上都是不可区分的，所以 f(a) 和 f′(a) 在 B 属性上是不可区分的。

(4) 由于 a 和 f(a) 在 A 属性上是可区分的，a 和 f′(a) 在 A 属性上是不可区分的，所以 f(a) 和 f′(a) 在 A 属性上是可区分的。

(5) f(a) 和 f′(a) 就是 B 属性上不可区分但在 A 属性上可区分的，且 f(a) 和 f′(a) 同属于 W_2。

强—全局随附性排除了这种可能，所有通过 B 属性的检验也都必须通过 A 属性的检验。所以，强—全局随附性不会出现变动问题。因此，我们将以强—全局随附性为标准的全局随附关系，来讨论全局随附性（下文所使用的"全局随附性"如无特别说明都指"强—全局随附性"）与个体随附性的异同，分析全局随附性带给我们的启示。

二　全局随附性与个体随附性

个体随附性（Individual Supervenience）也可被称为局部随附性（Local Supervenience），它主要是从个体层面来描述属性的依赖关系的，其定义是：当 A 类属性随附于 B 类属性时，必然地，任一对象 x 和 A 中的任一属性 F，x 具有 F 当且仅当 x 具有属性 G，G 是 B 中的属性；并且必然地，如果任意 y 具有属性 G，那么 y 具有属性 F。[1]

对随附性的这一定义，其实就是金在权关于强随附性的定义。这个定义所描述的内容是，个体 x、y 与属性 G、F 的关系，它们都属于个体层面的情况，因此这种随附性被称为个体随附性，或者局部随附

---

[1] Jaegwon Kim, *Supervenience and Mind*, New York: Cambridge University Press, 1993, p.65. 实际上，个体随附性也有两种：强（个体）随附性和弱（个体）随附性，本书只从强个体随附性的角度进行讨论。

性。金在权的弱随附性也属于个体随附性的范畴。

班尼特说，个体随附性只要被稍微调整一下，就可以被用来替代全局随附性，因而全局随附性是没有独立的哲学意义的。但我们认为，正是因为全局随附性，人们才意识到，有些事实是个体随附性无法描述的，班尼特所说的"调整"恰恰表明了全局随附性与个体随附性的区别。

班尼特认为，强—全局随附性与个体随附性的区别主要表现在关系属性上①，因此只需要把关系属性包含到个体随附性的基础属性中，就可以等值地把全局随附性论断改写为个体随附性论断。比如刘易斯的随附性论题：世上所有的一切就是由当下的特定事实组成的一个大马赛克，一个事实接着另一个事实，世上的其他东西都随附于此。② 班尼特认为，这个论断可以用"全局随附性"表达为：所有属性都强—全局随附于时空点上的内在属性（intrinsic properties）的分布；但这个论断也可以用个体随附性表达为：所有属性都强随附于时空点上的所有内在属性和外在属性（extrinsic properties）的分布。③

班尼特的这个结论本身是没问题的。强—全局随附性的出发点是 B 属性的同构，这种同构性在不同世界的个体之间确立一个对应关系，并且在这种对应关系下，相对应者要么都具有 B 属性，要么都不具有 B 属性；并且根据强—全局随附性的定义，所有 B 属性的同构都同时是 A 属性的同构，因此在 B 属性的同构确立的对应关系下，相对应者要么都具有属性 A，要么都不具有属性 A。这似乎推不出"所有具有 B 属性的都具有 A 属性"这一结论，因为有可能 B 属性的同构是对应个体都具有 B 属性，而 A 属性的同构是对应个体都不具有 A 属性。

初看之下，似乎确实如此，但具体分析的话，情况则大不相同。

---

① 下文不作特殊说明的地方，全局随附性都指强—全局随附性，个体随附性都指强随附性。
② David Lewis, *Philosophical Papers*, Volume II, Oxford: Oxford University Press, 1986, pp. 9 – 10.
③ Karen Bennett, "Global Supervenience and Dependence", *Philosophy and Phenomenological Research*, Vol. 68, No. 3, 2004, pp. 506 – 507.

同构性的定义说"x 在 W_i 中具有属性 A 当且仅当 f（x）在 W_j 中具有属性 A",也就是说,"A（x）→ A［f（x）］"和"¬ A（x）→ ¬ A［f（x）］"都满足定义。因此,当 B 属性的同构也是 A 属性的同构时,有以下四种可能（见表4.4）：

表4.4

B 属性的同构			A 属性的同构		
W_1		W_2	W_1		W_2
B（a_i）		B（a_j）	A（a_i）		A（a_j）
B（b_i）	f	B（b_j）	¬ A（b_i）	f	¬ A（b_j）
¬ B（c_i）	→	¬ B（c_j）	A（c_i）	→	A（c_j）
¬ B（d_i）		¬ B（d_j）	¬ A（d_i）		¬ A（d_j）

表4.4 中的 f 既是 B 属性的同构,也是 A 属性的同构。f 表示的对应关系是 W_1 中的 a_i、b_i、c_i、d_i 依次对应 W_2 中的 a_j、b_j、c_j、d_j。其中,a_i 和 a_j 都具有 B 属性,因此在 B 属性上是不可区分的；它们也都具有 A 属性,因此在 A 属性上也是不可区分的。b_i 和 b_j 都具有 B 属性,因此在 B 属性上是不可区分的；它们都不具有 A 属性,因此在 A 属性也是不可区分的。c_i 和 c_j 都不具有 B 属性,因此它们在 B 属性上不区分；它们都具有 A 属性,因此在 A 属性上也不可区分。d_i 和 d_j 都不具有 B 属性,因此在 B 属性上不可区分；它们也都不具有 A 属性,因此在 A 属性上也不可区分。

简单地说,对于 a 来说,a_i 和 a_j 都同时具有属性 B 和属性 A；对 b 来说,b_i 和 b_j 同时具有属性 B 和属性 ¬ A；对 c 来说,c_i 和 c_j 都同时具有属性 ¬ B 和属性 A；对 d 来说,d_i 和 d_j 都同时具有属性 ¬ B 和属性 ¬ A。

但是 d 所描述的情况是没有意义的,因为 d 是一个既不具有属性 B,也不具有属性 A 的个体,它实际上是一个无关个体。因此,当 B 属性的同构也是 A 属性的同构时,属性 A 和属性 B 在 W_1 和 W_2 中的分布就有三种情况，即 a、b、c 所描述的情况。

b 所描述的情况也不能出现，因为强—全局随附性要求的是所有 B 属性的同构都同时是 A 属性的同构。如果 b 的情况出现，那么表 4.4 中可以产生一个对应关系 f′，使得 W_1 中的 a_i、b_i、c_i 依次对应 W_2 中的 b_j、a_j、c_j，这种对应会使得 f′ 是一个 B 属性的同构，但不是一个 A 属性的同构。[①] 因为 a_i 和 b_j 都具有属性 B，b_i 和 a_j 也都具有属性 B，所以这种对应关系是一个 B 属性的同构；但是 a_i 和 b_j 在 A 属性上是不同的，b_i 和 a_j 在 A 属性上也是不同的，所以这种对应关系不是一个 A 属性的同构。[②]

因此，当强—全局随附性成立时，基础属性和随附属性在世界中的分配方式就是 a 和 c 共同描述的情况，也就是"所有具有 B 属性的都具有 A 属性，有的具有 A 属性的不具有 B 属性"，前半句表达了随附性概念中的充分性；后半句表达了随附属性的多重可实现性。具有属性 B 是具有属性 A 的充分不必要条件，这正是强随附性的核心。

通过对表 4.4 的分析，我们证明了强—全局随附性可以推导出强随附性；反过来，强随附性也可以推导出强—全局随附性，但是必须把关系属性也包含进强随附性的基础属性中，否则就会出现这种情况：在某个可能世界有对象 a、b，在另一个可能世界只有对象 a′ 与 a 对应，没有对象与 b 对应；并且 a、b、a′ 在属性 B 和属性 A 上满足，如果它们具有属性 B，那么它们具有属性 A（如表 4.5 所描述的情况）。很明显，在这种情况下，全局随附性并不成立，但是（被班尼特修订以前的）强随附性是成立的。一旦在两个世界的个体之间建立一一对应的关系后，只要强随附性成立，全局随附性就一定会成立。这种一一对应的关系，就是世界成员具有的关系属性。

---

① 此时不再考虑 d_i 和 d_j，因为它们都不具有 A 属性、B 属性。

② 当然，你也可以主张 a 描述的情况不可能，只留下 b 和 c。只是这样一来，虽然所有 B 属性的同构仍然是 C 属性的同构，但其内容变成了所有具有 B 属性的都不具有 A 属性，所有不具有 B 属性的都具有 A 属性。

表4.5

属性＼世界	W_1	W_2
随附属性	A(a), A(b)	A(a'), ¬A(b')
基础属性	B(a), B(b)	B(a'), ¬B(b')

所以，在班尼特所提出的修订基础上，强—全局随附性和强随附性是等值的，因此她说强—全局随附性论断都可以改写为强随附性论断，这一点是没问题的。但这种改写和调整是没有意义的，我们将分两步来说明这一点。

首先，如果不做出班尼特说的"调整"，全局随附性和个体随附性是完全不同的两个概念。因为表4.6所描述的情况是可能的：W_1中有两个个体a和b，W_2中也有两个个体m和n，a、b具有关系R，m、n也具有关系R；W_1和W_2的区别是，W_1中a具有属性P和Q，b具有属性P，W_2中m具有属性P但不具有属性Q、n不具有属性P。

如果我们把Q定义为"x具有属性Q，仅当x具有P，并且x和某个具有P的y处于关系R中"，则属性Q全局随附于属性P是成立的。因为，任意世界，如果在P属性的分布上相同，那么根据Q属性的定义，它们在Q属性的分布上也会是相同的。但个体随附性并不成立。因为个体a和个体m在P属性上是相同的，而它们在Q属性上是不同的，这不符合个体随附性的定义。具体来说，它们不满足个体随附性中关于充分性的论断："必然地，如果任意y具有属性G，那么y具有属性F。"[1]

表4.6

属性＼世界	W_1	W_2
随附属性	Qa	¬Qm
基础属性	Pa&Rab&Pb	Pm&Rmn&¬Pn

---

[1] Jaegwon Kim, *Supervenience and Mind*, New York: Cambridge University Press, 1993, p.65.

在全局随附性成立的情况下，个体随附性不成立，这说明二者是不同的概念。更准确地说，个体随附性是比全局随附性更强的概念。

其次，班尼特所说的"调整"是不合理的，也是不必要的。个体随附性的作用是描述个体所具有的属性之间的依赖关系，而这里的"属性"都是内在属性，与个体所处的外在关系无关。如果把关系属性也包含进随附关系中，那么作为随附基础的属性就会变得无限大。因为个体所具有的关系属性是无限多的，因而想要清楚界定随附基础变得不可能。

如果不能清楚地界定关系属性，就会出现不好的后果。比如，当心理属性 M 随附于物理属性 P 的时候，P 指称的是内在属性 P_1、P_2、P_3 和关系属性 R_1、R_2、R_3…R_n。当个体随附性遇到不能描述的依赖关系时，我们可以说有一个关系属性 R_1 没有被考虑进去；当个体随附性再次遇到类似问题时，我们可以说还有一个关系属性 R_2 没有被考虑进去；当个体随附性第三次遇到类似问题时，我们还可以说有一个关系属性 R_3 没有被考虑进去……虽然个体随附性可以如此回避表 4.6 描述的问题，但这种解决方案并不符合理性的原则。

另外，这种"调整"也是不必要的。因为全局随附性的作用就是从世界整体的角度描述物理属性和心理属性之间的依赖关系，关系属性自然是在全局随附性的描述范围内。我们没有必要对个体随附性做出调整，以使之具备全局随附性的功能，并由此证明全局随附性是一个没有独立意义的概念。由于改变个体随附性的做法是不合理的，所以这种做法就好比是，通过"破坏"个体随附性来"迫害"全局随附性，这是不必要的。

从以上分析可以看出，班尼特所主张的"调整"并不是简单的文字游戏，而是切切实实地改变了一些东西，而这些东西正是全局随附性区别于个体随附性的地方。同时，在心—身随附性中，这种区别也在一定程度上反驳了物理属性对心理属性的充分决定性，表明了关系属性在心—身关系中的实质作用。

正是因为在物理属性对心理属性的决定中，关系属性发挥着实质作用，全局随附性才是一个有价值、有意义的概念。因为全局随附性和个体随附性的区别就在于关系属性上，如果关系属性并不影响物理基础对心理现象的决定作用，那么个体随附性所描述的那种充分决定关系就是成立的；如果关系属性也是物理基础的一部分，那么个体随附性中不考虑关系属性的那种充分决定关系就是不成立的。

三 关系属性的启示

由以上分析可以看出来，全局随附性和个体随附性之间其实是有一个冲突的。如果全局随附性所描述的情况属实，关系属性对这个世界来说是有意义的（情况似乎确实如此），那么个体随附性所描述的情况就是不成立的。如果个体随附性所描述的情况属实，那么关系属性对这个世界来说就是不起作用的，因而全局随附性就是一个包含冗余内容的概念。

关系属性对这个世界来说确实是很重要的，所以马克思才说："人的本质……是一切社会关系的总和。"① 人与人的关系、人与物的关系，以及物与物的关系都是这个世界中的客观存在，这些客观存在也是客观现实，它们构成了人们每天生活、工作、思考的内容。所以，在人们从物理基础中产生思想时，关系属性确实是物理基础的重要组成部分。

实际上，没有人否定关系属性在物理基础中的作用，甚至金在权也都肯定过关系属性是物理基础的重要组成部分。他专门讨论了几种情形：关于过去的记忆、关于回忆的再现、对于经验的情绪、对于事物的感知、关于行为的意义。② 金在权关于这些问题的思想，我们在本书第一章第三节已经详细介绍过了，这里就不再赘述。

金在权分析这些心理现象的目的并不是要说明关系属性的意义，而是要把随附性所描述的那种充分决定关系限定在一定范围内，即被

---

① 《马克思恩格斯文集》第一卷，人民出版社 2009 年版。
② Jaegwon Kim, "Psychophysical Supervenience", *Philosophical Studies*, Vol. 41, No. 1, 1982, pp. 57–58.

充分决定的心理现象不能是他所列举的这类现象。但是，我们可以合乎逻辑地从金在权的讨论中得出以下结论：对于一般意义上的心理现象（或者心理事件）而言，心理现象不仅依赖于个体的内在物理状态，还依赖于个体所具有的一定的外在关系。

本节关于全局随附性的讨论，尤其是关于全局随附性和个体随附性的关系的讨论也说明了一点，就是关系属性在这个世界上的重要意义。全局随附性中的"同构性"其实本质上就是这个世界中的各种关系的总和，全局随附性与个体随附性的区别，也就是这个世界中的关系属性。应该没人会否定全局随附性的合理性，也就是说在这两种充分性之间，大多数人（甚至所有人）都会选择前者：全局随附性所论断的整体的物理状况决定了世界整体的心理状况 vs 个体的物理状况决定了个体的心理状况。因此，我们就得到一个论证：

前提1：如果全局随附性成立，那么个体随附性中的充分性就不成立。
前提2：全局随附性是成立的。
结论：个体随附性中的充分性不成立。

这个论证是建立在全局随附性与个体随附性相互冲突的地方，也就是说，金在权早期定义的三种随附性概念其实是有一个内在矛盾的，这个内在矛盾就是前提1所描述的关系。直到最近，人们在研究全局随附性概念时才发现这个矛盾。我们也因此得出了非充分决定论①的第一个论据。

第二节 心—身律则性

心—身律则性是心—身关系的重要方面，朴素的直觉似乎认为它

---

① 非充分决定论是下一章的主要内容。

们之间应该具有某种律则性。如果心理属性和物理属性之间确实具有某种形式的律则关系，那么我们就可以借助这种律则性去理解心理属性，心理属性也会因此具有某种规范性。因为物理世界是一个满足决定论的系统，从一个满足决定论的系统，通过律则关系导出的另一个系统，必定是具有一定规范性的。可以说，心—身律则性成立与否，会直接影响心—身关系的内容。

戴维森的反常一元论有一个重要的方面，就是心理属性不具有律则性；在严格决定性的意义上，不存在可以解释和预测心理事件的规律。① 戴维森并没有为此提供清晰、系统的论证，他只是从几个方面提出了理由：第一，心理属性和物理属性是如此不同，以至于在它们之间建立某种律则性的（紧密的）联系就会破坏二者自身的特性。第二，心理属性和物理属性之间可能存在某种一般化的关系（generalizations），但这种关系并不等于规律，要把它变成规律还要增加其他条件。第三，心理属性具有整体性，要依赖于其他心理属性，我们才能理解一个心理属性的意义，这种整体性（相互依赖性）也意味着心—物之间不存在较强的相互关系。②

在戴维森的基础上的，金在权重构了两个论证，使之更加清晰。虽然他没有明确、直接地回答是否存在心—身律则性的问题，但金在权的讨论中也渗透了他的立场。比如他说："显然，我之所以开展这一讨论，是因为我认为，从戴维森的思想中提炼出来的论证好像是对的（plausible），并且有重要的哲学意义，至少初看起来是这样的。"③ 鉴于戴维森的结论和金在权的观点是一样的，即他们都认为不能把心理属性律则化地还原为物理属性，所以对金在权这句话，我们从正面理解为他倾向于接受戴维森的论证。

戴维森、金在权对心—身律则性的否定，似乎也指向了物理属性

---

① Donald Davidsion, *Essays on Actions and Events*, Oxford: Clarendon Press, 2001, p. 209.
② Donald Davidsion, *Essays on Actions and Events*, Oxford: Clarendon Press, 2001, pp. 215-223.
③ Jaegwon Kim, *Supervenience and Mind*, New York: Cambridge University Press, 1993, p. 196.

决定心理属性的充分性不成立的结论。原因很简单，如果这种充分性是成立的，那么每当物理属性出现的时候，心理属性就会出现，二者之间就应该会具有某种律则性；如果这种律则性不成立，那就说明这种充分性也应该不成立。

一 何为"心—身律则性"

律则联系是一种普遍有效的关系，多表现为全称陈述，因此人们往往把规律和全称陈述等同看待。比如所有天鹅都是白的、所有乌鸦都是黑的，这些都是全称陈述，也都表达了一定的规律。但实际上，全称陈述和规律之间是不能画等号的。

所有规律都是全称陈述，但并非所有全称陈述都是规律。它们之间的区别在于，规律是具有必然性的，全称陈述则不然。能被称作规律的，不管是物理规律、化学规律，还是其他自然科学的规律，都表达了一种必然性。比如万有引力定律是一个规律，它就表达了一种必然性，任意两个物体之间必然是相互吸引的，并且这个吸引力的大小也一定是和两个物体的质量成正比、和距离的平方成反比。

对于一个必然联系来说，如果它为真，那么想象它的反面就会出现矛盾。比如"所有单身汉都是未婚者"这句话，就表达了一个必然联系，想象它的反面就会出现矛盾。因为我们无法想象一个人，他是单身汉但不是未婚者。

但是有的全称陈述是不满足这种必然性的要求的，主要是那些穷尽经验而获得的全称陈述。比如"每天下午大本钟敲响的时候，泰晤士河边的工人都会从工厂走出来"，这也是一个全称陈述，而且是一个为真的全称陈述。可是它不表达任何必然性，我们完全可以想象它的反面而不必面对任何矛盾：某天下午大本钟敲响的时候，泰晤士河边的工人没有从工厂走出来。

全称陈述和规律的这种区别是戴维森、金在权心—身律则性讨论的起点。戴维森要提出的观点是，心理事件和物理事件之间不存在律则性联系，这并不意味着心理事件与物理事件之间不存在某种偶然的一般关系。二者的区别恰恰在于，规律是包含必然性的，并且是通过示例被证明的；而偶然的一般关系则不具有必然性，也不是通过示例被证明，而是通过穷举法被证明的。①

比如"F = ma"是一个规律，它具有必然性，它不可能被违背；并且验证它的方法是，找到一个被它所描述的对象（示例），检验这个对象的受力、质量和加速度之间是否满足某种关系。"所有的烟囱修理工都是男人"是偶然的一般关系，它可以被违背，设想"是非男性的"烟囱修理工既不会违背逻辑，也不会违背已知的关于烟囱修理工的任何规律；并且要想验证它，只能把所有烟囱修理工的性别都检查一遍，发现他们都是男人就算是验证了这个关系。

金在权举了一个例子，在一个个体域 U 中，C 和 S 分别代表两种性质，C 代表颜色，比如红色，S 代表形状，比如正方形。那么"U 中的所有红色个体都是正方形的"，这就是一个一般陈述，它可能为真也可能为假。如果幸运，恰好 U 中所有红色个体都是正方形的，那么它就为真；反之则为假。

在心—身关系中，U 就相当于是所有人类，C 和 S 分别对应心理事件和物理事件。没人能排除"U 中所有 C 都有 S 伴随"这种一般关系的存在，但它们的存在与心—身律则性没有任何关系。它们是一种经验关系（de facto relation），而心—身律则性是一种先验关系，可以通过先验分析被证明。②

因此，不管是戴维森还是金在权，他们关心的都不是偶然的一般关系。不管这种关系存不存在，都不会影响人们对心理现象的理解，不会影响心理科学的建立。真正重要的是心—身规律，而规律并不是从经验中通过归纳总结得来的，而是从一些系统、概念中推导出来的。这就是心—身律则性的含义。

---

① Jaegwon Kim, *Supervenience and Mind*, New York: Cambridge University Press, 1993, p. 199.

② Jaegwon Kim, *Supervenience and Mind*, New York: Cambridge University Press, 1993, p. 200.

二 心理世界的本质特征

金在权把戴维森论证的核心思想归结为：心理属性和物理属性是如此的不同，以至于在二者之间建立律则性联系，会破坏它们各自的本质特征，使得心理属性不再是心理属性，或者物理属性不再是物理属性。所以，金在权说：

> 心理世界具有特定的本质特征，如果在心理世界和物理世界之间建立律则性的强联系，那么在规律的模态必然性作用下，心理世界就要对这些本质特征做出妥协，因为物理世界具有其自身的本质特征，这些特征与心理世界的本质特征是不相容的。①

规律是一种很强的关系，如果在心理世界和物理世界建立这种强关系，那么心理世界的特征就会通过规律所包含的模态作用传递给物理世界，从而破坏物理世界原有的特征；物理世界的特征也会以同样的方式传递给心理世界，从而破坏心理世界原有的特征。而上文提到的偶然的一般关系是一种比规律弱的关系，因此在心理世界和物理世界之间建立这种比较弱的关系，并不会破坏两个世界自身的特征。因此，戴维森和金在权所关注的都是心—身规律，而不是心—身之间的偶然的一般关系。

对于这个论证思路来说，有一个问题非常关键，那就是心理世界和物理世界的本质特征分别是什么？戴维森的意思是，心理世界是一个整体，诸如信念、欲望、畏惧、希望等心理事件要构成一个整体，这个整体要具有最大的合理性和一致性。举例来说，如果你相信 $a=b$、$b=c$，并且你相信"="是具有传递性的，那么你就应该相信 $a=c$；如果你不相信 $a=c$，那么你的信念系统就会不协调，这是不符合心理

---

① Jaegwon Kim, *Supervenience and Mind*, New York: Cambridge University Press, 1993, pp. 200-201.

世界特征的，因此这是不可能的；如果有人确实不相信 a=c，那么他一定还具有其他信念，这些信念一起可以合理的解释，为什么在 a=b、b=c 时 a≠c。

至于什么是"最大的合理性和一致性"，金在权认为这是一个古老而又重要的认识论问题。如果只从心—身关系的角度看，它至少包括以下几方面：避免逻辑上的不协调和最大化的归纳合理性；行动者偏好系统的内在一致性；行动者的决策是否符合概率分布和喜好；行动者的需求和信念能否赋予他的感觉和情绪意义等。前面两点都易于理解，后面两点是什么意思呢？第三点的意思是，人们做选择的时候，选择每个选项的概率不同，所以其合理的决策应该符合这种概率分布。最后一点是说，行动者的需求和信念可以被用来解释他为什么会具有如此这般的感觉和情绪，这种解释会使他的感觉和情绪具有合理存在的意义。

显然，金在权是同意戴维森将最大的合理性和一致性作为心理世界的本质特征的。因为他说："事实上，把一个有机体看作行动者就表明我们愿意把他看作一个合理性的心理系统，即用适合做出合理性评价的东西描述其行为，并通过把他的行为和决策看作是以恰当的方式源自其偏好和知识的结果，来为其决策和行为赋予意义。"[1] 简单来说，金在权的意思是，行动者就是其行为能被放进一个合理性系统中的东西，因此金在权也认可用合理性作为心理世界的本质特征。

戴维森的论证思路是，心理世界具有这些特征，而物理世界并不具有与之对应的东西。他说："任何致力于提高行为理论精确性和力量的努力，都迫使我们直接把行动者信念、动机系统整体的更多内容考虑进去。但从证据推出这个系统，我们需要把连贯性、合理性和一致性等条件加入进去。这些条件在物理理论中并没有对应物。"[2] 所以，在心理事件和物理事件之间，不可能存在律则性联系。因为，如果存

---

[1] Jaegwon Kim, *Supervenience and Mind*, New York: Cambridge University Press, 1993, p. 203.

[2] Donald Davidsion, *Essays on Actions and Events*, Oxford: Clarendon Press, 2001, p. 231.

在律则性联系的话，物理世界中就应该有一些特性，可以和心理世界中的连贯性、合理性和一致性对应。

"合理性和一致性"是不是对心理世界本质特征的准确描述，其实并不是那么重要。在金在权关于心—身律则性不成立的论证中，"合理性和一致性"的作用只在于区分，表明心理世界和物理世界是不同的。也就是说，心理世界的本质特征是什么不重要，只要它和物理世界的本质特征不同，金在权的论证就成立。所以，我们不需要太纠结于心理世界的本质特征是什么，除非你认为心理世界和物理世界的本质特征相同，否则你设它为 x 都不影响我们理解金在权的论证。

三 金在权的两个论证

金在权提出了两个论证，用反证法的方法，重构了戴维森的论证。戴维森实际上只提供了一个大致的论证思路，即心理世界和物理世界是如此的不同，以至于在二者之间建立类似律则性的紧密联系会破坏二者自身的完整性。实际上，这只是一个论证框架，并不是一个完整的论证。金在权则构造了两个完整的论证，来填充这个框架。

论证 1[①]：[假设 1] 已有证据显示，我们需要把两个心理状态 m_1 和 m_2 赋予某人，并且根据最大化合理性的原则，我们会更倾向于把 m_1 赋予他；再 [假设 2] 有两个神经状态 n_1 和 n_2，它们分别和 m_1、m_2 之间具有律则性的伴随关系；由于 n_1 和 n_2 是物理理论描述的理论状态，所以它们具有各自的出现条件；[假设 3] 分别是 C_1 和 C_2。根据这些假设，C、m、n 之间应该满足如下关系：

（1）必然地，如果某人具备 C_1 了，那么 n_1 就会发生。　　[假设 3]

（2）必然地，当且仅当 n_1 发生的时候，m_1 才会发生。　　[假设 2]

（3）必然地，如果某人 C_1 具备，那么 m_1 就会发生。　　（1）（2）

也许 C_1 和 C_2 很难被完整的描述出来，但是可以确定的是，C_1 和 C_2

[①] Jaegwon Kim, *Supervenience and Mind*, New York: Cambridge University Press, 1993, pp. 205–207.

是否被满足是由物理理论决定的，而不是心理理论决定的。同理可以得出：

（4）必然地，如果某人 C_2 具备，那么 m_2 就会发生。

作为结论的（3）和（4）会给心理世界带来问题。因为根据这个推理，是 C_1 和 C_2 决定了究竟 m_1 和 m_2 之间，哪个会被赋予"某人"，这与［假设1］矛盾，假设1设定了是由心理世界的本质属性，即合理性的最大化原则决定了 m_1 和 m_2 之间，哪个会被赋予"某人"。

上文说到，心理世界具有自己的本质特征，即最大化的合理性。因此，心理世界中出现什么观念，应该是由最大化合理性原则决定的，而不是由物理世界的条件决定的。但如果我们假定存在心—身律则性，即推理中的第（2）步，那么就会得出结论，m_1 的出现会由物理世界发生的事情（C_1）决定。这使得 m_1 失去了最大化合理性的本质特征，因而它不能再被看作一个心理事件。

比如说有两个神经元活动，根据神经生理学的理论，当神经元活动 A 出现的时候，人们就会处于物理状态 a；而根据心—身律则性的假设，当人们处于物理状态 a 时，他就会处于心理状态 α。同样地，当神经元活动 B 出现的时候，人们就会处于物理状态 b；根据心—身律则性的假设，当人们处于物理状态 b 时，他就会处于心理状态 β。那么，一个人究竟是处于心理状态 α 还是心理状态 β，就是由物理规律和神经元活动决定的；可是根据我们之前的假设，心理状态的本质特征是最大化的合理性，也就是说，一个心理状态会不会出现，起决定作用的应该是这个状态的出现是否符合最大化的合理性原则，而不是一个人所处的神经元状态和这个世界的物理规律。

既然出现了矛盾，那这三个假设之间相互就是不兼容的，至少有一个假设需要被放弃。其中，假设1是关于心理世界的本质特征，假设2是心—身律则性，假设3是物理世界的规律。假设1和假设3是我们讨论的起点，即心理世界和物理世界具有不同的本质特征，只有承认这一点，心—物关系问题才是一个合理的问题，否定这一点，就会把心—物关系问题一起否定了。因为相同本质的东西，谈论它们的关系是不必要的。因此，看起来只有放弃假设2了，假设2就是心—身律则性。

论证2①：[假设1] p 表示"伊普西兰蒂距离安阿伯市不超过10公里"，q 表示"伊普西兰蒂距离安阿伯市不超过20公里"；[假设2] 相信 p 和相信 q 在物理领域里分别有一个律则性的伴随物，设为 B_1 和 B_2。那么就有：

(5) 如果 S 相信 p，那么 S 也相信 q；　　[最大化的合理性原则]

(6) 必然地，当且仅当某人处于状态 B_1，他才会相信 p；

[假设2]

(7) 必然地，当且仅当某人处于状态 B_2，他才会相信 q；

[假设2]

(8) 如果 S 处于状态 B_1，那么他就会处于状态 B_2。(5)(6)(7)

这个推理的结论是(8)，它是一个纯粹的物理关系，因为 B_1 和 B_2 都是物理状态。那么，为什么 B_1 和 B_2 之间会具有(8)所描述的关系呢？金在权认为，有三种解释的方法，但这三种方法都不成立：第一，(8)所表达的关系是一个基础的物理关系，是物理理论的基本定律，不需要解释；这种思路不成立的原因是，(8)描述得更像是一个物理事实，它很难被看作物理理论的基本定律。第二，更加基础的物理定律可以为(8)提供说明；这种思路不成立的原因是，如果有这样更加基础的理论，我们就可以从这些更基础物理定律出发，通过(6)(7)反过来说明(5)为什么成立，也就是通过物理的方法说明一个心理依赖关系，即(5)；这会让(5)不再满足最大化的合理性原则，因而不能被看作心属性。第三，承认(8)不可以通过物理的方式被说明；这种方式不成立的原因是，虽然物理方式不能解释(8)，但是(5)(6)(7)可以为(8)提供一个说明；因此一个纯粹物理的关系竟然会建立在信念和理性的基础上，这是不可接受的。

---

① Jaegwon Kim, *Supervenience and Mind*, New York: Cambridge University Press, 1993, pp. 207–209.

由于物理依赖关系（8）是建立在（5）（6）（7）基础上的，所以如果（8）不能被合理地说明，那么（5）（6）（7）中至少有一个不能被接受。（5）来自心理世界的本质特征，即最大化的合理性原则，这是讨论心—身律则问题的前提或者预设，所以（5）不能被放弃；（6）和（7）描述的都是心—身律则性，正是我们讨论的对象。所以，总的来说，不可能存在心—身律则性。

这个论证的原理比较简单，它首先假设了心理世界中的一个充分条件，即"S 相信 p"→"S 相信 q"，这个充分条件是根据最大化的合理性原则而成立的，不接受这个原则，我们的信念系统就会处于不协调的状态中。然后它再根据心—身律则性得出"S 相信 p""S 相信 q"都有物理伴随者，分别设为 B_1 和 B_2，这是很好理解的。从而很容易就可以得出 $B_1 \rightarrow B_2$。可是 B_1、B_2 是物理状态，它们之间是否具有充分条件关系应该是由物理规律决定的，不是由心理状态和心理规律决定的。

四 两个论证的意义

这两个论证具有重要的意义和启发性，我们将从两个方面来反思金在权的讨论：一是分析这两个论证对物理属性非充分决定心理属性的支撑性，这种支持是直接的；二是分析心—身律则这个问题，反思一下为什么心—身律则性不能成立。

首先，这两个论证共同的结论是，如果心—身律则性成立，那么心理属性的整体性和物理属性的整体性之间就会相互冲突。论证 1 说的是物理属性的连续性会破坏心理属性的整体性，论证 2 说的则是心理属性的连续性会破坏物理属性的整体性。

论证 1 的矛盾来源于两个方面，一方面，物理属性具有自己的发展过程，类比物理因果的封闭性，我们可以称之为物理世界的连续性，这个连续的过程是与心理属性无关的。另一方面，一旦心—身律则性成立，物理世界的这种连续性也会通过这种律则性传递给心理属性，从而心理属性就失去了自身原有的连续性。

同样的道理，论证 2 的矛盾也来源于两个方面，一方面是心理属性的连续性,即"如果 S 相信 p,那么 S 也相信 q",相信 p 和相信 q 是两个心理状态。这两个心理状态之间的连续性是和物理世界无关的。另一方面,如果心—身律则性成立,那么与"相信 p"对应的物理状态和与"相信 q"对应的物理状态之间就会获得一个来自心理世界的连续性。但是这两个物理状态之间还具有一个来自物理世界的连续性,它们怎么能同时具有两个连续性呢。

我们可以看到,在金在权这两个论证中,其实已经有了排他性论证的影子,可以说这两个论证就是排他性论证的雏形。并且,这两个论证很清楚地指明了排他性论证中冲突的真正来源,我们将在下一章详细讨论这一点。

金在权这两个论证,说明了心—身律则性是不成立的,这可以在很大程度上否定物理属性决定心理属性的充分性。因为当物理属性可以充分决定心理属性时,心理属性和物理属性之间就会具有某种律则性联系,因为充分条件关系就是一种律则关系。如果心理属性和物理属性之间没有律则联系,那么物理属性就肯定不能充分地决定心理属性,这是一个合理的推论。因此,金在权的这个论证,再往前一步,就可以证明物理属性对心理属性的非充分决定关系。

需要说明的是,金在权的论证是在个体的层面展开的,不管是论证 1 中的 C、m、n,还是论证 2 中的 B_1、B_2,都是个体层面的东西。因此金在权的这个论证支持的也是个体层面的非充分决定性。从抽象的层面看,或者从世界整体的层面看,那是另外一个问题,这里的论证没有涉及。

其次,这两个论证也给我们提出了一个问题,即心—身律则性为什么不能成立的问题。从这个论证中,我们可以得到一点启发,两种本质特征不同的东西,或者遵守不同规律的两个东西,我们如果在它们之间建立律则性的联系,就会破坏它们各自的本质属性或者规律性。可是这个世界上有很多律则性联系,这些联系的对象往往是差异巨大的,甚至可以说有本质上的不同,那么它们之间为什么能够建立律则性联系呢?

举例来说，比如打雷和闪电，这是两种不同的现象，它们的本质也不同。打雷是声音，闪电是光，声音和光是有本质区别的。它们在传播方式、作用方式等方面都各不相同。但是我们仍然认为打雷和闪电之间是具有律则性联系的，即打雷总在闪电后发生。类似的还有下雨和彩虹，下雨是一种天气，彩虹是一种光线的折射现象，二者之间也是具有本质区别的，但是我们也认为二者之间具有律则性联系。

都是本质属性的不同，为什么心理属性和物理属性之间就不能具有律则性联系，而打雷和闪电、下雨和彩虹之间就可以有律则性联系呢？金在权这两个论证能不能套用到打雷和闪电、下雨和彩虹的情形中去呢？通过这样追问，我们很容易就会想到，打雷和闪电可以被同一个物理理论所涵盖，它们遵守相同的规律，因此我们可以在二者之间建立律则性联系，并且我们还能理解这种律则性联系。下雨和彩虹的情况也是一样的。

所以，心理属性和物理属性之间如果要具有律则性联系，那它们也需要被涵盖在同样的理论下。可是心理属性遵循的是心理世界的原则，最核心的就是最大化的合理性原则；物理属性遵循的是物理世界的规律，包括我们所熟悉的物理学、化学、生物学等的规律。我们一般认为，这些规律是以物理世界为标准的，这个世界的实际情况是怎样，这些规律就得具有怎样的内容；而不是我们的理性想要这个规律是怎样，它就可以是怎样。也就是说，物理规律的核心原则不符合人的理性，而是符合物理世界的实际情况。

因此，心理属性和物理属性的这种差别，实际上反映了人的主体性和世界的客观性之间的对立。人的主体性遵循的就是合理性的原则，只有合理的东西我们才能理解，也只有合理的联系才会在我们的思想中发生。接受不合理的东西，比如矛盾的东西，人的理性就会处于不正常的状态，甚至会疯掉。而客观世界的情况如何，是由客观世界本身来确定的，它不会随着人们的愿望或者理性而改变。物理世界发生一件事情只能是因为这件事情的发生符合物理世界的规律，而不能是因为这件事情符合人们的理性期望。因此，人们只能通过调整理性期望来让我们的理性期望恰好符合物理世界的规律，从而我们既可以预测一件事情的发生，又可以理解这件事情的发生。

人的主体性和世界的客观性之间的关系问题是一个古老的问题，几乎是随着人类文明的产生而产生的。过去有无数哲学家思考过这个问题，但都没有能够将二者统一起来，因此我们总体上也认为二者的统一是不可能的，心—身律则性是不成立的。

放弃心—身律则性最大的困难来自人们的陈见，因为人们的朴素直觉告诉我们，心理属性和物理属性之间是协调统一的，它们之间应该具有律则性的联系，否则我们的理性就无法理解人们的思想和身体的互动关系。但是，对于这种直觉来说，想要论证它又异常困难，它也就只能停留在朴素直觉的阶段。既然如此，我们为什么不放弃这种朴素的直觉，而接受理性考察的结论呢？这不正好符合我们思想的本质特征吗？——实现最大化的合理性。

第三节　弱化随附性

不管是全局随附性与个体随附性的关系，还是心理属性与物理属性的律则性，都是哲学家们已经讨论过的问题。我们只是从他们的讨论进一步地往前推进，发现了这些讨论中包含的物理属性非充分决定心理属性的观点。本节的内容可以看作对心—身律则性问题的具体化。

心理学中有一个韦伯-费希纳定律，这个定律描述了心理现象与物理现象之间的某种量化的联系。如果物理属性可以充分的决定心理属性，那么物理刺激的量的变化也应该决定心理反应的量的变化。韦伯-费希纳定律的核心思想是，只有在一定的条件下，物理刺激的量的变化才能决定心理反应的量的变化。因此，如果忽略这些条件的话，物理刺激的量的变化并不能充分的决定心理反应的量的变化。也就是说，物理属性对心理属性的充分决定性是有条件，因此物理属性本身（单独的）并不能充分的决定心理属性。

一　韦伯-费希纳定律

恩斯特·海因里希·韦伯（Ernst Heinrich Weber），德国医生，被认为是实验心理学的创始人之一。韦伯毕业于维滕贝格大学医学专业，1818年被任命为莱比锡大学比较解剖学副教授，1821年被任命为解剖学和生理学研究员。在19世纪20年代或30年代，韦伯开始研究触觉、两点阈值和重量知觉。他发现，主动举起重物比把重物放在有支撑的手上时，对重量的辨别能力更强。他还发现，刺激大小变化的可见差异与刺激大小成正比（例如，5%），而不是一个绝对值（例如，5g）。费西纳将其命名为韦伯定律。

古斯塔夫·费希纳（Gustav Theodor），德国实验心理学家。作为实验心理学的先驱和心理物理学的创始人，他启发了许多20世纪的科学家和哲学家，包括恩斯特·马赫（Ernst Mach）、威廉·冯特（Wilhelm Wundt）和斯坦利·霍尔（Granville Stanley Hall）等。他在索罗、德累斯顿和莱比锡大学接受教育，他在莱比锡度过了余生。1834年，他被任命为物理学教授，但在1839年，他在研究颜色和视觉现象时患上了眼部疾病，在经历了许多痛苦之后，他辞职了。随后康复，他转向研究心灵及其与身体的关系，就他的书中涉及的主题进行公开演讲。费西纳在19世纪50年代进一步探索了韦伯定律，提出了生理和心理（或感知）量级之间的对数关系。这个新定律被称为费希纳定律，或韦伯-费希纳定律，并构成了费希纳精神物理学的基础。

韦伯-费希纳定律是心理学的第一个量化定律，它的基本思想是，人能感觉到的外界刺激变化是有最小阈值的，比如你手里拿着10kg重的东西，再增加1g，你是感觉不到重量变化的；如果要感觉到重量的变化，那至少要增加250g的重量。[1]

韦伯最开始研究的人们感知位置的阈限。他用一个类似圆规的仪

---

[1] [美] Duane P. Schultz & Sydney Ellen Schultz：《现代心理学史》（第十版），叶浩生、杨文登译，中国轻工业出版社2019年版，第78、80—81页。

器刺激受试者的皮肤，通过调节仪器张开角度的大小，让受试者判断刺激来源于一个点还是两个点。通过一系列的实验，韦伯得出了人类知觉存在阈限的结论。后来他才由此转到最小可觉差的研究。

韦伯让受试者提起两个重物，一个是标准重物；另一个是对照重物，然后让受试者判断，对照重物是否比标准重物重。通过实验，韦伯发现两个重量之间的最小可觉差是个恒定的比率，即 1∶40。也就是说，41 克是被试者所能觉察出的与 40 克不同的最小重量；82 克是被试者所能觉察出的与 80 克不同的最小重量。后来，韦伯以前的学生、莱比锡大学的物理学教授古斯塔夫·塞奥多·费希纳把韦伯的研究结果转变成了数学形式：$\Delta I/I = K$，其中 ΔI 代表刺激的最小可觉差，I 代表标准刺激的强度，K 是特定感觉道的定值，也叫作韦伯比例或韦伯分数。

后来费希纳进一步研究了感觉阈限问题，提出了绝对阈限和差别阈限，前者表示被试者能够产生感觉的最小刺激量；后者表示能使受试者感觉发生变化的最小刺激量，低于这个量，受试者就感觉不到刺激量的变化。并且费希纳还进一步得出了物理刺激和心理感受发生变化的对应关系，他用公式表示为 $S = K\log R$，其中 S 是感觉强度，R 是刺激强度，K 是常数，log 是对数运算符号。这个公式表示，感觉量与刺激量的对数值成正比，也就是说，感觉量的增加落后于刺激量的增加，刺激量呈几何级数增长，而心理量成算术级数增长。这是一个经验公式，适用于中等强度的刺激。结合韦伯定律，我们就可以得出结论，每跨越一个最小可觉差，需要改变的刺激量是很大的。那么在刺激量的改变没有达到需要的量时，哪怕刺激（物理基础）变了，感觉（心理表现）也是不会变的。

对我们的研究来说，韦伯-费希纳定律的重要价值在于，它描述了物理刺激和心理感觉之间的差异，韦伯的研究得出了最小可觉差的存在，费希纳的研究得出了物理刺激变化与心理感觉变化在对应关系上的规律。我们接下来就主要从韦伯的结论中，构造一个思想实验，说明物理基础对心理属性的决定是不充分的。

二 小白和小黑

如果物理属性可以充分决定心理属性，那么物理属性的变化也就会充分决定心理属性的变化。韦伯-费西纳定律恰恰描述了物理刺激和心理感受之间的量变关系，并且这种量变关系不是线性连续的，而是指数式间变的。因此这种情况是完全可能的，即物理刺激变而心理感受不变的情况，这和物理属性充分决定心理属性是不相符的。

思想实验1.0

假设有一个人叫小白，小白有一个"从细胞到细胞"的复制体小黑。小白和小黑分别拿着一个盒子，盒子只有正前方开口了，用于往盒子里增加重物。假设小白的盒子里有360g重物，小黑的盒子里有396g重物。此时他们大脑中相同位置的神经元接收到了不同的刺激，并处于不同的激活强度下。接下来往小白的盒子里增加40g重量，往小黑的盒子里增加4g重量。小白和小黑的感觉会怎么样呢？

根据韦伯-费希纳定律，小白会感觉到盒子的重量明显增加了，小黑则感觉不到盒子重量的增加。也就是说，小白会产生一个拿了400g重量的感觉，而小黑只会产生一个拿了396g重物的感觉。因为当小白拿着360g重物时，最小可觉差（费希纳称之为差别阈限）是 $360g/40 = 4g$，增加的40g明显超过了最小可觉差。而小黑拿着396g重物时的最小可觉差是 $396g/40 = 9.9g$，增加的4g没达到这个最小可觉差，他不会感觉到重量的增加，只会继续维持拿了396g重物的感觉。但事实上，两个盒子里物体的重量都是400g，因此两人手上肌肉感觉到的刺激都是400g的重量，从而传递给大脑的信号强度也都是400g重量的信号强度，所以两人的神经元活动也都是与400g重量的信号强度对应的，因而是相同的。

在这个案例中，相同的神经元活动产生了不同的心理感觉，所以物理属性对心理属性的对应关系不满足充分性。这里"相同的神经元活动"是由以下两点保证的：第一，小白和小黑是从细胞到细胞的复制体，这保证了他们在身体的物理状态上是完全一致的；第二，神经元活动的强度是由其接收到的信号强度决定的,而这种信号是由感官上负责感觉的细胞决定的;再根据第一条,只要外界刺激的强度一样,其感觉细胞接收到的刺激强度就应该是一样的。

需要说明的是,随附性中随附属性和基础属性是同时出现的,心理属性的物理基础指的是人们当下的神经元活动。比如金在权[1]、斯蒂奇[2]、陈刚[3]都强调了这一点;尤其是金在权,他专门针对这一点做了说明,并提出案例进行讨论。所以当盒子里重量增加后,小白和小黑关于重量的感觉是随附于他们当时的神经元活动,而不是此前的神经元活。当然,小白感觉到重量发生了变化,这种变化的感觉离不开此前的神经元活动,但思想实验中讨论的是他们关于重量的感觉,而不是关于重量变化的感觉。所以,我们可以认为小白和小黑二人感觉的基础属性是相同的。

实际上,在这个案例中,小白和小黑的神经元活动是有区别的,即他们心理感觉的物理基础是有差别的。小白感觉到400g的重量,是建立在之前手里拿着360g重量的基础上,也就是这里包含了一个关系属性,即时间上前后相邻的两个时刻间神经元活动的关系。同理,小黑也具有这样一个关系属性。

虽然小白和小黑都具有这样一个关系属性,但是他们所具有的关系属性的内容是不同的:小白的内容是360g与400g刺激之间的变化,小黑的是396g与400g之间的变化。而韦伯－费希纳定律描述的恰好就是这种关系属性的规律。

思想实验2.0

在上面的思想实验中,虽然小白和小黑感受到的重量不同,但是他们在物理刺激方面其实也是有很多不同的地方,比如最初他们接收

---

[1] Jaegwon Kim, "Psychophysical Supervenience", *Philosophical Studies*, Vol. 41, No. 1, 1982, p. 53.

[2] Stephen P. Stich, "Autonomous Psychology and the Belief-desire Thesis", *The Monist*, Vol. 61, No. 4, 1978, p. 575.

[3] 陈刚:《世界层次结构的非还原理论》,华中科技大学出版社2008年版,第24页。

到的物理刺激强度是不同的，后来他们接收到的刺激变化强度也不相同，只是最后他们接收到的物理刺激强度是相同的。因此，难免有人会从这些不同的方面来理解他们最后感觉上的差异。接下来这个思想实验则是要尽量控制差异，让小白和小黑在物理刺激上的差异进一步缩小。

假设有一个人叫小白，小白有一个"从细胞到细胞"的复制体小黑。小白和小黑分别拿着一个盒子，盒子只有正前方开口了，用于往盒子里增加重物。假设小白的盒子里有409g重物，小黑的盒子里有391g重物。此时他们大脑中相同位置的神经元接收到了不同的刺激，并处于不同的激活强度下。接下来从小白的盒子里减少9g重量，往小黑的盒子里增加9g重量，使得小白和小黑盒子的重量都变成400g。小白和小黑的感觉会怎么样呢？

根据韦伯-费希纳定律，小白和小黑都不会感觉到盒子重量的变化。也就是说，小白会产生一个拿了409g重量的感觉，而小黑只会产生一个拿了391g重量的感觉[①]。因为当小白拿着409g重物时，最小可觉差（费希纳称之为差别阈限）是409g/40 = 10.2g，减少的9g明显没有达到最小可觉差，他不会感觉到重量的变化，只会维持拿了409g重量的感觉。而小黑拿着391g重物时的最小可觉差是391g/40 = 9.8g，增加的9g也没达到这个最小可觉差，他也不会感觉到重量的变化，只会继续维持拿了391g重物的感觉。[②] 但事实上，两个盒子里物体的重量都是400g，因此两人手上肌肉感觉到的刺激都是400g的重量，从而传递给大脑的信号强度是一样的，所以两人神经元活动的强度也是一样的。

与上一版的思想实验比，这个思想实验不一样的地方是，在重量变化后，不仅小白和小黑的神经元接收到的刺激强度是一样的，而且他们神经元活动的变化强度也是一样的，因此可以回避从物理

[①] 这里说400g的感觉和396g的感觉，都是形象的说法。
[②] 最小可觉差具有主体差异，这里是以韦伯的研究为例，假定小白、小黑二人的最小可觉差是标准重量的1/40。

变化的差异解释其心理变化的差异，从而解释其心理感受的差异。并且，当小白和小黑都接收到400g重量的物理刺激时，他们感受到的分别是409g和391g重量的感觉，而409g－391g＝18g，这已经超出了409g（当然也超出了391g）的最小可觉察，因此我们是不可能通过韦伯－费希纳定律来忽略小白（409g）和小黑（391g）在感觉上的差异的。

实验思想3.0

上述思想实验虽然控制了物理刺激变化量的大小，但是如果有人细究起来，控制得还是不够完美。因为小白和小黑接收的初始物理刺激是不同的，后来他们接收的刺激变化量看起来相同，但是严格来说也不同，一个是＋9、一个是－9。对于我来说，我觉得韦伯－费西纳定律描述的规律是与物理刺激变化的方向无关的，所以＋9与－9表示的都是9的变化量，是相同的。但是难免有人会坚持认为，这两个是有差别的。所以，我们提出该思想实验的最终版。

假设有两个人，还是小白和小黑，小黑是小白"从细胞到细胞"的复制体。小白和小黑分别拿着一个盒子，盒子只有正前方开口了，用于往盒子里增加重物。假设小白和小黑的盒子里都有400g的重物。此时他们大脑中相同位置的神经元接收到了相同的刺激，并处于相同的激活强度下。接下来先往小白的盒子里增加10g重量、小黑的盒子里增加7.5g重量，然后再往小白的盒子里增加5g重量、小黑的盒子里增加7.5g重量，使得小白和小黑盒子的重量都变成415g。小白和小黑的感觉会怎么样呢？

根据韦伯－费希纳定律，手持400g重量的最小可觉差是10g。那么往小白的盒子里加10g重物时，他会感觉到重量的变化，产生一个拿了410g重物的感觉；再往他盒子里增加5g重量时没有达到最小可觉差，因此小白不会感觉到重量的变化，从而维持一个拿了410g重物的感觉。

小黑则不同，当往小黑的盒子里加7.5g重量时，由于没有达到最小可觉差，因此他不会感觉到重量的变化，继续维持拿着400g重物的感觉；第二次再增加 7.5g 重量时，仍然没有达到最小可觉差，因此他还是不会感觉到重量的变化，会继续维持拿着 400g 重量的感觉。

在这个思想实验中，小白和小黑初始的身体状态是完全一样的，因为他们是从细胞到细胞的复制体。而且他们两个最初接受的物理刺激也是一样的，都是 400g 的物理刺激，当然产生的感觉也是一样的。他们经历的物理刺激的变化量也是一样的，都是增加 15g，因此最后他们接受的物理刺激也是一样，都是 415g 的物理刺激。但是根据上述分析，他们的感觉却不一样，一个人感觉到的是 410g 的重量；另一个人感觉到的是 400g 的重量。

当然，这里有一点需要说明的是，当小黑拿着 400g 重量的时候，增加 7.5g 重量，他确实不会感觉到重量变化，再增加 7.5g 也不会引起感觉的变化。但是这个过程并不可以无限追加下去，否则就会出现一种明显不合理的情况，他手里拿了 1000g 的东西，他也仍然感觉到 400g 的重量。其实，随着重量的增加，小黑感觉到的重量也会逐渐增加，只不过由于没有达到最小可觉差，所以他不会马上感觉到重量的变化。

不管怎么说，在小白和小黑身上确实会出现的情况是，他们接收到的物理刺激是完全相同的，都是 415g 的物理刺激，因此他们的身体状态应该是完全相同的；但是他们感觉到的感受是不同的，一个人感觉到的是 410g 的重量；另一个人感觉到的是 400g 的重量。而且他们初始的物理状态也是一样的，接受的物理刺激的变化量也是一样的，都是从 400g 变为 415g。

三 对一种反驳的辩护

上文所述的一系列思想实验都指向同一个结论，随附性概念需要被弱化，随附性概念中所描述的充分性并不成立，物理刺激的变化并不能充分地产生心理感受的变化。其实，我们想提出的非充分决定论，其本质就是对随附性的一种弱化，对心身关系的一种弱化。

弱化随附性的做法，其实金在权自己就曾经做过。最初他认为随附性表达了一种内禀关系,具有解释力。后来他把随附性看作一个描述共变关系的概念,不具有解释力。这就是对随附性概念的一个弱化。我们对随附性的弱化只不过是沿着金在权的思路,继续往前走了一步。当然这一步可能会面临各种问题,比如我们的思想实验就会面临这样一个问题,即韦伯－费西纳定律所描述的最小可觉差是属于心理感受的阈限还是物理活动(比如神经元活动)的阈限?

如果韦伯－费希纳定律描述的是神经元活动的差别阈限,那么之所以小白和小黑的感觉不同,是因为他们的神经元活动不同。小白的神经元活动达到了阈限因而他的神经元活动发生了变化,从而让他感觉到了变化;小黑的神经元活动没有达到阈限因而他的神经元活动没有发生变化,从而让他没有感觉到变化。所以,仍然是神经元活动的差异导致了二者心理感觉的差异,物理活动对心理感受的充分性得到了(至少是部分的)保留。

我们的回答是,确实有部分神经心理学家持有这种观点,但这并不影响我们的结论。实际上,小白和小黑产生不同感觉的物理基础是有差异的,这一点上文已经说到。但是这种差异并不来自他们当下(比如思想实验1.0版本中的产生400g感觉和396g感觉时)的神经元活动,他们当下的神经元活动是相同的(都是400g的强度的刺激引起的神经元活动)。差异是来自他们此刻神经元活动和上一刻神经元活动的关系。换句话说,他们此刻的神经元活动是相同的,但是此刻神经元活动和上一刻神经元活动的关系是不同的。

随着刺激量的增加,小白和小黑的神经元活动都发生了变化,物理上它们都是由400g重量的刺激引起的,因而在神经元放电的强度上其实是一样的。所以,他们的神经元活动是按照刺激量发生变化了的,韦伯－费希纳定律所描述的阈值不是神经元活动的阈值。这种阈值是在心理活动产生时才起作用的,而不是在神经元活动推进时起作用的。

韦伯－费希纳定律的意义在于,小黑神经元活动的变化强度没有达到感觉的阈限,所以他的心理感觉没有发生变化,但这并不意味着他的神经元活动没有发生变化。这一点可以从韦伯－费希纳定律得到证明。在计算阈限时，韦伯－费希纳定律是根据外在刺激强度计算的，因此当小黑盒子里的重量从396g增加到400g的重量时，他的感觉阈限已经从9.9g变成10g了。如果韦伯－费希纳定律描述的真的是神经元活动的阈限，并且他的大脑活动没有发生变化，那么大脑活动的阈限又怎么会发生变化呢？

除此之外，如果韦伯－费希纳定律描述的真的是神经元活动的阈限，那么这个定律就应该是一个纯粹的物理定律。神经元活动是物理活动，描述神经元活动的定律当然是物理定律。纯粹的物理定律，我们就应该使用物理语言来描述他，这样才能更好地表达物理定律的客观性和普遍性。既然韦伯－费西纳定律是用心理语言表达出来的，那么我们应该相信，把它理解为关于我们心理感受的定律是合适的，它所描述的阈限也应该被理解为心理感受的阈限，而非神经元活动的阈限。

本节从韦伯－费西纳定律出发，构造了一系列的思想实验，这些思想实验的共同点是，在相同的物理刺激下，人们会产生不同的心理感受，这说明物理刺激并不能充分决定人们的心理感受。这些物理刺激被人们接收后就会转换为相同的神经元活动，因而这也可以看作相同的神经元活动不能充分地决定人们的心理感受。

过去我们讨论心—身关系是从定性的角度讨论心理属性的发生与不发生，但实际上人们的心理感受是有强弱程度的差异，也就是有量化差异。韦伯－费西纳定律恰恰是描述人们心理感受量化规律的，而且这个规律中也包含了物理基础变、心理感受不变的情形。从实验原理的角度看，我们只需要把韦伯－费西纳定律中的这一内涵放大凸显出来就可以为物理属性非充分决定心理属性提供支撑了。

虽然我们提出了三个不同版本的思想实验，但是总的来说，它们要表达的意思是一样的。它们之间的差异只在于，如何运用韦伯－费西纳定律，使得它在一个情形下起作用，而在另一个情形下不起作用，并尽可能地保证两个情形中物理基础是相同的。从实验结果看，心理属性在量上的变化并不能由物理属性充分决定，心理感受在量上的变化有着自己的内在规律。这种规律，如果不能完全还原为物理规律，那么心理感受有规律这件事就已经表明了心理属性的独立性，即不完全由物理基础决定的特征，即物理基础对心理属性的非充分决定性。

第五章

随附物理主义的进化

第四章的内容从三个不同的方面指向了一个共同的结论,即物理属性决定心理属性的充分性并不成立。上文已经提到,心理因果问题的本质是对心—身关系的追问①,合适的心—身关系自然而然地就会导出合理的心理因果模型。既然第四章的分析指向物理属性不能充分地决定心理属性,那么我们就从否定这种充分性开始,描述一种弱化的心—身关系,看看这种心—身关系能否更好地解决心理因果的一些问题。

第一节 非充分决定论

在心—身关系的讨论中,是什么理由让所有心理因果辩护的人都承认物理属性对心理属性的充分决定性呢?有什么不可违背的原则或者立场,如果我们否定了这种充分性,这些原则和立场就会被动摇吗?这是我们首先要考虑的问题,即非充分决定论是不是可以思考的方向,它有没有违背现有的研究范式。

一 既不充分也不必要的依赖关系

由于心理属性是多重可实现的,所以任何物理属性的出现,对心

---

① 根据郁峰的理解,"金在权已经将心理因果性问题在哲学上的研究推至前所未有的高度,同时他也用严密的论证把非还原物理主义逼到两难困境之中,再次唤起了人们对还原论应有的尊敬"。参见郁峰《金在权心理因果观的形上之辩》,《科学技术哲学研究》2018 年第 4 期,第 36 页。

理属性来说都不是必要的。在此基础上，如果我们现在进一步否定物理属性对心理属性的充分决定性，那么任何物理属性的出现对心理属性来说，就是既不充分也不必要的。

举个具体例子，假如C纤维刺激是疼痛的物理基础。一般的观点认为，只要C纤维被刺激，人就会感觉到疼痛。如果物理基础和心理属性的关系是既不充分也不必要，那么C纤维被刺激的时候，可能人们会感觉到疼痛，也可能人们不会感觉到疼痛；同样地，当C纤维没有被刺激的时候，人们也有两种可能，即感觉到疼痛和不感觉到疼痛。

这种既不充分也不必要的关系，似乎都不能算是一种关系，也就是说，可能有人会认为，非充分决定论描述的心—身关系破坏了心理属性对物理属性的依赖性。必须声明一下，这并不是我们的本意，我们也仍然坚持心理属性依赖于物理属性，只不过依赖的方式需要弱化。

实际上，在特定条件下，既不充分也不必要的关系也可以表示依赖性。在因果关系的研究中有一种理论，叫INUS理论，它的基本思想是，原因是结果的INUS条件。而这里的INUS条件，实际上就是既不充分也不必要的。

INUS是Insufficient but Necessary part of an Unnecessary but Sufficient的缩写，意思是"某个充分不必要（条件）中的必要不充分部分"[1]。INUS理论的主要思想是，当我们说"A是P的原因"的时候，我们实际上表达的意思是，A与其他一些条件（例如C）一起组成了P的一个充分原因。

比如一个房间失火了，在房间被彻底烧毁之前火被扑灭了；经过调查，专家指出失火的原因是房间里某个地方的电线发生了短路。在传统哲学中，如休谟哲学中，因果关系是由于原因和结果之间的恒常联结而在人心中形成的一种想象。也就是说，因果关系是一种主观的

---

[1] John Leslie Mackie, "Causes and Conditions", *American Philosophy of Quarterly*, Vol. 2, No. 4, 1965, pp. 245–264.

心理倾向或者思维习惯，而不是属于对象的性质①，也不是属于客观世界的关系。抛开这一点不谈，休谟认为人心在判断一个因果关系时，被断定的原因和结果之间具有经验上的恒常联结的关系。如果原因发生了，那么结果也会发生；反之亦然。所以，原因和结果在经验上就表现为一种充分必要条件式的对应关系。

可是，在电线短路引起房间失火的例子中，休谟的分析似乎并不适用。因为，并非这一次电线短路发生了，房间就必然会失火，比如在电线短路时，发生短路的地方没有可燃物，房间就不会失火；亦非这次房间失火必然会跟随在某次电线短路后发生，比如房间失火也可能是由于燃烧的炉子被打翻。由此来看，这次电线短路既不是这次房间失火的充分条件，也不是这次房间失火的必要条件。

但这并不意味着，这次的电线短路和房间失火之间没有任何关系，实际上这次房间失火就是由电线短路造成的，它依赖于电线短路。真实的情况是，一系列的条件——堆积的易燃物、没有装自动灭火装置等——和电线短路一起形成一个条件组合，这个条件组合是房间失火的充分原因。在这个条件组合中，电线短路是一个不可缺少的部分，因为没有电线短路，只有易燃物等其他条件，房间失火就不会发生。

因此，当专家说电线短路是这次房间失火的原因时，他们确切想表达的意思有三层：(a) 电线短路发生了；(b) 堆积的易燃物、没有装自动灭火装置等其他条件也具备了，这些条件和电线短路一起构成房间失火的充分原因；(c) 能够引起房间失火的其他充分原因都没有发生。② 也就是说，电线短路是房间失火的某个充分不必要条件组合中的必要不充分部分，即电线短路是房间失火的 INUS 条件。

没有人会否定房间失火这个例子的合法性，它是确实发生在我们身边的事情。我们也不会否定在这个因果关系中，房间失火是依赖于

---

① [英] 大卫·休谟：《人性论》，关文运译，商务印书馆1996年版，第90页。
② John Leslie Mackie, "Causes and Conditions", *American Philosophy of Quarterly*, Vol. 2, No. 4, 1965, p. 245.

电线短路的,因为如果要划分责任的话,那么导致电线短路的人肯定是要承担责任的。所以,我们可以得出结论,既不充分也不必要的关系是可以表达依赖性的。

除此之外,我们还想说的是,充分性也好、必要性也好,它们描述的都是对应关系。对应关系和依赖性是两个不同的东西,它们之间不具有相互推导的联系。我们不能从对应关系中推出依赖性,也不能从依赖性中推出对应关系。比如打雷和闪电之间是满足对应关系的,但是它们二者之间具有直接的依赖关系吗?再比如我手机上显示的时间和你手表上显示的时间满足对应关系,它们之间具有直接的依赖关系吗?这种例子很多,对应关系推不出依赖关系,这点是确定无疑的。

依赖性也推不出对应关系,其实 INUS 理论就可以很好地说明这一点。结果肯定是依赖于原因的,哪怕这个原因只是众多条件中的一个,结果也是依赖于它的。但是这个原因和结果之间的对应关系就既不充分也不是必要的。

我们不需要在这里去深入讨论依赖关系和对应关系之间的关系,这不是本书的重点。我们只需要明确一点,即依赖关系和对应关系之间没有直接的联系,我们大可不必因为不满足对应关系而否定依赖性的存在。这样,我们就可以在保证心理属性依赖于物理属性的前提下,放心地去反思他们之间的对应关系是怎样的了。

二 非充分决定论

物质对意识的决定作用是否真如心灵哲学家们用随附性概念描绘的那样,在个体的层面,任何对象具有的物理属性都可以充分地决定其心理属性?这个问题我们现在还无法从经验的层面给出完全的回答,因为现在的科学仪器只能检测人脑活动的物理状态,不能探测人们的心理感受;人们的心理感受只能由主体自己报告记录。这就导致物理状态和心理感受的记录采用了两种不同的系统,而且这两套系统是如此的不同,以至于一个系统是遵守物理世界的运行规律的,是完全客观的,而另一套系统则是具有主体性的,依赖于主体的自我感知和判断。因此，当实验设备检测到某个特定物理状态时，我们为了判断物理属性是否能够充分地决定心理属性，我们就得问受试者，让他报告自己的心理状态。有的时候我们可以通过观测受试者的肢体行为来推测其简单的心理活动，但这明显是不够精确的。

因此，物理属性能否充分的决定心理属性？这个问题其实是尚无定论的，我们不应该武断地预设这种决定关系是充分的。而物理属性对心理属性的决定是不充分的，这完全是可以探讨的方向。金在权等人的工作可以被看作从充分决定的角度探讨了物理属性决定心理属性的关系，并深入、细致地分析了这种模型的优势和不足；而我们的研究则可以被看作从另一个方向去探讨了这个问题，这种尝试只要不是完全错误的，它就是有价值的。

我们在上一章已经从三个不同的方面探讨了物理属性与心理属性之间的关系，不管是从全局随附性与个体随附性的比较，还是从心—身律则性的后果，又或者是从心理学定律来看，我们都有理由相信，物理属性对心理属性的决定很可能不是充分的，只是部分决定。现在我们要做的是，如何把这种部分决定描述出来。

我们并不打算另起炉灶，从头开始构造一个新的模型，这实际上也是不必要的。我们需要的是一套描述心—身关系的概念，而金在权等人已经把随附性概念的内涵研究得非常深刻和具体了。我们只需要对它们的概念进行一些符合我们基本观点的调整即可。

在心—身关系中，我们能够确定的有两点：一方面，心理属性和物理基础是不同的，它具有物理属性所不具备的一些特质。比如人的思想、意识、信念等，这些东西都具有一些性质，这些性质是人的身体所不具备的，比如它们都不在空间之中存在，它们都只在被感知时才会显现出来，它们似乎都是一种内在体验，在主体间不具有共通性……另一方面，心理属性又不能脱离物理基础而单独存在。比如人的身体，或者记录思想的书本、图片、硬盘等，当人的身体死亡时，当书本被烧毁时，当图片、硬盘被破坏时，依赖它们而存在的心理的东西也会随之消失。

其实，这两点内涵在随附性概念中都有体现，而且是在本书第一章讨论的所有随附性概念中都有体现。比如第一方面，关于物理属性与心理属性的区别，如果二者是相同的，那么它们之间的关系就应该用"同一"来描述，而非随附了。很明显，随附关系中的两个关系项是相互区别的，在心理属性随附于物理属性的关系中，心理属性不是物理属性，物理属性也不是心理属性。

关于心理属性不能脱离物理基础而存在，所有随附性概念都包含了这一层意思。随附性概念都强调了这一层意思，即随附性属性出现的时候，都有基础属性发生，这就是随附属性不能独立于基础属性而存在的意思。除此之外，现有的随附性概念还进一步强化了这种伴随关系，强调了随附属性出现时，所出现的基础属性应该具有一定的规律性。

因此，我们并不需要另起炉灶，重新定义一个描述心—身关系的概念，我们需要的内涵在现有的随附性概念中已经都有了，而且现有随附性概念的内涵比我们要求的更多。我们只需要对现有随附性概念进行适当的修订即可，保留我们需要的内涵，剔除我们不需要的内涵。因此我们建议，把随附性重新定义为：**A 随附于 B，当且仅当对 A 类属性中的任意属性 F 来说，必然地，如果一个对象 x 具有 F，那么在 B 类属性中存在一个属性 G，x 具有 G。**

这一定义弱化了随附性的概念，它论断了心理属性（A 类）对物理属性（B 类）的依赖。在心—身随附性中，任何心理属性的例示，都需要有物理属性的例示作为基础。但作为基础的物理属性例示时，并不会充分地使相应的心理属性例示，这就是物理属性对心理属性的非充分决定论。

如果我们把这个定义和金在权的定义做个比较会发现，它截取了金在权定义的一部分，而且它所截取的这部分恰恰是强随附性和弱随附性所共有的部分。被剔除掉的内容是，"任意个体 y 具有基础属性 G 的时候，y 也会具有 F"，这一对应关系是否跨世界成立是强随附性和弱随附性的区别，强随附性认为这种对应关系跨世界成立；弱随附性认为这种对应关系只在一个世界中成立；而我们的定义则认为，这种对应关系不成立。

我们可以用一个表来表达这种关系，假设 R_1 表示"如果 x 具有属性 F，那么存在属性 G，x 具有 G"，用 R_2 表示"如果 x 具有属性 G，那么 x 具有属性 F"：

表 5.1

关系 R 随附性	R_1	R_2
强随附性	必然 R_1	必然 R_2
弱随附性	必然 R_1	R_2
新随附性	必然 R_1	¬ R_2

表 5.1 清楚的显示了我们重新定义的随附性概念与金在权原来随附性概念的关系，它确实是对金在权原有定义的弱化，它论断得更少了。但它仍然还可以表达律则性联系，因为 R_1 的关系仍然是跨世界成立的。而且本书第一章提到过，金在权把 R_1 关系的模态性看作形而上学的必然，这恰恰是哲学讨论的范围。而 R_2 的必然性，金在权认为属于律则的必然，这种必然性其实应该归自然科学家去研究。从哲学的角度来讨论心—身关系问题，为这个问题的解决奠定哲学基础，这才是我们的本职工作。所以，R_1 的关系对我们来说就足够了[①]。

关系 R_1 是用"如果……那么……"表达的条件句，似乎是一个充分条件关系。必须注意的是，单从句法上看，这么理解似乎是可以的；但实际上这里表达的是一个必要条件关系。因为 R_1 的关系里，前半句是结果，后半句才是条件，即"存在属性 G，x 具有 G"是条件，"x 具有属性 F"是结果。

---

① 胡光远在《强、弱随附性概念探析》中也表达了类似的关系，他说："在心—身随附关系中，我们只能说心理状态必然依赖生理状态，生理状态并不必然决定心理状态，心—身随附性是弱随附性。"参见胡光远《强、弱随附性概念探析》，《自然辩证法研究》2016 年第 12 期。

说 R_1 是必要条件关系似乎会产生新的问题，因为这相当于说属性 G 对属性 F 来说是必不可少的，没有属性 G 就不会有属性 F，这岂不是违背了 F 的多重可实现性。我们知道，在心—身关系中，在心理属性随附于物理属性的同时，心理属性是多重可实现的。如果 G 是 F 的必要条件，那么当 G 不发生的时候，F 就不会发生，F 就不具有多重可实现性了。

这其实是一种误解，R_1 并不会否定多重可实现性。我们必须要注意 R_1 中的一个细节，即"存在 G"，也就是说当 F 出现的时候，G 究竟是哪一个其实是不确定的，不确定也就是有多重可能，这就是多重可实现性。结合表 5.1 来看，关系 R_2 与多重实现性无关，如果强随附性和弱随附性与多重可实现性不矛盾，那么新随附性就应该与多重可实现性相协调。

金在权曾经把随附性看作物理主义的最小边界，任何不接受随附性的人，都不是物理主义者。我们这里弱化随附性的做法，会不会也改变了物理主义的基本立场呢？从局部的（local）角度看，非充分决定论确实弱化了物理主义的立场。因为就具体的物理属性（type 和 token 意义上的都是）而言，它们再也不能充分地决定心理属性的示例了，所以这是弱化了物理属性对心理属性的决定作用。但是从全局（global）的角度看，非充分决定论并没有弱化物理主义的基本立场。因为就物理属性和心理属性的整体而言，心理属性仍然依赖于物理属性，物理属性仍然决定了心理属性的出现与否。并且，从全局的角度看，物理属性仍然能够充分地决定心理属性的示例；比如某个可能世界，它的物理属性和现实世界一模一样，那么我们认为它的心理属性也应该和现实世界一模一样，非充分决定论和这种情形是相容的。

总的来说，从全局角度的充分决定性就是，一个世界在物理方面的所有状态共同决定了心理方面的情况，这种决定是充分的。这和金在权等人用随附性表达的充分决定性是有区别的，最大的区别在于，我们能够从世界全局获取的物理状态方面的情况是比我们从个体视角获得的物理状态要多。比如金在权等人在讨论心—身随附性时，作为基础属性的物理属性主要是指个体具有的内禀属性，一般不包括关系属性；而从世界全局的角度看，关系属性就是基础属性中不可缺少的方面了。关于全局视角的充分决定性，我们将在下一节详细阐述。

其实，很多哲学家表达过非充分决定论的想法，所以这并不是我们的独创。比如班尼特，她认为物理属性需要在一定的背景下才能让心理属性出现，所以物理基础的出现并不是心理属性出现的充分条件。她是在忽略这些背景条件的情况下，弱化了"充分性"的内涵，才保留了心—身随附关系中的"充分性"。而我们是在保持"充分性"的一般含义下，弱化了心—身随附关系，认为物理基础对心理属性来说并不是（一般意义上）充分的。其实我们和班尼特说的意思是一样的，即作为基础属性的C纤维刺激单独的并不能使疼痛的感觉出现，疼痛的出现还需要其他条件的配合。

还有休梅克（Sydney Shoemaker）关于整体实现者和核心实现者的区分，也表达了类似的思想。他说："C纤维刺激最多可以被看作疼痛的核心实现者，而不可以被看作其整体实现者。一个属性的整体实现者应该满足，整体实现者的示例可以充分地使该属性示例。"[①] 而核心实现者和整体实现者的差别，则是一些环境因素（surround）。这个环境因素包括的范围很广，可以是内在的物理状态，也可以是外在的条件，比如对于"玻璃杯里有水"这个思想，外部世界有水这种存在就是一个环境因素。因此，我们可以把休梅克的思想理解为，我们一般意义上的基础属性，对随附属性来说也是不充分的。因为在使用随附性的时候，我们一般是不会把外界有水也包括在某个心理属性的物理基础中的。

再比如国内的陈刚教授，他主张心理属性和物理属性之间的关系是多对多的，即心理属性可以被多重物理属性实现，并且物理属性也可以实现多重心理属性。[②] 举一个物理属性多重实现心理属性的例子，

---

① Sydney Shoemaker, *Physical Realization*, Oxford: The Clarendon Press, 2007, p. 21.
② 陈刚：《世界层次结构的非还原理论》，华中科技大学出版社2008年版，第44页。

比如有人大脑受到损伤，失去了语言能力；在康复后他又会逐渐具有一些语言能力，这说明之前实现其他能力的脑区，现在可以实现语言能力了，因此同一个脑区（物理属性）可以实现不同的心理能力。

这种物理基础多重实现心理属性的观点，很容易就可以推出，物理基础的出现并不是心理属性出现的充分条件。因为当物理基础可以多重实现心理属性时，如果某个物理基础 P 的出现，使得心理属性 M_1（而非 M_2）出现了，那一定是因为 P 之外的某些其他因素也出现了，才使得 M_1（而非 M_2）出现了；所以 P 对 M_1 来说是不充分的。当然也可能是 P 出现的时候，M_1 和 M_2 同时出现了；这种情况下，我们应该把 M_1 和 M_2 看作一个整体，而不是两个心理属性；因为人心同时具有两个平行的心理活动，这是难以想象的。

三 非充分决定论的意义

为什么我们要提出非充分决定论呢？直接的原因是心理因果的排他性困境一直得不到解决，现有研究分析了排他性论证的几乎所有前提，唯独没有质疑心—身随附性这个前提。这不得不让我们思考，是不是答案就在这最后的保留地里。实际上，通过我们调整后的随附性概念，确实是可以很好地消除排他性论证的。

本书第一章提到，金在权提出把随附性看作一个仅表达了一定共变现象的描述概念，他说："心—身随附性本身并不是一个解释理论，它只是陈述了心理属性和物理属性之间的共变关系，并表明二者之间具有某种依赖性。但是对于这种依赖性的本质，随附性没有任何表示……所以，心—身随附性只是陈述了心—身问题，并没有解决它。"[①] 如果我们把随附性看作一种共变关系，那么它在排他性论证中扮演的角色是什么呢？也就是说，它在排他性推理过程中起的作用是什么呢？为了弄清这个问题，我们先把排他性论证的推导过程写出来。

[①] Jaegwon Kim, "The Mind-Body Problem after Fifty Years", *Royal Institute of Philosophy Supplement*, Vol. 43, 1998, p. 3.

M 和 M* 分别表示两个心理属性，P 和 P* 分别表示两个物理属性

（1）M 引起 M*。　　　　　　　　　　　　　　　　　假设

（2）对某个物理属性 P* 来说，M* 随附于 P*。　　　　随附性

（3）M 通过引起 P* 的方式引起 M*。　　　　　　　（1）（2）

（4）M 也有一个基础属性，用 P 表示。　　　　　　　随附性

（5）因为 P 对 M 是充分的，所以 P 也是 P* 的原因。（3）随附性

（6）M 引起 P*，并且 P 引起 P*。　　　　　　　　　（3）（5）

（7）M≠P。　　　　　　　　　　　　　　　　　　　非还原性

（8）P* 没有被 M 和 P 过度决定。　　　　　　　　　　排他性

（9）M 作为原因的地位被 P 排斥了，P 才是 P* 的原因。

　　　　　　　　　　　　　　　　　　（6）（7）（8）封闭性

在这个推理中，随附性的作用有两点：第一，确保 P* 对 M* 的充分性，即 P* 例示的任何情况下，M* 也会伴随出现，体现在上文第（3）步中，这种充分性保证了 M 可以通过引起 P* 的方式引起 M*；第二，确保 P 对 M 的充分性，保证我们能从"M 引起 P*"和"M 随附于 P"推出"P 是 P* 的原因"，表现在第（5）步。

假如物理基础对心理属性的决定不满足这种充分性，那么（1）—（3）就不成立，也就是说从"M 引起 M*"和"对某个物理属性 P* 来说，M* 随附于 P*"推不出"M 通过引起 P* 的方式引起 M*"。因为 P* 对 M* 来说是不充分的，就算 M 使得 P* 发生，也不能保证 M* 一定会发生。同理在物理因果的推导中，如果物理基础（P）对心理属性（M）不具有充分性，那么我们就不能说 P 出现的时候 M 总会出现，因而 P 对 P* 就不是律则上充分的，也就不能被看作 P* 的原因了［见上文第（5）步］。因此，只要取消随附性概念中的充分性，排他性论证就可以被消解掉。

需要说明的是，我们只是否定了随附性中所包含的这种充分决定关系，即基础属性出现的时候，随附属性一定会出现，这种关系是不成立的。但是我们并没有完全抛弃随附性概念，我们并没有否定随附属性的出现需要基础属性作为条件，因此我们并没有否定论证中的第

（2）和（4）步；我们否定是由此推出的第（3）和（5）步。因此，我们关于随附性的定义，就是保留（2）和（4）所描述的这种依赖关系，而否定了随附性中可以推出（3）和（5）的那些内涵。实际上，完全抛弃随附性也是不可能的，因为那样的话，我们就没有表达心—身关系了，没有了要反驳的对象，论证还有什么意义呢？

或许有人会说，你为什么不直接假定下向因果。这样的话，不需要随附性就可以得到两个因果关系：通过假定下向因果，得"M 是 P^* 的原因"；通过物理世界的因果封闭性，得"P 是 P^* 的原因"。不需要随附性原则，也可以推出排他性论证的结论了。

这样做是不对的，因为物理世界的封闭性和"心—身因果"① 是矛盾的，至少在非过度决定的情形下，它们是相互矛盾的。前者主张物理世界在因果上是完备的，任何发生在物理世界中的结果，都可以从物理世界中得到充分的说明，所以非物理的原因在物理因果中是没有位置的。而后者则假定存在一些情况，这些情况下物理结果是由非物理原因引起的。这就是矛盾，这使得前提中就包含了矛盾，从矛盾出发做出的推理是没有意义的。但是假定心—心因果则不同，心—心因果不与物理世界的因果封闭性矛盾。

由此可见，在排他性论证中，随附性所扮演的角色是必不可少的。因此，通过改变随附性的内涵来消除排他性论证的做法是有效的。能够有效地解决心理因果的排他性困境，这只是非充分决定论的第一方面的意义。除此之外，还有很重要的一个意义是，它其实是重新定义了一种心—身关系。这种心—身关系可以被叫作非充分决定论，也可以被叫作全局物理主义。

其实，我们在谈论思想和存在的关系问题时，应该搞清楚，我们到底是在讨论心—身关系问题，还是心—物关系问题。这两种不同的表述分别表达了两种不同的视角，"心—身关系"谈论的是心理状态和

---

① 心理因果有两种表现形式：心—心因果和心—身因果。前者是指从心理属性到心理属性的因果关系，比如 M 引起 M^*；后者指从心理属性到物理属性的因果关系，比如 M 引起 P^*。

身体状态之间的问题，倾向于个体视角；"心—物关系"主要指的是心理现象和物理现象、物质基础之间的关系，倾向于从世界整体的角度来谈论问题。这样看来，非充分决定论描述的是心—身关系，全局物理主义描述的是心—物关系。因此，总的来说，我们认为物质可以完全决定意识，但个体的身体状态不能完全决定他的思想状态。

第二节　心理因果何以可能

排他性论证的本质是什么？它究竟是在反驳什么，这个问题如果不搞清楚，那么对解决方案的探讨是难以直达根本的。现有的解决方案，大多都是把排他性论证看作一个纯粹的逻辑推理。几个前提推出一个结论，想要否定这个结论，就得在这些前提中找一个出来否定掉；然后再看看哪个前提比较好否定，就提出一套说辞，证明哪个前提不成立，这就算解决了排他性困境。实际上，这种做法只看到了排他性论证的逻辑本质，并没有深入这个论证所讨论的问题中去。哪怕是反驳了排他性论证，也不知道这个论证究竟在讨论什么，更不会考虑否定某个前提对心—身关系带来的哲学后果。

一　排他性论证的本质

排他性论证确实是一个逻辑推理，甚至可以说它首先是一个逻辑推理，然后才是别的什么。但是逻辑推导只是一个工具，它是在借助这个工具来讨论心—身关系问题。要想解决排他性困境，我们就应该回到心—身关系中，反思排他性论证所讨论的心—身关系究竟是怎样的。在排他性论证中，逻辑推导是载体，心—身关系是内容，我们要从载体出发，回到内容，把握排他性论证的本质，并探求解决问题的方法。

排他性论证的逻辑本质

排他性困境来源于金在权的排他性论证，这个论证是从一些基本前提推出心理因果被排斥的结论。所以，从逻辑上分析它的原理是有

随附物理主义的弱化与进化

必要的。金在权在多个文本中做出过多次排他性论证的推理，各次推理之间略有差异，但基本思想是一样的。我们以他在《接近充足的物理主义》中的推理为基础，来介绍它的推理过程。

排他性论证的前提有：心理因果性、心物随附性、物理因果的封闭性、物理因果的非过度决定性、心理属性的非还原性。这些原则的基本含义是：

> 心理因果性：心理属性（或者事件）是有因果效力的，至少"心理原因引起心理结果"的情形是可能的。
>
> 心物随附性：心理属性依赖于物理属性，心理属性的出现必须以对应物理属性的出现为前提，并且物理属性的出现可以充分地使对应的心理属性出现。
>
> 物理因果的封闭性：任何物理结果都有一个充分的物理原因，也就是，不需要追溯到物理世界以外就能充分地理解物理世界发生的事。
>
> 物理因果的非过度决定性：物理世界发生的事件不属于过度决定的情形，即一个物理结果只能有一个充分原因。
>
> 心理属性的非还原性：心理属性不能还原为物理属性，因此，心理属性的因果效力不能等同于对应物理基础的因果效力。

这些前提似乎都是可以接受的。比如心理因果性，这正是我们需要证明的结论，我们当然认为（或者希望）心理属性具有因果效力，否则人就成了没有自主性、没有能动性的存在了；还有随附性也是，心理现象依赖于物理现象的观点已经深入人心，这得益于现代科学的发展，至于物理基础对心理属性的充分决定性，在写作本书之前，我们也和大多数人一样，认为这是毫无疑问的；还有物理因果的封闭性，这也是近现代自然科学发展的结果，人们越来越开始相信这世上不存在非物质的东西，世界上发生的一切都是物理的，否定这一点，就等于否定了整个自然科学。

至于物理因果的非过度决定性,这一点也是应该成立的,因为一个充分原因就足以让结果发生,多余的条件只会造成浪费,这不符合人们对自然界的理解;并且,如果有多个充分原因同时决定一个物理结果的话,我们如何理解这些充分原因之间的关系,这些充分原因又是如何发生的,它们背后是否还有两条独立(或者相交)的因果链条……

即便我们认为物理世界中有过度决定的情形,认为有的物理结果是被过度决定的,这也不能帮助我们否定物理因果的非过度决定原则。因为我们不能认为,心理原因引起物理结果的所有情况都是过度决定的。如果所有心理因果都是过度决定的情形,那么这种心理因果也不是我们想要的。

最后,只剩下心理属性的非还原性了,金在权想要通过排他性论证来否定的就是非还原性这一原则。他认为,只要我们坚持这一原则,而上述四个原则似乎又是不可否定的,那么我们就必须要面对排他性论证的问题。金在权本人在心—身关系上的立场是还原主义的,这一点我们在本书第三章已经详细介绍过了。

在了解这些前提之后,我们来整理一下排他性论证的推理过程①。第一种推导方法:

(1) M 引起 M*   心理因果性

(2) 存在 P*,M* 随附于 P*   随附性

(3) M 通过引起 P* 成为 M* 的原因

(4) 存在 P,M 随附于 P   随附性

(5) P 引起 P*   物理因果的封闭性

(6) M ≠ P   心理属性的非还原性

(7) M 对 P* 的因果性被 P 排斥了   物理因果的非过度决定性

如图 5.1 所示,需要说明的是 (3) (5) (7)。因为 M 是 M* 的原

---

① Jaegwon Kim, *Physicalism, or Something Near Enough*, Princeton: Princeton University Press, 2005, pp. 39 – 44. 我们对金在权的推导进行了总结和简化。

因，P*对M*又是充分的，而且P*不发生的情况下，M*是不会发生的，所以M要想成为M*的原因，就必须成为P*的原因，这是第（3）步的依据。第（5）步之所以成立，是因为M的出现要建立在P的基础上，并且P对M来说是充分的，因此P对P*也应该满足因果关系的律则性。

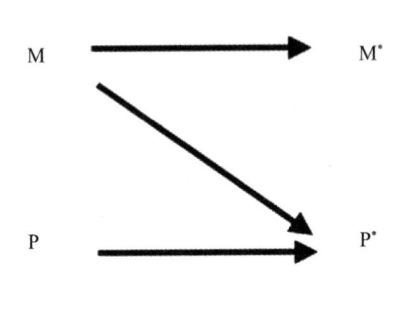

```
M ──────────► M*
  ╲
   ╲
    ╲
     ╲
P ────╲────► P*
```

图 5.1

至于（7），它成立的依据并不需要过多说明，只是（7）并不是唯一可能的结果。只是因为我们选择了物理主义的基本立场，接受了物理世界的因果封闭性，从M到P*的因果效力才会被排斥。

设想一下，如果我们的基本立场是心理主义的，那么即便我们不接受心理因果封闭性之类的原则，我们至少也会相信，在M-M*和P*-M*之间，M对M*的因果关系应该比P*对M*的因果关系具有更高的优先级。

以上是第一种推导方法，第二种推导方法如下：

(1) M引起M*　　　　　　　　　　　　心理因果性
(2) 存在P*，M*随附于P*　　　　　　　随附性
(3) M通过引起P*成为M*的原因
(4) P*有一个物理原因P　　　　　　　　物理因果的封闭性
(5) M≠P　　　　　　　　　　　　　　心理属性的非还原性
(6) M对P*的作用被P排斥了　　　　　　物理因果的非过度决定性

与第一种推导方法相比，第二种推导方法少使用了一次随附性原

则，少论断了一个随附关系，即 M－P 之间的随附关系。不过，为了加强 M、P 作为 P* 因果关系的对立性，金在权强调了 P 和 M 是同时发生的，这样 P－M－P* 才不可能成为一条因果链。

既然，P 和 M 是同时发生的，它们与 P* 的关系又是相同的，加之 M 必须有一个物理基础，我们就很愿意相信 P 就是 M 的物理基础了。而且，在排他性论证中，M 是否随附于 P 对论证的结论并没有影响，因此两种推导方法在本质上其实是一样的。

我们把这两个推理再抽象一下，把其中的哲学关系也用逻辑符号表示，这个推理的逻辑本质就会显现出来。如果我们把因果关系理解为"如果原因发生，那么结果就会发生"、把随附关系理解为"如果基础属性出现，那么随附属性就会出现"，也就是说从对应关系的角度，把它们理解为充分条件关系，并用"→"表示，则有：

(1) $M \rightarrow M^*$ 假设
(2) $P^* \rightarrow M^*$ 随附性
(3) $M \rightarrow P^*$ (1)(2)
(4) $P \rightarrow P^*$ 物理因果的封闭性
(5) $M \neq P$ 心理属性的非还原性
(6) $\neg (M \rightarrow P^*)$

虽然因果关系的充分性和随附关系的充分性都被表示为→，它们之间还是有差别的。至少有一点，在因果关系的充分性中，原因和结果在时间上是接续发生的；而在随附关系的充分性中，基础属性和随附属性是同时发生的。

如果从这个抽象出来的推理看的话，问题出在第(3)步，因为 $(M \rightarrow M^*) \& (P^* \rightarrow M^*) \rightarrow (M \rightarrow P^*)$ 在逻辑上是不成立的。但是，在这个推理中，(2)表达的随附关系并不准确，或者说它只表达了一般意义上的随附性，并没有把这个推理的全部内容表达出来。

在这个推理中，M^* 的基础属性不止一个，也就是说有多个基础属性 P_1、P_2、P_3……都可以充分的让 M^* 出现，即 $P_1 \rightarrow M^*$、$P_2 \rightarrow M^*$、$P_3 \rightarrow M^*$……而(2)中的 P 并不特指 P_i 中的某一个，而是说存在一个

Pi，它使得 Pi→M* 成立。因此，在这种特殊环境下，(2) 可以写成 P*↔M*。所以，(3) 的推理也是没问题的，因为 (M→M*) & (P*↔M*) → (M→P*) 在逻辑上是成立的。

从逻辑上看，(1)(2) 和 (3)(4) 在结构上是一样的，都表示两个不同的前件可以独立的推出相同的后件。但是我们并不认为 (1)(2) 矛盾，而是推出了 (3)；或者说，我们用 (3) 化解了 (1)(2) 的矛盾。单纯从逻辑上说，我们应该也可以用同样的方式化解 (3) 和 (4) 的矛盾。因此，如果单从逻辑上说的话，排他性论证的结论并不是必然的。

是什么因素让我们可以用 (3) 化解 (1)(2) 的矛盾，又是什么因素决定了我们不能用同样的方式化解 (3)(4) 的矛盾呢？这已经超出了逻辑的范围了。也正是因为这个原因，我们才说，逻辑推理只是工具和载体，排他性论证的实质是对一些关系的哲学分析。也正因为如此，我们不认同只把排他性论证当作一个逻辑推理，通过否定其中一个前提来否定结论。我们需要搞清楚排他性论证的哲学本质，才能更好地寻找解决消除它的办法。

排他性论证的哲学本质

排他性论证的核心是要推出两个原因共同引起一个结果的情形，再用非过度决定的原则和物理因果的封闭性原则在这两个原因中选择其中一个。或许有人会觉得，还有一种更简单的推理方法，因为物理世界的因果封闭性，所以可以得出结论，所有物理结果都不可能有非物理的原因。而根据心理因果的原则，心理因果应该有两种形式，一种是从心理属性到心理属性的因果作用；另一种是从心理属性到物理属性的因果作用。

所以，在心理因果中的下向因果和物理因果的封闭性之间就已经发生冲突了。而心理因果和物理因果的封闭性是排他性论证的两个前提。换句话说，排他性论证的前提中就包含着结论所描述的冲突，因此排他性论证本质就是循环论证。

或者，换句话说，只要接受了物理因果的封闭性，就否定了下向因果的可能性，因而心理属性的因果效力就已经被否定了。所以，根本不需要什么排他性论证，只要一个物理因果的封闭性原则就可以把心理因果排斥掉。也是正因如此，才有人将论证的重点放在了物理因果的封闭性上，企图通过否定这一原则来消除排他性论证。

在上文我们已经说到了，排他性论证的前提中并没有假定与物理因果封闭性相矛盾的原则。虽然排他性论证的前提包含了心理因果性，但是这个论证所使用的心理因果性原则是心理属性 M 对心理属性 M^* 的因果关系，这一因果关系与物理因果的封闭性并不矛盾。

所以，排他性论证的前提中并不包含矛盾；同时，排他性论证的冲突也并非来自心理因果性和物理因果的封闭性。这说明心理因果和物理因果是可以同时存在的。留给我们的问题是，心理因果是如何与物理因果共存的。

但是，排他性论证中确实包含了一对冲突，但是这种冲突并不来自因果关系本身，所以这种冲突与非过度决定肯定是没有关系的。没有人会愿意把心理因果出现的情形看作是过度决定的情形；因为那样的话，即便心理属性有因果效力，也跟没有因果效力是一样的，因为它不能 make difference。

实际上，排他性论证描述的因果冲突确实与物理因果封闭性相关，因为冲突是发生在 $M-P^*$ 和 $P-P^*$ 之间的，而 $P-P^*$ 就是来自物理因果的封闭性。所以，物理因果的封闭性至少是冲突的一方面。冲突的另一方面是 $M-P^*$ 之间的因果关系，这一因果关系是由心理因果性和心物随附性推导出来的。所以，我们可以把排他性论证的逻辑结构简化为：

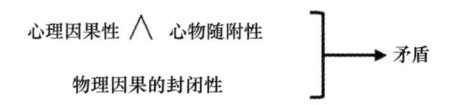

$$\left.\begin{array}{l}\text{心理因果性} \wedge \text{心物随附性}\\ \text{物理因果的封闭性}\end{array}\right\} \longrightarrow \text{矛盾}$$

上文已经分析了，排他性论证在使用心理因果性时，是从心—心因果的角度来使用的，这和物理因果的封闭性并不矛盾。而且，我讨论排他性论证的目的就是为心理因果性辩护，想保留心理属性的因果效力，所以消除排他性论证也不应以放弃心理因果性为代价。而剩下的两个前提是心—物随附性和物理因果的封闭性。

我们认为，排他性论证的本质就是心—物随附性和物理因果封闭性之间的冲突。物理因果的封闭性描述的是物理世界的特征，心—物随附性描述的是心理属性与物理属性的关系，这二者相互冲突，实际上是心—身关系与物理因果封闭性的冲突。显然，物理因果的封闭性并不是排他性论证讨论的对象，物理因果封闭性只是排他性论证的一个基础和工具。所以，从表面上看，排他性论证讨论的心理属性的因果效力，实际上它讨论的是心—身关系问题。[①]

从另一个角度说，物理因果封闭性也可以被看作表达了某种心—身关系。物理世界在因果上是封闭的，也就是说，物理世界发生的因果关系与心理属性无关，物理属性和心理属性之间不具有因果上的相互作用。这是物理因果封闭性对心—身关系的论断。

而心物随附性则论断了心理属性和物理属性之间应具有某种联系，而且是很强的联系。这种联系的表现是，心理属性的出现必须以对应物理基础的出现为前提，并且物理基础的出现，一定会有心理属性伴随出现。虽然随附性只是从对应关系上在描述心理属性和物理属性之间的关系，但是这种强对应关系背后，必然存在着某种强的联系，作为这种对应关系发生的机制。

因此，排他性论证描述的其实是这样的情形：一方面，物理因果的封闭性说心、物之间不具有因果联系；另一方面，心物随附性说二者之间具有某种很强的联系。因此，排他性论证为我们提出的问题是，心理属性和物理属性之间到底有没有联系；如果有联系，它们之间有何种联系。

---

① 唐纳森（John Donaldson）也表达了类似的观点，他把排他性论证分为两部分，垂直的部分和水平的部分，前者指心—身关系；后者指因果关系，并且他认为前者才是排他性论证真正针对的对象，也是解决排他性论证的出路所在。参见 John Donaldson, "Vertical Versus Horizontal: What is Really at Issue in the Exclusion Problem?", *Synthese*, Vol. 198, Issue 2, 2021, pp. 1381–1396.

似乎从表面上看，这里并不必然会出现矛盾。因为物理因果的封闭性谈论的是因果关系，心—物随附性谈论的是对应关系。毕竟对应关系和因果关系是不同的，所以物理因果的封闭性和心理属性—物理属性对应性并不必然相互矛盾。我们曾经也提出过用这种方法来消除排他性论证。但现在看来，这种做法纵然有效，也只能算是治标不治本，但实际上它连治标都做不到。

具体来说，排他性论证中涉及两个关系（如图 5.1），一个是 $P-P^*$ 之间的因果关系，这来源于物理因果的封闭性；另一个是 $M-P^*$ 之间的对应关系，这来源于心—物随附性和心理因果性。由于 P^* 对 M^* 来说是充分的，所以 M 才可以通过引起 P^* 来使 M^* 发生，$M-P^*$ 也是因果关系。因此，$P-P^*$ 和 $M-P^*$ 都是因果关系，这里并不存在因果关系与对应关系的区别。

也就是说，我们不能说，随附性描述的是对应关系，不是因果关系，所以它和物理因果封闭性不冲突。这种说法太过于笼统，从具体的层面看，我们已经分析过了，发生冲突的就是两个因果关系，并不是因果关系与对应关系。不过需要说明的是，$M-P^*$ 之间的因果关系确实是以 P^*-M^* 之间的对应关系为前提的。因此，如果有人认为所有因果关系都是对应关系，但并非所有对应关系都是因果关系的话，那么他确实可以把 $M-P^*$ 之间的关系看作一种对应关系。但是在这种情况下，$P-P^*$ 之间的因果关系也可以被看作是对应关系，从而排他性论证的冲突就从两个因果关系的冲突变成了两个对应关系的冲突。总之，不管是什么冲突，排他性论中的冲突是确实存在的，不可能通过区分因果关系和对应关系来消除。

最后，我们想说，不管是两个因果关系的冲突，还是两个对应关系的冲突，他们本质上都是两个充分条件的冲突。因为如果原因不是充分的，那么因果关系就不具有排他性，这样的两个因果关系之间是不会存在冲突的。比如在 $M-P^*$ 和 $P-P^*$ 的因果关系中，假若 M 和 P 不是充分原因，那么 $M-P^*$ 和 $P-P^*$ 作为因果关系就不具有排他性。同样地，两个对应关系如果不是充分条件对应关系，它们之间也不会相互排斥。

所以，我们认为，消除排他性论证的出路就在这两个充分条件上，它们中必须至少有一个不成立，排他性论证才能完全得到消除。当然，初看之下，我们这个结论和大多数人对排他性论证的判断是差不多的，即下向因果（M-P*）与物理因果的矛盾。实际上，还是有区别的，区别在于我们并不是直接否定下向因果，以消除排他性论证，而是通过修订心—身关系来改变下向因果，从而消除排他性论证。从结论上看，我们也没有否定下向因果，只是否定了下向因果的充分性。

不管是从逻辑推理的分析还是从哲学概念的分析出发，我们得到的结论是一样的，在排他性论证中，物理因果的封闭性保证了P-P*之间的充分决定关系，心物随附性保证了M-P*之间的充分对应关系。而这两个充分对应关系是相互冲突的，必须否定其中一个。

而物理因果封闭性所包含的充分性是不可改变的，因为这正是"封闭性"的内涵，改变了这一内涵，那物理因果的"封闭性"也就不成立了。在这条原则中，重点不是"物理因果"，而是"封闭性"，而这种封闭性就是通过"充分性"来实现的，所以改变物理因果封闭性原则中的充分性就等于否定了物理因果封闭性原则本身。

而否定物理因果封闭性原则的后果是我们无法承担的。为物理因果辩护并不是我们讨论的重点，而且这一原则我们相信也是大多数人都接受的，所以我们只做简单地说明：否定了物理因果的封闭性，就等于否定了现代科学的完备性。我们可以回顾一下历史，在科学产生以前，人们对世界的认识方法恰恰是没有假定物理因果的封闭性的，所以人们会从物理世界之外寻找原因来解释物理世界发生的事。物理因果的封闭性是近现代科学的基础之一，只在物理世界中寻找原因解释物理世界发生的事情，这是科学精神的重要内涵。比较近现代科学和之前人们对世界的认识，我们很容易就可以看出哪种方法更优。

既然物理因果封闭性中的充分性不能改动，那么唯一的出路就是改变心物随附性中的充分性，这就是我们提出用非充分决定关系代替心物随附关系的原因。实际上，从上述分析看，似乎心—身关系的非充分决定论是解决排他性论证的唯一出路。

二 消除排他性论证

对排他性论证本质的分析为我们指出了消除排他性论证的出路所在，即改变随附性中的充分性，这就是非充分决定论的主要论点。关于非充分决定论，本书第四章已经做出了比较详细的论证。所以，接下来的主要内容就是，在非充分决定论的立场下处理排他性论证带来的困难。这包括三个方面的内容：从技术上反驳排他性论证的论证逻辑、在哲学上分析消除排他性论证的哲学后果以及对可能面临的其他问题进行分析。

消除排他性论证的技术方案

非充分决定论的意思是，改变随附性的原有定义，将之定义为：A随附于B，当且仅当对A类属性中的任意属性F来说，必然地，如果一个对象x具有F，那么在B类属性中存在一个属性G，x具有G。这一定义弱化了随附性的概念，它论断了心理属性（A类）对物理属性（B类）的依赖，任何心理属性的示例，都需要有物理属性的例示作为基础。但作为基础的物理属性例示时，并不会充分地使相应的心理属性例示，这就是物理属性对心理属性的非充分决定论。

用非充分决定论消除排他性论证的技术方案并不复杂。在本章第一节介绍的两种推导方法中，第一种推导方法有两处使用了随附性的原则，并且这两次使用随附性原则的地方都用到了随附性中所包含的充分性对应关系。当这种充分对应关系被取消掉后，这两步推导自然就不成立了。这两步推导是：从"M引起M*"和"M*随附于P*"推导出"M引起P*"、从"M随附于P"和"M引起P*"推导出"P引起P*"。

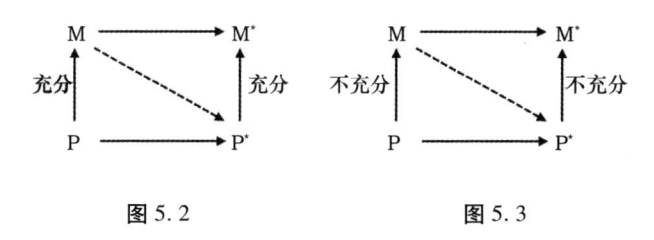

图 5.2   图 5.3

在前一个推导中，由于 M^* 随附于 P^*，所以在原有随附性概念下（如图 5.2），P^* 的出现对 M^* 的出现来说是充分的，因此只要 M 能使得 P^* 发生，M 就能同时使得 M^* 发生。在新定义的随附性下（如图 5.3），P^* 对 M^* 来说不是充分的，所以即便 M 引起 P^* 的发生，也不能同时（附带）使得 M^* 发生，因此从"M 引起 M^*"和"M^* 随附于 P^*"到"M 引起 P^*"的推导就不再成立了。

在后一个推导中，M 随附于 P，所以在原有随附性概念下（如图 5.2），P 的出现对 M 的出现来说就是充分的，因此如果 M 能使得 P^* 发生，那么 P 也就能使得 P^* 发生。在新定义的随附性下（如图 5.3），P 对 M 来说不是充分的，所以在 M 引起 P^* 的情况下，P 并不能保证总是能引起 P^* 的发生，所以从"M 随附于 P"和"M 引起 P^*"到"P 引起 P^*"的推导就不能成立了。

对于第二种推导方法，其实本质上和第一种推导方法是一样的。虽然它不需要论断 P 和 M 之间是否具有随附关系，但实际上它们的关系已经被暗示了。因为根据物理因果的封闭性原则，P 对 P^* 是充分的；根据原有随附性的概念，M 的物理基础对 P^* 也是充分的，这一点在上一段已经讨论过了。如果 P^* 不是被过度决定的，那么 P 和 M 的物理基础就应该是同一的，因此 M 随附于 P。

这样一来，两种推导方法其实就是一样的了，它们都使用了两次随附性关系，并且都使用了随附关系的充分性内涵。因此上述对第一种推导方法的消除，也同样适用于第二种推导方法。非充分决定论可以为消除排他性论证提供很好的技术方案。

消除排他性论证的哲学原理

用非充分决定论消除排他性论证的哲学本质是什么？如果我们把这个世界中的事件或者属性分为两类：物理的和心理的，那么它们就会分别形成两条连续的因果链。如果这两条因果链是各自封闭、相互独立的存在，则它们之间并不会发生冲突和矛盾。但是这两条因果链必须发生联系，因为心理因果链中的因果项（心理事件、心理属性）必须以物理因果链中的因果项（物理事件、物理属性）为基础才能出现。所以我们就需要一种关系，来描述这些关系项之间的关系。而且，常识告诉我们，心理对象也应该能够改变这个世界的物理事实。

用来描述物理属性和心理属性关系的概念，既不能太强，也不能太弱。在最强的关系下，心理属性会被还原或者等同为物理属性，并且失去独立性，从而心理属性的因果效力也会被消除。比还原再弱一点的关系，就像原有的随附性概念一样，则会把两条独立的因果链结合起来，从而出现类似排他性论证这种情形。如果关系太弱，弱到心理属性都不再依赖于物理属性的话，又可能出现类似二元论或者平行论的结论。

所以，我们实际上可以从因果关系的角度把心—身关系研究的历史，看作哲学家们寻找一个恰当关系的过程，他们用这个关系来解释心理因果链和物理因果链的关系。而人类探索心—身关系的目的正是要解释世界上存在着和发生着的事物和现象；一般来说，因果关系是人们理解这些存在和事件的核心。因此，虽然心—身关系直接谈论的是心灵与身体的关系，但最终它落脚的是心理因果与物理因果之间的关系。

在最早的实体二元论中，心理实体和物理实体是相互独立存在的，所以心理因果、物理因果也都存在，并且心理实体和物理实体还可以发生相互作用，所以不管是物理因果还是心理因果都不具有封闭性。实体二元论的问题也发生在因果作用上，我们无法在保持心理实体和物理实体的本质特征不变的情况下，对心理实体和物理实体的相互作用方式给出说明，因此我们不得不放弃这种模型。这是所有模型中，心理对象最不依赖于物理对象的模型。

除了实体二元论之外，剩下的就是各种物理主义的模型，尤其是各种把心理属性还原为物理属性的模型。但是心理属性还原为物理属性之后，心理属性就不再具有独立的因果效力，因而两条因果链变成了一条因果链，类似排他性这种问题自然也就不会出现。但问题是，心理属性失去了独立的因果效力，这意味着人的心灵、人的思想意志就不能在世界上发挥任何作用了，这既不是我们想要的结果，也不符合我们的常识。除了还原主义，还有功能主义、取消主义的情况也是类似的，都会导致心理属性在因果上无效的结论。

除了还原的物理主义，还有各种非还原的物理主义，这也是本书最终落脚的立场。在非还原的物理主义模型下，心理属性依赖于物理属性，但又不可被还原为物理属性。也就是说，心理属性的存在要依赖于物理属性，但心理属性又具有独立的因果效力。在这种因果模型下，比较常见的用来描述心—身关系的概念就是随附性。旧的随附性概念表达的核心思想就是，非还原的依赖关系，或者非还原的决定关系。这种关系在面对因果问题时，就会遇到类似排他性困境的问题。

本书提出的非充分决定论实际上也是非还原的物理主义立场，只不过在这个立场中弱化了物理属性的决定性，也同时弱化了物理因果链和心理因果链之间的联系，从而达到既能解决排他性困境又不会破坏物理主义立场的结论。

在旧的随附性概念下，由于物理属性可以充分地决定心理属性，所以在物理因果链和心理因果链之间就有了一个强的联系。如图 5.4 所示，M_1、M_2、M_3……是一系列的心理属性，它们的示例构成一条完整的因果链；P_1、P_2、P_3 是一系列的物理属性，它们的示例也构成了一条完整的因果链。如果这两条因果链相互独立，则不会发生任何冲突和矛盾。但是旧的随附性却论断了从 P_i 到 M_i 的充分决定关系，这就使得这两条因果链之间的关系变得比较奇怪了。

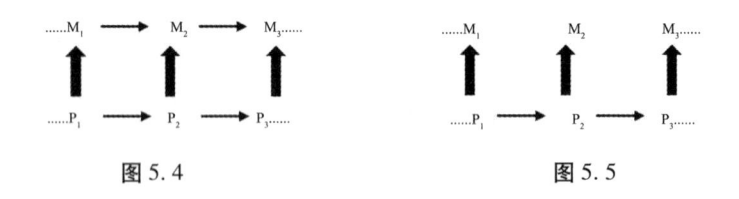

图 5.4　　　　　　　　　　图 5.5

如果真如旧随附性描述的那样，物理基础可以充分地决定心理属性，那么图 5.4 就应该变成图 5.5 的样子了，心理属性之间就不再需要因果作用了，物理因果和随附性就可以使得所有心理属性如它所是的那样发生。如果既主张随附性的充分决定关系，又坚持图 5.4 所描述的因果链模型，那么心理属性之间的因果关系就会借助于这种充分关系去破坏物理因果的秩序。

具体来说，如果 M_i 和 M_{i+1} 之间发生了实质的因果作用，那么 M_i 就必须和 P_{i+1} 发生联系，因为 P_{i+1} 对 M_{i+1} 是充分决定的关系。而实际上 P_{i+1} 不需要与 M_i 发生任何联系，P_i 就是 P_{i+1} 出现的充分条件。因此，在旧随附性的充分决定关系下，要么 M_i 和 M_{i+1} 之间没有发生实质的因果作用，要么 P_i 对 P_{i+1} 是不充分的。

其实，从图 5.4 的模型我们就可以发现类似排他性论证的困难。比如 P_1 对 M_1 和 P_2 都是充分的，因为 M_1 随附于 P_1，P_1 是 P_2 的原因。那么 M_1 和 P_2 之间就具有强对应关系：凡是 M_1 出现的时候（某个 P_1 必然已经出现）P_2 就会出现；当然，反过来并不成立，因为 P_2 出现的时候，P_1（M_1 的所有基础属性）可以不出现，从而 M_1 也不出现。又由于 M_1 和 P_1 是同时发生的，并且都早于 P_2 发生，所以我们不能把 P_1、P_2、M_1 之间的关系看作某种共同原因的模型。因此，把它们看作两个充分原因过度决定一个结果的情形似乎就是唯一的选择了。

在非充分决定论下，随附性不再具有充分性的内涵，图 5.4 所描述的因果链模型变为图 5.6 的样子。由于 P_i 对 M_i 是不充分的，所以 P_i 作为 M_i 的物理基础，它对 P_{i+1} 来说也不是充分的；因此，即便 P_i 是 P_{i+1} 的原因，它们之间的因果关系也不具有排他性，这就为心—物因果留下了可能的空间。如何把这种可能性变成现实，这还需要经验科学做更多的研究，我们只能提供一种设想。

我们认为，虽然 P_i 不是 P_{i+1} 的充分原因，但是 P_{i+1} 的发生肯定还是有一个充分原因的。也就是说 P_i & X 可以组成 P_{i+1} 的充分原因。那么这个 X 是什么就变得很关键了。我们觉得，这个 X 可以被看作心理属性，这一点我们在后文会专门解释。

必须强调，从整体上看，心理属性的整体仍然依赖于物理属性的整体，这种整体的依赖关系是很强的，物理属性的整体可以决定心理属性的整体。只是在个体层面，物理属性不再能充分地决定心理属性，心理属性之间的因果关系也就不能借助于心—物间的充分性联系去破坏物理因果的秩序。

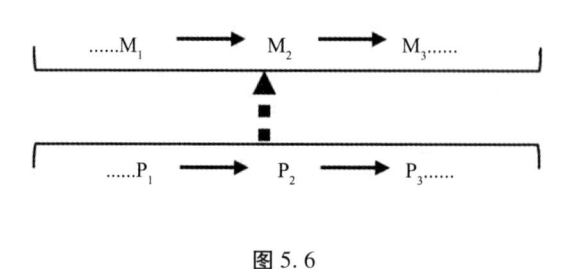

$$\ldots\ldots M_1 \longrightarrow M_2 \longrightarrow M_3 \ldots\ldots$$

$$\ldots\ldots P_1 \longrightarrow P_2 \longrightarrow P_3 \ldots\ldots$$

图 5.6

总的来说，非充分决定论消除排他性论证的方案，在哲学原理上就是弱化了个体层面的心—物关系，从而消除了心理属性与物理属性之间的一些关系，这些关系恰好是排他性困境的核心联系。需要强调的是，非充分决定论是在个体属性、具体属性示例的层面弱化心—物关系的，如果从物理属性和心理属性的全体看，物理属性还是可以充分地决定心理属性的。那么，按照这个逻辑，全局层面还会存在因果排他性的困难了？

三　进一步的思考

我们知道，金在权提出排他性论证的时候，他是在个体层面使用心理属性、物理属性这些概念，也就是说，排他性论证中的 M_i 和 P_i 都是作为个体的、具体的属性，而不是作为全体的心理属性和物理属性。也因如此，排他性论证中的随附性只能被看作是个体随附性（或者局部随附性），而不能被看作全局随附性。

（一）全局层面的排他性论证

由于我们提出的非充分决定论也是就个体属性而言的，即个体的物理属性不能决定个体的心理属性，所以用非充分决定论来消除金在权的排他性论证也算是对症下药了。可问题是，如果从全局的角度看，我们仍然主张物理属性充分地决定心理属性，那么是不是还有全局层面的排他性论证没有得到解决呢？

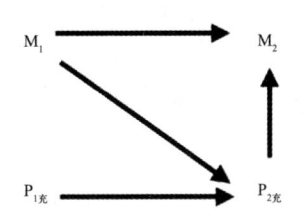

图 5.7

举例来说，虽然图 5.6 中的 P_1 对 M_1 来说是不充分的，P_2 对 M_2 是不充分的；但是肯定有一个充分条件，可以使 M_1 和 M_2 出现，假设就是图 5.7 中的 $P_{1充}$ 和 $P_{2充}$，那么在图 5.7 所描述的情形中，排他性论证就回来了。因为 $P_{2充}$ 对 M_2 来说是充分的，所以 M_1 可以通过引起 $P_{2充}$ 来引起 M_2 的发生，从而 $P_{1充}$ 和 M_1 就过度决定了 $P_{2充}$，根据封闭性原则，M_1 的因果效力被 $P_{1充}$ 的因果效力排斥了。

甚至，我们还可以为这一论证过程提供进一步的支持。$P_{1充}$ 应该是由 P_1 和其他因素（X）构成的一个条件组合，也就是说，$P_{1充} = P_1 + X$。如果图 5.7 所表达的情形确实会导致心理因果被排斥，那么这里的 X 就只能是物理因素。这是因为：第一，只有坚持这里的 X 包括的全部都是物理因素，才能在全局层面说，所有物理基础决定了所有心理属性，这是我们的基本立场。第二，如果 X 中包括非物理的因素，这就意味着排除这些非物理因素后，剩下的纯粹物理的因素对心理属性 M_1 来说仍然是不充分的，那么我们还是可以用心—物非充分决定论来解决这里的排他性问题。

实际上，这种观点犯了教条主义的错误。首先，从全局随附性的角度看，世界上所有物理属性及其分布决定了世界上所有心理属性及其分布，所以被决定项是心理属性的整体，也就是说充分决定关系是如图 5.6 所描述的样子。在这种前提下，我们是不可能单独把 M_1 和 M_2 拿出来讨论充分性的；M_1、M_2 和其他心理属性 M_i 一起构成了一个整体，这个整体（包括整体的构成要素和各要素之间的关系）全局的随附于物理属性的整体。当我们单独的把 M_1 和 M_2 拿出来说的时候，这里的全局随附性就不再成立了，应该改用局部随附性来描述它们和物理基础的关系。但一旦切换到局部随附性，排他性论证所需要的那种充分条件关系就不成立了。

对于物理属性来说也是一样，只有在全局的层面，也就是包括所有物理属性的时候，全局随附性才成立，物理属性才能充分决定心理属性。如果单独把 P_i 拉出来说，它适用的是局部随附性，它对任何心理属性的决定都是不充分的。

其次，我们可以想象一下，当我们去寻找 X 的组成要素时，我们会找到什么呢？可能我们会找到一个无限的条件序列（至少理论上是这样），当然这个序列里的所有构成要素都是物理属性。由于这种序列是无限的，所以它实际上只在理论上有意义，在实践操作上是没有意义的。因为在我们认识对象、解释现象的过程中，我们所能使用的条件始终是有限数量的，不可能是无限数量的。我们觉得，在科学实践中，可能更合适的做法，是把无限个物理属性的因果效力看作有限个心理属性的因果效力。我们将在下一节讨论这种设想。

（二）非充分决定论下的物理因果封闭性

在排他性论证中，心理属性的下向因果与物理因果发生了矛盾，根据物理因果的封闭性，心理因果被排斥了。那么为什么我不选择改变物理因果的封闭性来消除排他性论证呢？换句话说，我们甚至可以认为，如果物理因果的封闭性不被打破的话，心理属性就算有因果效力，它也不能在物理世界中 make difference，只能在心理领域"自娱自乐"。

我们之所以不选择这种方案，是因为我们认为，否定物理因果的封闭性并不意味着心理属性就具有因果效力。只要物理属性还可以充分地决定心理属性，那么心理属性就始终无法具备独立的因果效力。比如图 5.8 所示，只要物理属性对心理属性来说是充分的，从充分对应性的角度，M 对 M* 的因果作用就可以被归结为 M 对 P* 的因果作用，而 M 对 P* 的因果作用则可以被归结为 P 对 P* 的因果作用。因此，就算我们允许 M 具有下向因果作用，也逃不掉这种下向因果被还原或者替代为物理因果的结论。所以心理属性同样不能在物理世界中 make difference。

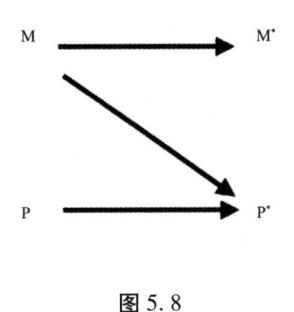

```
M ————————→ M*
   ╲
     ╲
       ╲
         ╲
           ↘
P ————————→ P*
```

图 5.8

确实,心理属性要具有实质的因果效力,并在物理世界中 make some difference,就必须在一定的意义下打破物理因果的封闭性。但打破物理因果的封闭性只是为心理属性因果的作用于物理属性开出了通行证,但这张通行证能否真的派上用场,最终还要取决于心理属性的存在地位是否具有某种独立性。如果所有心理属性都只是某个物理属性的伴随物或者类似逻辑后承一样的东西,那么它们还如何去具备独立的因果能力呢?

那么,在非充分决定论的视野下,物理因果的封闭性该何去何从呢?我们需要从两个角度来回答这个问题。一方面,物理因果的封闭性是从世界整体、全体的角度来说的,所以在局部、个体的层面,物理因果的封闭性自然就不能成立了,这与非充分决定论无关,而是物理因果封闭性自身的特性。我想这一点是比较容易理解的,针对一个物理结果,我们要想把它的所有物理原因都列出来,这几乎是不可能的,因为它的原因可能是由无数个因素构成的。

另一方面,从心理因果的角度来说,如果某个心理属性具有了实质的因果效力,那么局部的物理因果封闭性就会被打破。而我们追求的就是要为具体心理属性赋予实质的因果效力。应该说,局部的物理因果封闭性不成立是心理属性发生因果效力的结果,而不是心理属性发生因果效力的前提。我们不能从结果那里寻求对前提的理解，这也是我们不从物理因果封闭性出发消除排他性论证的原因之一。

本节主要从解构的角度消除了排他性论证带来的困难。虽然非充分决定论可以破坏排他性论证的基础，使得该推理无效，但这还不够。如果不能进一步说明心理因果是如何运作的，我们的主张仍然是缺乏说服力的，甚至会让人觉得这是为了消除排他性论证而做出的特设修订。所以，在下一节，我们会从建构的角度，给心理因果问题做出说明。

第三节 非充分决定论与心理因果性

非充分决定论可以消除排他性论证，这就为心理因果的可能性提供了基础。但光有可能性是不够的，比如我们每个人明天都可能成为世界首富，但这种可能有什么意义呢？所以，我们还需要进一步地说明，心理因果是如何可能的，比如构造一个模型，或者提出一套方案，又或者描述一个图景；通过这些方式，来展现心理因果的实现机制。虽然这些方式也不能从经验上说明心理因果是如何发生的，从根本上说它们也只给出了一种可能性，但这种可能性与消除排他性论证提供的可能性是不同的。消除排他性论证提供的是一种"心理因果并非不可能"的可能性，这些模型或者方案提供的是一种"可能如何实现"的可能性。

一 局部世界的因果图景

如果只在局部世界看因果图景的话，非充分决定论会显得比较奇怪。如图 5.9 所示，在心理属性之间发生着一些因果关系，属于心理因果的范畴；在物理属性之间也发生着一些因果关系，属于物理因果的范畴。而在心理属性和物理属性之间，存在着一种依赖关系，这种依赖关系表现为，必须在一定的物理基础上，心理属性才能出现，比如 M 的出现依赖于 P 的出现，M^* 的出现也依赖于 P^* 的出现；但 P 和 P^* 对 M 和 M^* 来说又不是充分的。

第五章 随附物理主义的进化

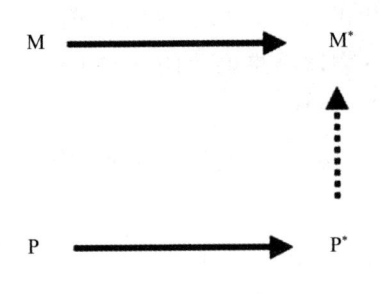

```
M ──────────▶ M*
              ▲
              ┊
              ┊
P ──────────▶ P*
```

图 5.9

因为这种非充分决定的关系，M 的存在既不能还原为 P，也不能被 P 所代替；M* 的存在也是，既不能还原为 P*，也不能被 P* 所代替。而且，我们也找不到某个具体的物理条件的组合，用来代替或者还原 M（或 M*），因此 M（或 M*）的存在是具有一定自主性的。也因此，M（或 M*）的因果效力不能还原为 P（或 P*）的因果效力，自然就不能用 P（或 P*）的因果效力替代 M（或 M*）的因果效力。

实际上，M – M* 的因果关系本来就不同于 P – P* 的因果关系。M – M* 可能是从信念到信念的心理活动过程，而 P – P* 则是一个物理活动的过程。比如，M – M* 表示的是从"看到乌云密布"这个感觉到"相信今天会下雨"这个信念的因果关系，而 P – P* 表示的则是"C 纤维刺激"到"N 纤维刺激"的物理活动过程。很明显，这是两个不同的过程。

那么，这个模型下，下向因果是否存在呢？如果单从这个模型来说，其实它既没有否定下向因果的可能，也没有论断下向因果的存在。比如在 M 和 P* 之间，如果存在因果关系，那么这个因果关系就是下向因果。而非充分决定论这个模型并没有禁止 M – P* 的因果关系，只是说从 M – M* 和 P* – M* 的关系无法推导出 M – P* 的因果关系。这并没有否定 M – P* 存在因果关系的可能，只是否定了用 M – M* 和 P* – M* 的关系来支持 M – P* 因果关系的合理性。同样的道理，非充分决定论也没有论断 M – P* 存在因果关系。

这就为我们提供了比较宽松的选择。如果你坚持心理属性要具备能动地改造物理世界的能力，那么你可以选择支持下向因果的存在，并解释在这种情况下物理因果的封闭性和下向因果如何共存。如果你认为心理因果和物理因果平行运行，互不干涉，那就可以选择下向因果不成立的立场，并解释世界上各种人造的物理存在是如何由纯粹的物理原因生产出来的。

我们认为，下向因果是存在的，这个丰富多彩的世界是由人类的理智和精神力量创造的。如果人的思想没有在这个世界中 make difference，那么这个世界有人类和没人类时应该是一样的，但是我们知道，从人类产生以来，这个世界的物理状态正在变得越来越丰富。再精密的科学也不会把手机的这种外形设计归结为一个连续、复杂的物理运动过程；即便有人这样做了，我们也不大可能会接受他的理由。相反，说"人类的思想才是华为把手机设计为这种外形的原因"却让我们的理性很舒服。

可是，一旦下向因果存在，那物理因果的封闭性就不成立了；比如在图 5.8 中，如果 M–P* 的下向因果是确实存在的，那么 P–P* 的因果关系就是不具有充分性的，并且 P* 的充分条件里至少还包括了一个非物理的原因（M），这好像又不符合现代科学的精神。该如何平衡这两个观点之间的对立呢？

实际上，如同我们在上一节提到的，当我们单独拎出两个物理事件 P 和 P* 的时候，我们很难说 P 是 P* 的充分原因。我们更应该说 P 是 P* 的 INUS 条件，也就是说 P 要和其他一些因素一起才能构成 P* 的一个充分条件组合。因此，P 对 P* 来说不充分，这一点并不会带来冲突。

比如"房间失火"这件事，它的充分原因是什么呢？电线短路＋易燃物堆积＋空气含氧充足，这就可以构成一个充分条件吗？那如果有人在房间里安装了自动灭火装置呢？又或者有人给易燃物做了阻燃措施呢？还有，如果电线短路发生了，但时间很短没能让电线着火呢？又或者电线着火了，但因为风的原因火花没能掉到易燃物上或者火花在半空中就熄灭了呢？这种类似的情况我们还可以想到很多，这至少说明，我们要完全给出一个结果发生的充分条件其实是很困难的，甚至是无意义的。因为我们探讨各种可能性的这个过程可能会是无限的，如果我们为了理解房间失火这件事就要列举无限的清单，那这个世界上还有那么多的现象，我们该如何去理解呢？甚至我们还有可能对这个世界形成什么理解吗？

所以，P 对 P* 不充分，这一点不仅是没问题的，而且是应该的。真正的问题是，如果 P 不是 P* 的充分条件，那么 P 和什么才能构成 P* 的充分条件？因为下向因果的存在，所以和 P 构成充分条件的因素里就必须包括心理因素。心理因素如何作用于物理因素以及物理因果如何保持完备性的问题才是心理因果的焦点。

这是我们接下来要考虑的问题。实际上，它们也不会成为问题，因为上一节已经提到，物理因果的封闭性只在世界整体的层面成立，只有我们把世界上的所有物理因素都包含进去，物理因果的封闭性才是有意义的。而图 5.9 所描述的只是局部范围内个体事件之间的关系，所以物理因果的封闭性不成立也没有关系。

二 世界全局的因果图景

在本节的第一部分，在局部世界的层面，我们在下向因果性和物理因果封闭性之间，选择了下向因果性，在确保局部世界中不存在矛盾的情况下，为心理因果预留了空间。接下来，在世界全局的层面，我们要在下向因果性和物理因果封闭性之间选择物理因果的封闭性，在确保全局世界中也不存在冲突的情况下，为物理主义的基本立场奠定基础。

我们要确立的第一条原则是，所有存在都是物理实体，这世界上不存在非物理的存在者。关于这一原则，没有人可以给出完全的证明，因为人类所能接触到、认识到的世界范围都是有限的，即便现代科学可以探测几百、几千甚至上万光年以外的世界，我们仍然不能说，我们就认识了世界的全部。

但我们有理由接受这条原则。首先，实体二元论的失败为这一原则奠定了基础。实体二元论主张心灵和身体具有同样的本体地位,心灵能思考但不具有广延,身体具有广延但不能思考。实体二元论并不能解释心—身交互的问题,加之近代科学的研究,也从经验层面否定了心灵实体的存在。因此实体二元论逐渐在历史中被人们放弃。而且,20世纪以来的心灵哲学就是在否定实体二元论的基础上开始讨论的,也就是说,物理实体是唯一的实体这一原则其实是20世纪哲学家们讨论心身关系的出发点,我们不能否定这个总前提。

其次,近代以来的自然科学为物理主义奠定了良好的基础。从哥白尼以来的自然科学先后对这个世界的天上、地下做了系统全面的研究,并且在不假定心灵实体的情况下,对世界上发生的各种现象都做出了较好的说明。虽然自然科学中也还有很多未解之谜,但是大多数人都相信这只是暂时的。科学家们对各种元素的分析和还原,基本上证明了世界的微观层面是物理的;他们对星空的探索,虽然还很有限,但也在一定程度上坚固了人们相信上帝不存在的信念,也就是在宏观层面支撑了这个世界是物理的。

最后,我们关于心灵实体存在的证据都是经不起推敲的。比如关于上帝的存在,历史上有安瑟伦的证明、笛卡尔的证明、贝克莱的证明等,这些证明无一例外都是从概念出发,对概念的逻辑推演。比如笛卡尔的证明,他在本质上是从人们具有一个无限的观念(上帝的观念)推出这个世界上有一个无限的存在(上帝);"无限只能来源于无限"是这个推理的基础和保证,但这似乎并不是每个人都会接受的。而且,如果上帝真的存在,为什么我们只能通过上帝的观念来证明其存在,不能通过它本身来证明其存在,这也是很多人会追问的。

所以,从我们认识到的世界来说,上帝、灵魂都是不存在的,因为从来都只有人声称自己感知过这些东西,却没有任何理性验证过这些东西。在现代文明如此发达的今天,任何一个严肃的人,不管他是自然科学家还是社会历史学家,都不会主张这些非物理实体的存在(或实存)。所以,我们必须首先确立一条原则,所有的存在都是物理存在,心理的东西只是依附于物理存在的一种现象。

我们要确立的第二条原则是，这个世界的运作不是杂乱无章的，而是有规律的。从现代科学认识到的世界范围来看，这个世界的运作就是有规律的。现代科学描述了世界的规律，根据这些规律，我们把宇航员送上了太空、用沙土做出了芯片、用无线电波与千里之外的人相连……我们所做成的这些事，无一不在告诉我们，这个世界的运转是有规律的，而且这个规律是可以被我们把握的。

我们可以想象一下，如果这个世界的运行是没有规律的会怎么样。其实我们比较熟悉的物理规律、化学规律等都是规律的表现形式，单纯就规律本身来说，它表达的是秩序。比如我们排队买东西，从前往后依次购买，这就是秩序，这也是规律，即前面的人先买后面的人后买；再比如我们出门走在马路上，路面不会突然消失，这也是秩序，即路面之间具有的连续性，这也是一种规律。如果没有规律，这些秩序就不会存在，我们买东西就无法预测自己会第几个买到；我们走在路上也不能确定下一步踏出去会不会踏空。

这个世界是有秩序的，我们能够预测我们大多数行为的物理后果，这就说明了世界的运转是有规律的。这种规律可能会表现为物理规律，也可能会表现为人们的常识经验，甚至不会被人们察觉，但它确实是作为规律存在着，并规范着世界的运转。

在这两个原则的加持下，我们就可以思考世界全局层面的因果问题了。根据第二条原则，我们可以推断，这个世界是有因果联系的，各种现象的出现、各种事件的发生，它们背后都有因果关系在起作用，否则这个世界就会陷入混乱，失去秩序。这就为我们讨论物理因果和心理因果奠定了基本前提。

根据第一条原则，我们就可以推出，在世界全局的视角下，物理因果的封闭性是成立的。因为所有存在都是物理实体，并不存在任何心理实体，那么世界上正在发生的事都是由物理实体作为载体的。既然如此，那么这些事件之间的因果关系归根结底都是物理实体之间的关系，因此物理系统的因果联系就是所有的因果联系。如果我们想要在物理因果之外去寻找其他因果，我们会连因果项都找不到。

之所以要强调从全局的视角下看,物理因果的封闭性才成立,是因为全局视角包括了世界中的所有存在和联系。根据第一条原则,所有的存在都是物理的,因此全局视角下物理属性就可以充分地决定心理属性了。而且,由于全局视角包含了所有物理存在,还原论所面临的多重实现问题也不存在了,不管一个心理属性由哪一个物理基础实现,最终都不会超出物理存在的范围。

所以,根据第一条原则和第二条原则,我们就可以得出结论,下向因果是不成立的。这个推理很简单,大前提是"这个世界是由因果关系构成的连接网",小前提是"物理因果是完备的",结论是"下向因果是不成立的"。注意,这里并不能得出"心理因果不存在"的结论,因为心理因果有"心—心因果"和"心—物因果"两种,物理因果的完备性只能否定下向因果,即"心—物因果",这一点在上文我们讨论排他性论证的本质时也谈到了。

补充一点,我们之所以要区分局部世界和全局世界两种视角,很重要的原因是,我们所谈论的世界都是被人们认识、改造过后的世界,是人化的世界。在这个世界之外,还存在着从未被人们认识到的世界。因为过去的经历告诉我们,人类认识的世界广度和深度一直在不断地扩大和深化,所以我们可以归纳出以后我们认识的世界广度和深度也会一直不断扩大和加深。因此,我们所谈论的全局视角其实只是理论上或者逻辑上的,人类每一个当下认识到的世界都只能算是局部世界。

所以,我们在这里区分的全局视角和局部视角也可以看作本体论和认识论的区分。这里所描述的世界全局的视角,主要是从世界的本体角度在看待问题;这里的世界局部的视角,主要是从认识论的角度看待问题,强调人们认识到的世界是怎样的。本体论视角是认识论视角的理论基础和逻辑前提,认识论视角是本体论视角的现实表现,它们都很重要,我们没必要非得去比出哪一个更重要。

三 再说局部世界的因果图景

全局视角和局部视角的区分其实并不难,上述区分也是比较容易接受的。难的是怎么把这两种视角统一起来。区分两种视角，我们只需要说，从"全局"看和从"局部"看，看到的结果不一样。但是要把二者结合起来，就需要一种机制，把我们从全局看到的东西还原为从局部看到的东西，或者把我们从局部看到的东西构建成从全局看到的东西。

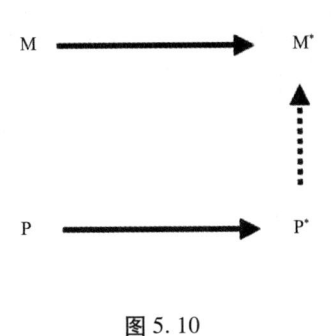

```
M ——————————→ M*
                ↑
                ┊
                ┊
P ——————————→ P*
```

图 5.10

图 5.10 是局部世界的因果图景，在这个因果图景中，P 对 M 是不充分的，P* 对 M* 也是不充分的，因为 P、P*、M、M* 都只是世界的一部分，而不是世界的全体。但我们可以假定一个 P_0，表示世界上除了 P 和 P* 之外的所有其他物理因素，同时假定一个 M_0 表示世界上除了 M 和 M* 之外的所有其他心理因素。这样，图 5.10 就变成了图 5.11。[1]

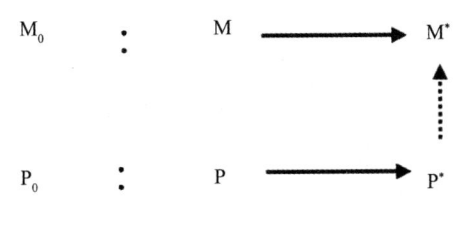

```
M₀    ⋮    M ——————————→ M*
                          ↑
                          ┊
                          ┊
P₀    ⋮    P ——————————→ P*
```

图 5.11

---

[1] 瑞里汗也提出了类似的观点，在功能主义的立场下区分了心理属性的核心实现者和全体实现者，并在此基础上强化了排他性论证，参见 Matthew Rellihan, "Strengthening the Exclusion Argument", *Synthese*, Vol. 198, Issue 7, 2021, pp. 6631–6659。

在图 5.11 中，P_0+P 对 M 是充分的，因为 P_0+P 是世界的全部物理事实，M_0+M 是世界的全部心理事实，P_0+P 可以充分的决定 M_0+M，当然也可以充分的决定 M。并且 P_0+P 对 P^* 也是充分的，因为 P_0+P+M_0+M 构成了 P^* 出现以前的所有事实，包括物理的和心理的，所以不管 P^* 的充分条件是什么，它都不会超出 P_0+P+M_0+M，而在 P_0+P+M_0+M 中，P_0+P 又充分的决定了 M_0+M；因此 P^* 的充分条件就一定在 P_0+P 的范围内，即 P_0+P 对 P^* 也是充分的。

这样我们就得到了两个充分条件，P_0+P 既是 M 的充分条件，又是 P^* 的充分条件。由于 P 单独的既不是 M 的充分条件，也不是 P^* 的充分条件，这里的关系就变成了这样：当 P 出现的时候，M 和 P^* 都是可能发生也可能不会发生；但在 P 出现的基础上，如果 P_0 的条件具备了，则 M 一定会发生，P^* 也一定会发生。我们换一种表达方式，可以把这个关系描述为，当 M 发生的时候，P^* 就会发生，因为当 M 发生的时候，说明 P_0 和 P 都已经发生了，这个时候 P^* 自然也会发生。所以，我们可以把 M 的因果效力看作对 P_0 因果效力的表达和描述。这样一来，我们从局部看到的就是 P+M 使得 P^* 发生，并且认为 P 和 M 之间发生了因果地位的竞争。实际上，从全局看，是 P_0+P 使得 P^* 发生，P 和 M 之间不会发生因果地位的竞争。

必须强调的是，在排他性论证中，P 单独的对 P^* 是不充分的。比如我们要寻找 P^* 的充分条件，并且限定在物理因素范围内寻找；我们列了一个很长的单子，上面写满了各种各样的物理条件，可是这个单子上的条件组合就是 P^* 的充分原因吗？当然不是的，这个世界是一个联系的整体。所谓失之毫厘，谬之千里，看似不相关的两个东西之间，其实也都有着间接联系。

可是，我们能把世界的全体都写在这张单子上吗？很显然不可以。因为世界上的物理因素有无限多个，我们不可能用一个有限的单子列举出无限个因素；而且，我们也不可能认识到无限个因素，这个世界总有未知的部分等着将来的我们去探索。所以，我们就只能用一个抽象的符号来表示这些物理因素，就像图 5.11 所做的那样。

第五章 随附物理主义的进化

因此，从世界局部看，下向因果是存在的，它在本质上是对物理世界整体性的一种抽象表达。我们从局部世界看到的下向因果，其实是图 5.11 中的 P_0 对 P^* 的因果关系，这一因果关系是世界的整体性对 P^* 的因果关系。

所以，世界的整体性，也就是全局视角的全局性，在局部世界里就转换成了心理属性的因果效力，因此在全局世界不存在的下向因果出现在了局部世界中。同样的道理，局部世界中的下向因果在全局世界中转换成了物理因果，使得局部世界中不成立的物理因果封闭性在全局世界中成立了。

我们这里通过分析给出了一个模型，或者说对心理因果给出了一种解释。我觉得有必要交代一下，这个解释中有一个不太严密的环节。我们把 M 的下向因果解释为 P_0 的因果作用，因为 $P_0 + P$ 对 M 和 P^* 都是充分的。这个说法是不够精确的，比如与 P 构成 M 充分条件的物理基础是 P_0，与 P 构成 P^* 充分条件的物理基础是 P_0'，而这里的 P_0 并不必然与 P_0' 完全相同。也就是说，只有我们说 P_0 是这个世界上所有的物理因素时，$P_0 + P$ 才同时是 M 和 P^* 的充分条件。至于 P_0 和 P_0' 是否相同，这只在局部视角下有意义，在全局视角下这个问题是没有意义的。当然，这里的不一致性会带来什么后果，却是可以进一步研究的。

但我们并不认为这是这个模型不成熟的地方，因为这个模型说到底也只是一个哲学模型，而它要尝试去解释的是一种经验现象。我们能够提出足够的理由来说明，经验现象很可能是如此这般发生的，这就够了。至于经验现象到底是不是这样发生的，这还需要经验科学的研究。哲学分析解决不了所有问题，它只能为我们解决问题提供思想资源。所以，我们觉得，这正是这个模型的合理性之所在。

第六章

非还原物理主义的出路

从多重可实现论证开始,各种形式的还原主义理论就逐渐没落,非还原物理主义走到了历史的前台,成为热门理论,直到今天。非还原物理主义主要表现为两种形式:功能主义和随附主义,这种区别来源于它们对心理属性和物理属性关系的判断。功能主义把心理现象看作物理基础的功能,由物理基础来实现这些功能;随附主义用随附性描述心理现象与物理基础的关系,心理现象是随附于物理基础而发生的东西,它不同于物理基础,但又依赖于物理基础。

从上一章的讨论我们可以得出结论,非充分决定论是在世界的局部描述心—身关系,并且其结论是一种非还原的关系。本来随附性表达的就是一种非还原的关系,弱化后的随附性当然也可以表达一种非还原的关系。但是从世界的全局看,心—物关系应该是还原的。不过,对于人类认识这个世界来说,局部视角才是重要的,因为我们认识到的始终是世界的局部。

第一节 非还原物理主义的困境

非还原物理主义首先需要解决的问题是,特殊科学是如何与物理实在发生联系的。根据这种联系的种类,非还原物理主义可以被分为功能主义和随附主义。功能主义把特殊科学看作描述了物理实在的抽象功能,随附主义则用随附性概念来说明特殊科学与物理实在的关系。

金在权把心理属性看作某种功能,并提出了功能化的还原模型,从这个角度看，他的思想属于功能主义，并且属于非还原主义。可是他在对心理属性进行功能化的时候，同时也提出了这种功能就是心理属性的全部内涵，因而被功能化的心理属性都被还原为了该功能的实现者。从这个角度看，金在权又属于还原主义。

根据威廉·贾沃斯基的总结，建立在"实现"概念上的非还原物理主义以功能主义为主要表现形式，它面临的主要问题有：中文屋的反驳、感受性的反驳、排他性论证的反驳。其中，中文屋的反驳指出，功能主义不能恰当的定义一般心理现象（public conception of mental phenomena）；感受性的反驳则指出它不能恰当地定义私人心理现象；排他性论证的反驳则指出它要放弃心理现象的因果效力，走向副现象主义的道路。①

而建立在随附性概念上的非还原物理主义面临的问题主要有：形式化问题、对称性问题和解释问题。其中形式化问题是说，存在多个随附性的概念，究竟哪个概念才是对随附关系最好的形式化；对称性问题是说，随附物理主义需要的是一种非对称的关系，即心理属性依赖于物理属性，但物理属性并不依赖于心理属性；但随附关系只能表达心理属性对物理属性的依赖，并不能排除物理属性对心理属性的依赖。解释问题是说，随附概念可以和很多物理理论兼容，比如物理主义、属性二元论、中立一元论、形式质料说，这说明随附性本身并不能形成一个完善的物理理论。②

本书主要是以心理因果问题为线索展开的，并且最后选择随附主义的立场，所以我们不会详细讨论上述所有问题。心理因果的问题上文已经详细讨论了，本章就重点介绍中文屋的反驳和随附性概念界定相关的问题。因为这是与本书立场相关的问题。

---

① William Jaworski, *Philosophy of Mind: A Comprehensive Introduction*, West Sussex: Wiley-Blackwell, 2011, p. 130.

② William Jaworski, *Philosophy of Mind: A Comprehensive Introduction*, West Sussex: Wiley-Blackwell, 2011, p. 130.

一　塞尔的中文屋

约翰·塞尔（John R. Searle）在 1980 年提出了中文屋的思想实验①。为了论述方便，我们对塞尔的论证进行一些简化，原版论证②可以参考塞尔的论文"心灵、大脑与程序"。

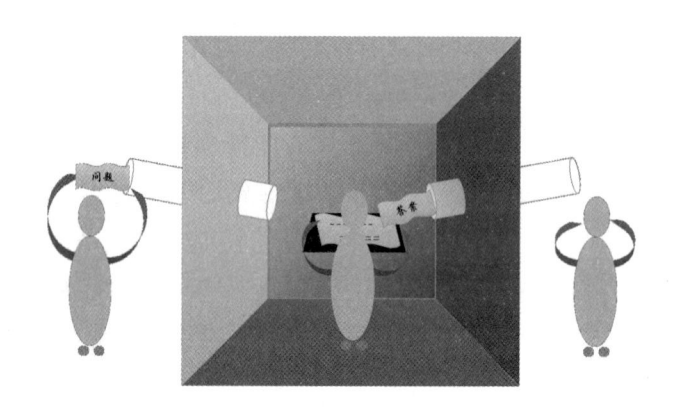

图 6.1

如图 6.1 所示，塞尔把自己锁在了一个房间里，房间的墙壁上有两个小孔，人们可以通过左边的小孔把一张写有中文的卡片递到房间里面，向塞尔提出问题；塞尔可以通过右边的小孔把另一张写有中文的卡片递出来，回答人们的问题。房间里面除了塞尔就只有三张表格了，第一张表格上写着各种各样的故事（可理解为语境），第二张表格写着各种各样的问题，第三张表格写着对应的答案。

塞尔并不懂中文，他只能通过这些文字的形状来判断卡片上的符号和表格上的符号是否是同一个符号。但是经过训练，他理解了使用这三个表格的规则（这些规则是用英语写的），并且他能非常熟练地把

---

① John R. Searle, "Minds, Brains, and Programs", *The Behavioral and Brain Sciences*, Vol. 3, Issue 3, 1980, pp. 417–424.
② John R. Searle, "Minds, Brains, and Programs", *The Behavioral and Brain Sciences*, Vol. 3, Issue 3, 1980, pp. 417–419.

表格三的答案和表格一、表格二描述的语境、问题对应起来。

现在，假设有人从房间外面递了一张卡片进去，卡片上面写着"早上好"，塞尔通过识别符号的形状、查阅表格，然后把"你好"这两个字写在一张空白卡片上面，并且递了出去。但是在这个过程中，塞尔并不理解卡片上的符号的意义，他只是照着样子画出了那样一个符号。塞尔认为，经过长时间的训练，他可以做到，通过卡片和这三张表格，与房间外面的中国人进行熟练的对话。

这一结果的问题在于，功能主义认为心理现象就是物理系统的功能，功能相同的系统，也具有相同的心理状态。也就是说，房间里的塞尔在和人交谈时，他表现出来的功能和一个懂中文的人与人交谈时的功能是一样的，因此他的心理状态也应该和一个懂中文的人与别人交谈时的心理状态是一样的。可是塞尔并不懂中文，他也不理解卡片上符号的意义，懂中文的人是理解自己说的句子的意义的。

这个实验的结果表明，根据功能主义的观点，一些本不具有心理状态的对象应该被认为具有某些心理状态。除了塞尔之外，布洛克也曾做出过类似的结论，他说："如果功能主义是真的，我们必须假定，存在一个适用于人和某些动物的心理理论，并且根据这些理论，这些动物和人都具有信念、欲望等……很可能在狗、有厌世情绪的人、无厌世情绪的人之间，并不存在基础意义上的心理区别。"

中文屋的困难其实是来自功能主义的方法论，这一点它可能很难克服，即便是中文屋被克服了，也会有其他类似问题出现。因为中文屋的困难主要来自功能主义通过外在关系来定义心理状态的做法。我们都知道，心理状态是内在状态，是与人的主观感受相关的；而功能主义用以确定这种内在状态的却是一些外在关系，一些特定的输入—输出的功能。

功能主义这种做法的本质就是在内在感受状态和外在行为表现之间建立一种同一关系。从功能主义的角度看，只要外在的行为表现一致，有没有内在感受其实已经不重要了。因为人们在这个世界中的交往都是通过外在行为来施加相互作用的，包括语言情感的交互，也是

随附物理主义的弱化与进化

通过语言对话的方式，向对方传递一种影响的。因此，我们只需要理解人的行为就可以了，至于这种行为背后有没有某种思想感受，其实并没那么重要。而且我们只能感觉到自己的思想感受，无法把握其他人的思想感受，也就是说思想感受无法在主体间得到验证。所以，放弃内在感受，转而关注外在表现，这似乎也是一个比较合理的选择。

但问题在于，内在感受状态和外在行为之间具有这种一一对应的关系吗？甚至我们可以追问，内在感受状态和外在行为之间具有律则性的关系吗？当我们说"张三是一个正直的人"时，我们所思所想究竟是什么呢？我们有可能真的觉得他是一个正直的人，我们在表达对他的一种认可和夸奖；也有可能我们在撒谎，张三并不是一个正直的人；还有可能张三不仅不正直，还做了很多与正直相反的事，我们说这个话是在表达一种嘲讽；也有可能他确实是一个正直的人，但我仍然在表达一种嘲讽，因为他曾经因为他所坚持的正直而惩罚过我……我们还可以找到很多类似的情况，来证明我们在说这句话的时候，内心可能有多复杂。

这并不是通过赛尔的语境表可以描述的。人们的思想非常复杂，我们甚至可能在任何情况下说出"张三是正直的"这句话：感激张三、认可张三、厌恶张三、喜欢张三、欣赏张三等，在我能想到的人类所有情感状态下，我们都可能会说出"张三是正直的"这句话。赛尔的这种语境表该如何制定呢？描述出所有语境下说这句话时的正确回答？一张有限的表能描述出所有语境吗？

而且我们认为这也不是人们认知局限性导致的。也许有人会说，我们现阶段掌握的知识比较有限，还找不到内在感受和外在行为之间的律则性对应关系，但是随着我们掌握的知识越来越多，我们就可以发现它们之间的律则性对应关系了。这种观点成立的前提是，内在感受和外在行为之间具有一一对应的关系；但实际上，通过上述张三的例子，我们认为这种对应关系是不存在的。因为人们不仅可以在任何心理状态下说出"张三是正直的"这句话，也可以在任何心理状态下说出"张三是诚实的""张三是坏人"等。

二 随附性概念的界定

在所有非还原物理主义中，有一些理论是用随附性来表示一种非还原的依赖关系，并用它描述心理属性和物理属性之间的关系。虽然有很多个随附性概念，但是每一个概念都面临着一些问题。

比如弱随附性，它主要说了，在同一个世界中，物理属性相同的两个对象应该具有相同的心理属性。可是对于两个可能世界之间的情况，它却没有做出任何说明。因此，完全有可能出现这种情况，在某个可能世界里有一个我从细胞到细胞的复制体，它和我是完全相同的；但是如果心理属性是弱随附于物理属性的话，我这个双胞胎兄弟完全可以具有和我不同的心理属性，甚至他可能完全不具有心理属性。

如果心理属性是弱随附于物理属性的，那么上面所描述的这种情形就是完全可能的。这似乎不符合非还原物理主义的要求，在这种情况下，我们还怎么说自己是一个物理主义者。对于任何物理主义者来说，都应该要保证一个基本的结论：当物理事实被确立的时候，心理事实也被确立了。

为了满足这个基本结论，可能有人会说，引用全局随附性，来说明心理属性对物理属性的依赖。全局随附性说，两个世界之间，如果它们的物理事实是完全相同的，那么它们的心理事实也应该是完全相同的。这似乎正是物理主义者们寻找的随附性概念。

但是，全局随附性也面临着一个问题，即两个世界在物理事实上的相同决定了其心理事实上的相同，同理，两个世界在物理事实上的差异也决定了其在心理事实上的差异。但是相同只有一种，差异却有很多种。如果两个世界在物理事实上的差异很小（或者很大），而它们在心理事实上的差异却很大（或者很小），那么这会不会违背全局随附性呢？当然不会。

所以，在某个可能世界中，它的物理事实和现实世界几乎一模一样，唯一的区别就是在很远的太空中，有一个尘埃的位置和现实世界不一样，向某个方向偏了 0.01 厘米。结果那个可能世界的心理事实却与现实世界大不相同,比如可能世界中我的对应者在思考你的思想,你的对应者在思考我的思想,甚至我们的对应者都没有思想。这好像也不合理。

除了弱随附性和全局随附性,还有强随附性。强随附性的主要思想是,在所有可能世界之间,只要两个个体的物理属性是完全相同的,那么它们的心理属性就是完全相同的。比如在某个可能世界上我的对应者,他是我从细胞到细胞的复制体,我们在物理属性是完全相同的。那么根据强随附性的思想,他和我在心理属性上也是完全相同的。

有人认为,强随附性的问题在于,它是一种过强的关系,以至于超出了非还原物理主义的需要,在某种意义上达到一种还原的物理主义立场。因为强随附性虽然没有论断物理属性与心理属性之间的一一对应关系,但是它可以被理解为,一个心理属性总是可以被还原为某些物理属性中的一个,这种还原虽然不是一对一的,却是具有必然性的。

所以,随附物理主义的首要问题就是,为物理主义找到一个合适的随附性概念,这个概念既不能太强,以至于走向还原主义的立场,又不能太弱,以至于威胁到物理主义的基本立场。本书主张的非充分决定论实际上是用了两个随附性概念,一个是全局随附性概念,它保证了物理主义的基本立场;另一个是弱化后的个体随附性,它描述了非还原主义的立场。

三 对称性问题

对称性的问题是说,心理属性与物理属性之间的关系是一种非对称的依赖关系,心理属性依赖于物理属性,但是反过来并不成立,物理属性并不依赖于心理属性。但是所有随附性概念在表达心理属性依赖于物理属性的同时,并不能排除物理属性依赖于心理属性的可能。

也就是说,单从随附性的概念来看,A 随附于 B 与 B 随附于 A 是兼容的,它们是可以同时发生的。比如 A 和 B 是一一对应的关系,那么 A 随附于 B 是成立的,同时 B 随附于 A 也是成立的。作为对比我们可以考虑一下因果关系,如果 A 是 B 的原因,那么 B 就是 A 的结果,B 不能同时也是 A 的原因。也就是说,A 是 B 的原因就排除了 B 是 A 的原因的可能性。而心—物随附关系并不能排除物理属性依赖于心理属性的可能。

很明显,心理属性与物理属性之间的关系不应该具有这种对称性,随附性作为描述心—身关系的概念,应该要排除这种可能。所以,随附性就需要进一步的协助才能消除这种对称性问题,随附性概念单独的并不能充足地描述心—身关系。

四 解释问题

解释问题认为随附性单独的并不能描述心—身关系。理由就是,随附性实际上描述的是一种对应关系,而这种对应关系可以和很多心—身关系理论相互兼容,而不会产生矛盾。比如心—身关系的同一性和副现象论,这两个理论对心—身关系的解释各不相同,但它们都可以用随附性来描述心—身对应关系。

在同一性理论中,所有心理状态都被认为是同一于某个大脑状态的。比如疼痛和大脑的 C 纤维刺激是同一的,那么每当 C 纤维刺激被激活时,人们就会感觉到疼痛,每当人们感觉到疼痛时,C 纤维刺激也肯定被激活了。在这种情况下,我们当然可以说,疼痛与 C 纤维刺激的对应关系满足随附性的定义,疼痛随附于 C 纤维刺激。

副现象主义认为,心理现象不过是物理现象发生时的副产物。但即便如此,从对应关系上看,心理现象和物理现象之间,还是满足随附关系的。因为在副现象主义下,不可能出现心理现象发生了而相应的物理现象没有发生的情况,也不可能出现物理现象发生了,对应的心理现象不发生的情况。

虽然同一性理论和副现象论都可以用随附性来描述心理属性和物理属性的对应关系,但是这两个理论对心—身关系做出了截然不同的两种解释。同一性认为心理现象就是物理现象,二者是同一的;副现象论认为心理现象不过是物理现象出现时的副产物,二者并不是同一的。

"同一性"和"副现象"都在本体上回答了心理属性是什么的问题，根据"同一性"，心理属性就是物理属性，根据"副现象"，心理属性是物理属性出现产生的一个副产品，也是一种现象。但是我们从随附性这个概念出发，却不能理解心理属性究竟是什么。这也是随附性概念不能单独构成一个心—身关系理论的原因。

随附性本身只是描述了心理现象和物理现象的某种对应关系，并没有对这种对应关系做出解释，正如金在权所说的那样：随附性不过是描述了心—身关系问题，但并没有做出解释。为了进一步地理解心—身关系，随附性必须和其他理论一起，才能构成一个完整的心神关系理论。

第二节　非充分决定论的理论立场

哲学上有很多对心—身关系的思考，哲学家们提出了很多理论，这些理论又引起了很多反驳，这些反驳又引起了很多辩护，但到目前为止，都没有关于心—身关系问题的最终答案。与其迷失在浩瀚的文本和争论中，不如抛开这一切，回到研究心—身关系问题的初心，思考一下为什么要研究心—身关系，以及心—身关系应该是怎么样的。

一　理想的心—身关系模型

我们为什么要研究心—身关系问题？当然是为了理解人类会思考这个现象，为了搞清楚人类的思考究竟是怎么回事，人类究竟自不自由。我们可以假设一下，假如人类的思想只是一个幻觉，人类实际上是不能进行自由思考的，这个世界是一个纯粹的物理世界，由各种各样的物理规律决定了的。在这种假设下，我们就会产生一个困惑，即我们为什么要思考这个问题？我们为什么要思考"思想是怎么回事"这个问题，我们为什么要追问"心—身关系是什么"这个问题。答案只有一种可能，这是物理世界发展的必然结果，也就是说，物理世界按照特定的规律发展着，当它发展到一定程度的时候，就会产生一些大脑，这些大脑的物理规律决定了我们必然会去思考心—身关系问题。

在这种假设下，对这个问题的回答，总体上也就两种答案，一个答案是认为人类最终会发现，自己的思想、精神活动只是一个幻觉，这个世界是一个物理主义决定论的世界；另一个答案是认为人类永远也发现不了自己的思想、精神活动是一个幻觉，从而自由自在地生活着。

我们可以想象一下，假若有一天人类发现，我们的思想都是幻觉，我们的存在就只是一堆物质，我们会怎么做？我想，把人类思想看作一种幻觉的做法不仅否定了思想的存在，还否定了人类的价值。我们的文化、我们的道德、我们的价值都将失去意义。到时候人类世界面临的危机将超过过去任何历史时代，甚至发生人吃人的事也是不足为奇的，而且是字面意思上的"人吃人"。

反过来说，如果我们认为，人类的文明、道德、价值这些东西都是真实的，那么人类的思想也就应该是真实的，至少人类是无法发现它是一种幻觉的，这就是对于这个问题的第二个答案。但实际上，在我们看来，如果人类永远也无法发现人的意识是一种幻觉，那么它就是真实的。这就是本书的第一个立场，即意识现象不应被看作幻觉。

我们要思考的第二个问题是，心—身关系应该是怎么样的？如今，自然科学已经相当发达，对这个世界的认识已经发展到十分深刻的地步，对人自身的认识也得到了充足的发展，至少对人的身体的认识已经达到了十分深刻的程度。现有的科学研究基本可以确定的是，每当人类的思想意识发生的时候，一定有某种物质运动发生，不存在单独的思想意识。

实际上这并不必然产生心理属性依赖于物理属性的结论，因为完全有可能心理属性与物理属性同步发生这件事只是一种巧合，二者之间没有直接联系。也许有人会觉得，如果心理属性和大脑的物理属性之间没有直接关系，二者同步发生只是一种巧合，那石头、木头这些事物的存在，为什么没有产生心理现象呢？这个问题其实也不是完全不能反驳，因为我们其实是没法证明石头、木头这些物理存在不具有心理属性，也许它们的心理属性只是和人类的不同而已。

随附物理主义的弱化与进化

我们可以看到，心理属性不依赖于物理属性的结论是可辩护的，为此我们付出的代价却不低。比如我们要假设二者的同步发生只是一种巧合；或者认为这种同步是由某个第三者产生的，而对于这个第三者我们一无所知；我们甚至还要假设石头、木头这些物理存在也具有心理属性，而对于它们的心理属性，除了与人类的不同之外，我们也是一无所知。对于我们来说，如果接受这些假设的目的只是否定心理属性对物理属性的依赖，这是不值得的，除非我们有明确的证据证明这些假设是真实的。可是如果我们真的有明确的证据的话，这些假设中就不会出现"一无所知"这样的词了。

因此，我们认为，一个好的心—身关系模型应该满足两点：意识不是幻觉，以及意识依赖于物质。在现有的心—身关系模型中，非还原物理主义是最符合这两点的，因为它既不认为意识是幻觉，也不否定心理属性对物理属性的依赖。所以我们想要证明，非充分决定论的理论立场就是非还原的物理主义，我们将从三个方面来说明。

二 物理主义的立场

首先，需要明确的一点是，非充分决定论描述的对应关系是符合物理主义的要求的。物理主义的基本思想就是，物理实体是唯一真实的实体，物理实在的具体内容决定了世界上非物理存在的内容。

物理主义首先要确立的是，世界上不存在非物理的实体。灵魂、鬼神、上帝这些非物理的存在只是人们想象出来的，并不是真实的存在。也就是说，物理主义首先要反对实体二元论。比如笛卡尔就是有名的实体二元论，在很早的时候就被主流的心灵哲学家们抛弃了；随着现代科学的发展，科学家们始终没有找到实体的心灵，所以实体二元论越来越站不住脚了。

我们说要确立物理主义的立场，并不是说要提供论据，去反驳实体二元论。而是说我们要说明，非充分决定论与实体二元论不相容。在实体二元论中，心灵和身体是两个独立存在的实体，但在非充分决定论中，一个世界的心理属性在整体上被这个世界的物理属性所决定，因此心理属性是不具有独立存在地位的,这和实体二元论是不相容的。

说明非充分决定论与实体二元论不相容,就是确立了本体论上的物理主义。除此之外,在认识论上,非充分决定论也是物理主义的。比如,我们相信物理世界的因果关系是完备的,为了解释物理世界发生的事件,我们不需要追溯到物理世界之外,物理原因就可以解释物理世界中发生的一切事情。尤其是从全局视角看,更是如此。

其实从局部视角看也是一样的,我们在上一章说到,在局部因果关系中,心理属性扮演的角色就是,把世界中的其他因素的因果关系看作心理属性的因果效力。因为从人类认识世界的角度看,我们是无法把所有其他因素都认识清楚的,而这个世界却是一个整体,物理因果的封闭性也是在整体上才成立。

所以,我们才说把世界上所有其他因素的因果作用转换到心理属性上来,用心理属性代表其他因素的因果作用。比如图6.2中,我们考察的是P、P^*、M、M^*之间的关系,这是世界的局部。除此之外,世界上还有很多其他的物理属性、心理属性,比如P_1、P_2、P_3…M_1、M_2、M_3…这些因素与我们考察的对象也是有关系的,我们可以用P_0和M_0来表示它们。

由于P_0和M_0里包含的因素实在太多了,我们无法把它们全部都梳理清楚。所以,在非充分决定的视野下,我们建议用M表示P_0和M_0的因果性。之所以可以这样做,是因为M可以看作P_0、M_0和P产生的结果,而M_0又是由P_0决定的,所以除开P之后,我们就可以把P_0和M_0的因果效力看作M的因果效力。

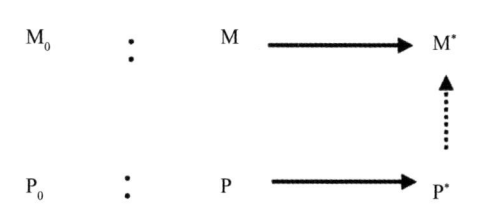

$$M_0 \quad : \quad M \longrightarrow M^*$$

$$P_0 \quad : \quad P \longrightarrow P^*$$

图6.2

需要强调的是，这里只是从认识论的角度，在局部把 P_0 和 M_0 的因果效力看作 M 的因果效力；如果从本体上看，这一切都还是发生在物理世界中的。所以，从局部视角看，我们也保持了物理主义的基本立场。

所以，不管是从全局的角度看，还是从局部的角度看，非充分决定论都坚持了物理主义的基本立场。但是金在权曾经提出过一种观点，认为接受随附性就是坚持物理主义，换句话说，最小的物理主义立场就是坚持他的随附性概念。而非充分决定论恰恰是建立在弱化其随附性概念基础上的，这岂不是违背了金在权的这一原则？

首先必须说明，金在权的观点也只是代表了一种立场，并不是不可违背的。其次，我们实际上并不会违背他的这个观点。非充分决定论确实是建立在弱化随附性的基础上的，但是我们只是在局部范围内弱化了随附关系，也就是弱化了个体随附性。对于全局随附性，非充分决定论是全部接受而没有进行任何改变的。

实际上，在第五章第二节我们就讨论过，如果全局随附性成立，那么金在权的个体随附性就是不成立的，这两个概念之间本来就具有一种冲突。与其说非充分决定是弱化了随附性，还不如说它修订了随附性概念。所以，我们在全局随附性的角度下坚持了金在权关于最小物理主义的原则，而我们对金在权式个体随附性的改变则是顺理成章的。

三 非还原的立场

非充分决定论并不主张将心理属性还原为或者等同于物理属性，我们认为心理属性有其自身的存在意义。所以，接下来，我们就需要说明，非充分决定论为什么是非还原主义的立场。

其实这一点也很好理解，金在权在他早期的文章"作为哲学概念的随附性"中就提出过一种观点，认为随附性是具有丰富内涵的概念，它表达了一种共变、依赖和非还原的关系，因此随附性概念本身就包含了非还原主义的立场。而非充分决定论还对随附性概念进行了弱化，弱化了物理属性对心理属性的决定作用，加强了心理属性的独立性。按理说，弱化随附性应该是把心—身关系往非还原的方向推进了一步。

不过，前面也提到，后来金在权的思想发生了转变，他关于随附性的看法也发生了变化。在1998年的文章"心—身关系五十年"中，他说到：心—身随附性本身并不是一个解释理论；它只是陈述了心理与物理之间的一种属性的共变模式，表明二者之间存在一种依赖关系。这种依赖关系的本质或许可以解释为什么心理随附于物理，但它对此并没有做出任何判断。随附性并不是一个在形而上学上深刻的、具有解释力的关系；它仅仅只是一个关于属性共变模式的现象关系。因此，心—身随附性是对心—身关系问题的陈述，而不是对它的解决。① 因此，非还原的内涵就被他从随附性概念中消除了。所以，我们就不能仅凭随附性来判断非还原的立场了。

回到非充分决定论本身，我们可以从两个角度来理解它的非还原主义立场。先说弱化后的随附性，物理属性并不能充分地决定心理属性，也就是说，当某个物理属性出现的时候，对应的心理属性未必会出现，还要看其他条件是否具备，只有其他条件也被满足后，对应的心理属性才会出现。因此，这种对应关系明显不支持心理属性还原为物理属性的立场。

再说全局随附性的角度。从全局随附性的角度，物理属性是可以充分地决定心理属性，但这并不意味着就非要把心理属性还原为物理属性。原因和结果之间的关系也可以是充分决定关系，但我们不会把结果还原为原因，原因和结果是两个完全不同的存在。所以，同样的道理，我们也可以认为，物理属性对心理属性的充分决定关系也不代表一种还原关系。

至于说心理属性对物理属性的非还原关系究竟是什么关系，二者如何表现，这还需要进一步的理论支持。对于随附性的概念，包括本书所提出的非充分决定论，我们也都认为它们是从对应性的角度在描

---

① Jaegwon Kim, "The Mind-Body Problem after Fifty Years", *Royal Institute of Philosophy Supplement*, Vol. 43, 1998, p. 10.

述心理属性和物理属性之间的关系。在这种对应性下，心理属性究竟是何种存在，它究竟如何发挥作用，可能还需要其他理论的支撑才能回答。

四 随附性概念

上一节提到，以随附性为基础的非还原物理主义面临着一些困难，这些困难都和随附性概念相关。非充分决定论也是用随附性来描述心—身关系的，所以上面提到的几个困难，我们有必要去回应一下。

第一个困难与随附性的概念界定有关，主要是指何种随附性概念可以用来描述非还原物理主义的心—身关系。上一节提到了强随附性和全局随附性，强随附性的困难是它要求的观点太强，有可能在心理属性和物理属性之间建立一种还原关系，或者走向取消主义的结论；全局随附性的问题则是，有可能世界物理属性的细微差异和心理属性的巨大差异同时出现。

对于这个困难，非充分决定论并不是用单个的随附概念来描述心—身关系，而是同时使用全局随附性和强随附性。对于强随附性过强的问题，我们采取了弱化随附性的方法，取消掉了随附性中的充分决定关系，从而可以回避上述问题。

强随附性是在局部、个体范围内描述心—身关系，如果回到世界的整体，我们会用全局随附性来描述心—身关系。而全局随附性面临的问题，我们的回答是，虽然以上描述的情况与全局随附性相容，但这并不是全局随附性所论断的情形。全局随附性只说了在物理属性完全相同的两个世界之间，其心理属性也是完全相同的；对于物理属性分布不同的两个世界，全局随附性并没有做出论断。这说明"物理属性分布不同"这一条不能充分地决定心理属性的分布是否相同，还需要其他条件的配合才能决定。

如果真的出现了上述反常情况，即物理属性上的细微差异和心理属性上的巨大差异同时出现，那只能说明这个细微差异对于两个世界来说就是极其重要的，就是这个物理差异导致了心理属性发生了巨大的差异。比如外太空的某个尘埃是一个关键的尘埃，它的位置不同就会导致世界心理属性分布的巨大差异。这一点看起来不可思议，但事实只能是这样。实际上，物理属性上的细微差异对应心理属性上的巨大差异本来就是不可思议的，我们对不可思议的事情给出不可思议的解释，这反而没什么不可思议的。

第二个困难与随附性概念的对称性有关，心—身关系应该是非对称的依赖关系，心理属性依赖于物理属性，物理属性不依赖于心理属性，随附性概念只能表达心理属性依赖于物理属性的意思，却无法表达物理属性不依赖于心理属性的意思。

关于这个问题，我们觉得是一种逻辑上的理解错误。当心理属性随附于物理属性时，心理属性就依赖于物理属性；当物理属性随附于心理属性时，物理属性就依赖于心理属性。如果一个心—身关系理论需要建立一种心理属性对物理属性的非对称依赖关系，那它只需要论断心理属性对物理属性的随附关系，并否定掉物理属性对心理属性的随附关系即可。

其实，这与随附性概念的本质有关系，随附性概念本质上是一个描述性概念，它只能描述两类属性之间具有何种对应关系，也就是说它只能描述一种现象，并没有论断这种现象的本质。因此，随附性概念本身并没有对依赖关系的内容做出任何论断，而对称性问题所要求的那种内涵其实是属于依赖关系的内容。比如因果关系，我们一般认为因果关系不是一个描述性概念，它不仅论断了一定的对应关系，还表达了这种对应关系的内容，原因与结果的区分，对"倒因为果"的否定，就是因果关系的内容。随附性概念是缺乏这种内容的。

但实际上，我们认为这种内容也不是心—物随附性所需要的，因为直到现在，人类对意识的认识还是有限的，也许当我们最后揭开意识的神秘面纱后，会发现心—物依赖性本就不排除物理属性也在某种意义上依赖于心理属性呢？我们在对此知之甚少的时候，能少作论断也未尝不是一件好事。而且这个世界上的很多依赖关系本来就是相互的，比如海葵依赖于寄居蟹，寄居蟹也依赖于海葵。

随附物理主义的弱化与进化

第三个困难是跟心—身关系理论有关，主要是指随附性本身并不能构成一个具有解释力的心—身关系理论，它只能描述心理属性和物理属性之间的对应关系。这一点我们其实是接受的，因为上文已经提到过了，我们用非充分决定论是要描述一种心理属性和物理属性之间的对应关系，而不是要表达一种心—身关系理论。

至于这种心—身关系理论是什么，还是交给经验科学去研究吧。我们只要说明心理属性和物理属性是如何对应出现的就行了，这种对应关系的实现机制本来就是一个经验问题，当然应该交给经验科学去研究了。

第三节 非还原物理主义的出路

在所有描述心—身关系的理论立场中，非还原物理主义是当下最流行的，似乎是最符合我们直觉的。因为它一方面坚持了物理主义的基本立场，虽然这不符合传统文化观念和人们的感性愿望，但是它符合现代科学的结论。另一方面它坚持非还原主义的立场，保留了心理属性的存在，并且赋予其存在一定的意义，这一点可以被用来解释自由意志、人的能动性，以及这个人化的自然。

但是，非还原物理主义还面临着各种困难，本章第一节就列举了一部分困难。我们认为，非还原物理主义所面临的所有困难可以分为两类，一类可以被叫作内在性困难；另一类可以叫作对应性困难。所谓内在性困难是指，心理现象是一种内在感受，单从外在关系去定义它是不可行的；对应性困难是指，心理属性与物理属性之间应该具有何种对应关系，才符合非还原物理主义的理论立场。

本书提出了看待心—身关系的两种视角，即全局视角和局部视角，并主张在全局视角下坚持物理主义决定论，在局部视角下坚持心理属性的非还原性。并且，我们认为，这就是非还原物理主义的出路所在。全局物理决定论和局部的非充分决定论我们已经在前面讨论得非常具体了，我们想要把结论收到非还原物理主义的范畴里，因此作为本书的最后一节，我们需要来回答非还原物理主义的困难。

一　内在性困难

从外在的角度去研究认识对象，这是现代科学使用的认识方法。比如伽利略的斜面实验，研究对象是从斜面上滚下来的小球，认识主体是在认识对象（即小球）之外去观察小球的，记录小球的运动数据，从而归纳出它的运动规律。

即便是到了量子力学中，我们也是站在基本粒子以外去描述它们的规律，比如薛定谔的波函数、海森堡的矩阵方程，都是从外在的角度去描述认识对象的规律。从哥白尼开始的整个近代、现代科学都坚持了这种认识方法，并且取得了令人惊艳的成果。

我们并不是要批判科学知识，更不是要反对这种认识方法。只不过，我们觉得，当认识对象变成人本身的时候，尤其是认识对象是人的思想时，这种方法可能就不适用了。我们将从三个方面来说明这种认识方法的问题。

首先，我们需要说明一点，那就是心理现象的内在性。心理现象都是具有内在性的，比如我感觉到疼痛，这是我的内在感觉，虽然我可以用外在的方法，把这种感觉描述出来，我甚至可以用非常多的词汇，把这种感觉描述得非常清楚、非常精确，我们也能够从他人的描述中理解他处于何种状态。但是我们只能理解，谁也无法感受他的疼痛。切肤之痛只有切肤的人能感受到，就是这个道理。这样的例子很多，而且这个结论也是很多人都会接受的，所以我们就不把重点放在这里。我们的重点是，说明这种内在性会给非还原物理主义带来哪些困难。

简单地说，心理现象的内在性和认识方法的外在性会带来的困难就是"表里不一"。外在表现相同的两个主体之间，可能具有不同的内在心理状态。中文屋的原理就是这样的。究其原因，心理属性的内在内容和外在特征并不具有一一对应的关系，所以相同的外在特征可能对应不同的内在内容。也正因为如此，功能主义最多只能是一种模糊的描述，不可能成为心—身关系的精确理论。

比如，有一系列的外在特征，包括哀号、躲避等外在表现，它们对应的内在体验可能是疼痛，也可能是瘙痒；反过来也成立，可能两个人体会到的心理感受都是悲伤，但他们表达出来的行为可能完全不同。总之，在心理属性的内在内容和外在特征之间，不具有一一对应的关系。

该如何解决"表里不一"的问题呢？这一问题来源于认识方法与认识对象的不匹配，也来源于认识对象的双重特性。近现代科学的认识方法只适合认识心理现象的外在特征，并不能用于认识心理现象的内在特征。而在外在特征和内在特征之间又不具有对应关系，所以我们只有两条道路可选：修改认识方法，用一种内在视角的认识方法来认识心理属性的内在特征；或者放弃认识心理属性的内在特征，只追求对心理属性的外在特征的理解。

先说第一条道路，华中科技大学的陈刚教授就提出过这条道路。他在《世界层次结构的非还原理论》中提出过一种知觉二重论[1]，表达了类似的观点。他的知觉二重论也是建立在心理现象的内在性基础上的，他把这个问题翻译为心理现象的隐私论题[2]，实际上就是指心理现象的私人性、内在性特征。

在这个基础上，他提出内在知觉和外在知觉两种心理状态。他说："如果我从内在观点来知觉这些神经元事件，就得到一个精神事件。我也可以通过大脑扫描仪，靠观察显示屏上的图案来观察我的大脑的运转。这些图案最终进入我的心灵而成为一个物理事件的精神表征。"[3]也就是说，一个人（比如张三）的神经元活动可以被其他人（比如李四）用大脑扫描仪来认识，也可以被张三他自己去认识（感知这些神经元的活动）。

如果是李四用大脑扫描仪认识的张三的神经元活动，那就是对张三

---

[1] 陈刚：《世界层次结构的非还原理论》，华中科技大学出版社2008年版，第128—158页。
[2] 陈刚：《世界层次结构的非还原理论》，华中科技大学出版社2008年版，第130—135页。
[3] 陈刚：《世界层次结构的非还原理论》，华中科技大学出版社2008年版，第136页。

神经元活动的外在知觉，如果是张三自己感知其神经元活动，那就是张三的内在知觉。当然，陈刚认为，外在知觉最终也会通过李四的神经元活动被李四作为内在知觉而感知。

陈刚教授的知觉二重论非常具有启发性，也洞见了心—身关系研究中的一个关键问题。但知觉二重论也面临着特殊的困难，其中最大的困难就是，"知觉"是一个动词，它必须有一个主语才行，而这个主语却不好被给定①。所以，我们并不打算支持这条道路，我们觉得第二条道路才符合近现代科学的方法论特征。

第二条道路就是，放弃心理属性的内在特征，只关注心理属性的外在特征。因为我们最终还是只能用科学的方法去认识世界，虽然心理现象和其他认识对象不同，它同时具有私人性和公共性，而现代科学的其它认识对象只具有公共性。但是一方面，任何心理属性都要表现出一定的外在特征；另一方面，如果它不表现出外在特征，它对这个世界来说就是无意义的。你的内心戏再丰富，如果不付诸行动，它就不会对这个世界产生一丝一毫的影响，它存在与否，其实跟这个世界没多大关系。

就好像金在权举的例子一样的②，只要是红绿灯架上第一颗灯亮了人们就停下，第二颗灯亮了人们就通过，这样就够了。至于在"停下"和"通过"的时候，不同的人感受到的到底是哪种颜色，其实对这个世界来说一点都不重要，只要大家在相同的信号下做出相同的行为，这个世界就不会乱套。而相同的信号和相同的行为之间只是外在的联系。

我们能够放弃认识心理现象的内在特征吗？我们的科学无法认识心理现象的内在特征，我们已有的所有认识方法、认识活动都无法认识心理现象的内在特征。可是，人类已经存在几千年、几万年，甚至几十万年了，在这漫长的历史中，我们都不曾认识到他人的内在感受，但我们

---

① 维之在《论内感知与外感知——心身关系的新视角》等文章中讨论了这种观点，并提出了对两种感知来源问题的回答。参见维之：《心—身问题的出路何在?》，《科学技术与辩证法》2007年第5期；维之：《心—身问题与物质观变革》，《科学技术与辩证法》2009年第2期；维之：《论内向感知与外向感知》，《科学技术哲学研究》2010年第1期。

② Jaegwon Kim, *Physicalism, or Something Near Enough*, Princeton: Princeton University Press, 2005, 172.

仍然生存下来了，并且这个世界还越变越好了。所以，我们还有什么理由去担忧无法认识心理现象的内在特征这件事呢？

所以，对于非还原物理主义来说，采取第二条路径是最好的。一方面，放弃对心理现象内在性的认识并不等于否定心理现象具有内在性。意识具有内在性，这一点是毋庸置疑的，我们也不需要否定这一点；但是因为我们使用的认识方法是外在视角的，所以我们不去追求对意识内在性的认识，这是一个合理的决策和选择，这个选择并没有否定意识的内在性。另一方面，我们不去追求对意识内在性的认识，并不会影响我们理解心理因果现象，从而不会影响我们理解这个世界的因果关系。因为世界中发生的因果关系都是外在于认识主体的，意识的因果效力最终也会通过意识与大脑的对应关系外化为大脑的活动。换句话说，对于这个世界的因果关系网来说，人们的意识感受并不重要，重要的是人们做出了什么行为。在需要加班的时候，这个世界并不关心我们此刻是感到愉悦还是痛苦，只要我们完成了加班的任务，这个世界的因果关系网就能正常地运转；在需要表达悲伤的时候，这个世界并不关心我们是否真地感到了悲伤，只要我们表现得悲伤就够了；在需要表达愉悦的时候，这个世界并不关心我们是否真的感到了愉悦，只要我们表现得愉悦就够了……总之，意识具有内在性，但这种内在性对世界的因果关系网来说并不重要。

二　对应性困难

其实对应性困难就是指那些跟心—身对应关系有关的困难，这实际上是从外在视角认识心—身关系时需要回答的问题。上文说到，我们放弃对心理属性内在特征的认识，因为它既不具有公共性，又不会直接影响公共的现实世界。当我们只追求认识心理属性的外在特征时，我们认识的其实就是心—身关系在对应性上的表现，因此何种对应性是合适的，这就成了一个关键问题。

我们已有的随附性概念在对应性上的立场其实就是充分条件对应关系，我们可以说成是物理属性的出现是相应心理属性出现的充分条件。

加上心理属性的多重可实现性，我们就可以得出，在现有的研究中，心—身对应关系主要体现为充分不必要关系，物理属性是心理属性的充分且不必要条件。

但是，这种充分且不必要的对应关系会带来一些困难，心理因果的排他性就是最好的例子。在第五章我们已经详细谈到了，心—身关系中的充分对应性是排他性论证进行推导的核心原则之一。也正是为了解决这一困难，我们才提出非充分决定论的。

其实抛开这一切不谈，单从对应性的角度来说，其实总共也就四种情形：一对一、一对多、多对一、多对多。假设这四种对应性中，前面的数字表示心理属性，后面的数字表示物理属性，那么一对一就是同一论和还原论所坚持的对应性立场，一对多就是过去的随附性和多重实现性共同描述的立场。

多对一和多对多的共同点是，同一个物理属性可以对应多个心理属性，而二者的区别在于，同一个心理属性能否对应多个物理属性，如图6.3、图6.4所示。图6.3表示的是多对一的情形，图6.4表示的是多对多的情形。也就是说，图6.3和图6.4的差别主要在于，是否支持心理属性的多重可实现性。

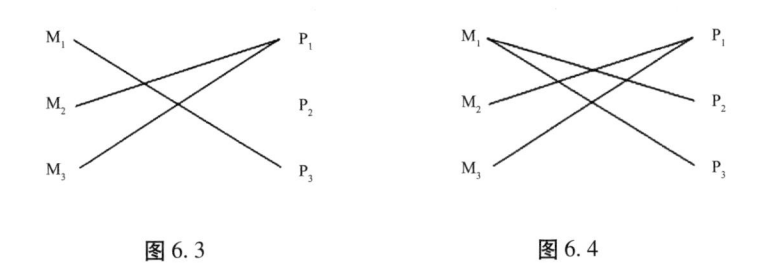

图6.3　　　　　　　　　　图6.4

我们并不反对心理属性的多重可实现性，所以在图6.3和图6.4之间，我们会选择图6.4所描述的多对多的对应关系，这才是非还原物理主义需要坚持的心—身对应关系。当然，必须强调的是，这种多对多的对应关系是从世界局部的角度对个体属性之间关系的描述。

我们可以分两步来说明这种多对多的对应关系才是非还原物理主义所需要的。和过去的传统观念对比，传统观念坚持的一对多（图6.5）的对应关系和我们提出的多对多（图6.6）的对应关系之间，唯一的区别就在于，是否允许一个物理属性对应多个心理属性的情形，除此之外的其他方面，这两种对应关系上是一样的。

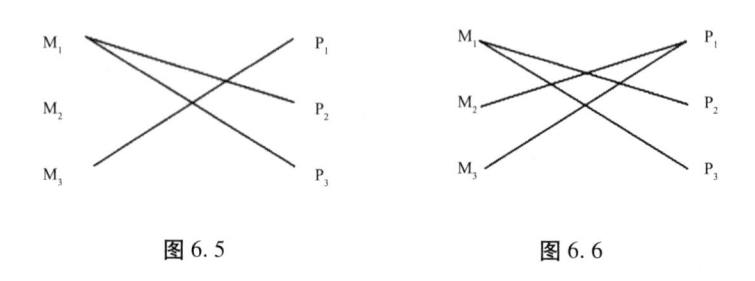

图 6.5　　　　　　　　　图 6.6

事实上，我们认为一个物理属性对应多个心理属性的情形是存在的，本书第四章对非充分决定论提供的论据就说明了这一点。即从世界局部来看，大脑的神经元活动只是心理属性出现的一部分基础，这一基础和不同的物理条件结合，会产生不同的心理现象。经验科学的研究，也支持这一结论，因为我们经常看到关于人脑意识功能可塑性的研究，甚至有些研究表明，有的人因为意外被切除了部分大脑，从而失去了语言或者数学能力，但经过一段时间后，相应的能力又会在别的大脑区域被实现出来。那么后来实现相应意识功能的大脑区域就发生了意识功能的转换，它就满足一个神经元活动对应多个意识功能的情形。

既然一个物理属性对应多个心理属性是可能的，心理属性的多重可实现性也是成立的，那么心理属性和物理属性的对应关系就只能是多对多的关系。在这种对应关系下，心理属性并不能被还原为物理属性，因为多重可实现性仍然成立，一个心理属性可对应多个物理属性；同时，心理属性又是依赖于物理属性的，因为任何心理属性的出现都要以物理属性为前提，并且理论上，如果把世界中的所有物理属性及其关系都包含在基础属性中（当然，这是不可能的），则这个基础属性就可以充分地决定心理属性，所以物理主义的立场也得以保留。

三 意识的自主性问题

我们为非还原的物理主义提供了一条出路，即非充分决定论。但是由于我们坚持全局视角下的物理决定论，那这样的意识还具有自主性吗？这样的心理属性还具有改变世界的因果效力吗？也有人提出，我们的模型建立在视角切换的基础上，而视角切换是一个认识论范畴的操作；但心—身关系问题、因果问题都属于本体论范畴的问题，通过认识视角的切换怎么能解决本体论范畴里的问题呢？

我们提出要从全局视角和个体视角来看待心—物关系问题，从全局视角看，全局随附性成立，世界整体的物理属性决定心理属性；从个体视角看，个体的心理属性依赖于物理属性，但是物理属性并不能完全地决定心理属性。就好像盲人摸象，从整体上看，大象是四脚站立的大耳朵、长鼻子动物；但是从局部的视角看，大象可以是"一面墙"，也可以是"一根柱子"，也可以是"一把扇子"。这两种不同的视角产生了两种不同的认识结果，这属于人类认识的范畴。

虽然在不同的视角下、不同的认识中，大象呈现出不同的样子，但真实的大象只有一个，它就在那里存在着，不会因为我们把它看作一面墙而变为一面墙，也不会因为我们把它看作一根柱子而变为一根柱子；它始终存在在那里，独立于人的认识，并且有自己的发展过程和存在历史。

因此，如果我们有什么关于大象的问题搞不清楚，那么我们应该回到对象，去大象身上寻求答案，而不是只在认识领域，调节我们观察它的角度，从特定的观察角度来解决我们的问题。在这里，大象是我们的认识对象，我们对大象的认识是认识活动的结果，我们不能通过调节人的认识来发现大象所具有的特征。

在认识与对象的关系问题上，我们也和大多数人一样，认为对象决定人的认识，我们的认识不能反过来决定对象是什么样的。对象是独立于人的认识而存在的,是自在的存在,不会因为人们认为它是怎么样,它就变成怎么样。这一点我们也是认同的。

但是,对象决定认识,认识是被决定的,这并不必然导致认识在对象面前是无所作为的。因为说到底,我们在谈论对象具有什么特征的时候,谈论的是在人看来对象具有的特征;我们在说对象是怎么样的时候,说的是在人类的概念框架和知识体系中看起来对象是怎么样的。那个独立于人的认识、概念框架、知识体系的对象是怎么样的,我们其实是一无所知的,也是不可能知道的。因为,凡是被人们知道的,都是被人们的概念框架和知识体系加工后的对象。这其实就是康德的哲学思想。

因此,我们可以从不同的角度认识对象,这是有意义的。就比如有名的鸭兔图,它究竟是鸭子还是兔子,其实取决于我们从哪种角度去看它。如果我们脱离了鸭子和兔子的概念去看它,那它就是一些明暗的线条和色块。我们看问题的视角就像这里的概念一样,从不同的视角可以看到不同的结果,这也是很合理的结论。所以,我们只是说从不同的角度可以看到不同的结论,并不是说对象会随着我们看的角度而发生变化。

从存在的角度来说,思想意识仍然可以具有自主性。一方面,全局视角下的决定论并不必然导致世界状态的单一性,比如丢硬币这件事,是完全符合物理规律的,但其结果仍然具有随机性,也就是说其结果不是完全确定的;同样的理由,世界的整体是被物理决定的,并不意味着世界就是已经被完全确定了的,因为这个世界总充满了随机性;这个世界的存在是一个过程,它是在这个过程发生的时候逐渐被确定的。另一方面,从个体层面说,每一个人的大脑都是独特的,因为他们接触的世界部分不同,拥有的知识不同(这些知识都在物理层对应着特定的内容),因此大脑的物理存在状态也不同;因此即便是在同样的物理规律下,不同的大脑面对同样的刺激,给出的反应也不必然相同。这种在相同的刺激下,不同主体做出不同反应的行为,就可以被看作自主性。

也许有人会追问，我们需要的那种自主性是人的思想意识起作用做出来的，是我们自己做出某个决定或者选择的自主性。可是这种自主性成立的前提是，首先得有个我、有个心灵，否则"我们自己"指的是什么呢？是大脑吗？显然不是的，它只能是某个能思考的心灵。可是实体的心灵早就被我们否定了，如果我们不打算重新引入一个非物质的实体心灵，那么这种追问就是没有意义的、就是超纲的。所以，如果我们不打算重新接受实体二元论，那么这种自主性就是我们能拥有的最好的自主性。

参考文献

中文著作：

陈刚：《世界层次结构的非还原理论》，华中科技大学出版社2008年版。

费多益：《心身关系问题研究》，商务印书馆2018年版。

高新民、沈学君：《现代西方心灵哲学》，华中师范大学出版社2010年版。

《马克思恩格斯文集》第1卷，人民出版社2009年版。

[美] Duane P. Schultz & Sydney Ellen Schultz：《现代心理学史》（第十版），叶浩生、杨文登译，中国轻工业出版社2019年版。

[英] 伊姆雷·拉卡托斯：《科学研究纲领方法论》，兰征译，上海译文出版社2005年版。

[英] 艾萨克·牛顿：《自然哲学之数学原理》，王克迪译，商务印书馆2006年版。

[英] 大卫·休谟：《人性论》，关文运译，商务印书馆1996年版。

中文期刊：

陈刚：《附生性，因果性，还原性》，《哲学研究》2005年第3期。

陈晓平：《感受性问题与物理主义——评金在权"接近充足的物理主义"》，《哲学分析》2015年第4期。

陈晓平：《关于功能系统的三种随附性——从功能系统的视角看心身问题》，《湖南社会科学》2015年第4期。

陈晓平：《还原模型与功能主义——兼评金在权的还原的物理主义》，《自然辩证法通讯》2011年第4期。

陈晓平：《"随附性"概念及其哲学意蕴》，《科学技术哲学研究》2010年第4期。

陈晓平：《下向因果何以存在？——兼评金在权对下向因果的消解》，《哲学研究》2009年第1期。

陈晓平：《下向因果与感受性——兼评金在权的心—身理论》，《现代哲学》2011年第1期。

董心：《对心灵因果性的辩护——论过决定的区分》，《自然辩证法通讯》2021年第1期。

范冬萍、颜泽贤：《复杂系统的下向因果关系》，《哲学研究》2011年第11期。

方圆：《生物学双维主义——对心身关系问题的一种可能立场》，《自然辩证法通讯》2019年第9期。

费多益：《心身难题的概念羁绊》，《哲学研究》2016年第10期。

费多益：《心身难题的寓身解读》，《哲学动态》2011年第10期。

冯艳霞：《心理因果性与意向性》，《哲学动态》2014年第3期。

高新民、胡嵩：《物理主义两大疑难探原》，《哲学动态》2020年第1期。

贺善侃：《西方哲学论心身问题——现代西方哲学专题综述之二》，《探索与争鸣》1991年第4期。

胡光远：《强、弱随附性概念探析》，《自然辩证法研究》2016年第12期。

黄益民：《心灵因果排除的联合因果解答》，《哲学动态》2019年第1期。

黄益民：《心灵因果性的排除论证以及因果的流失论证》，《哲学研究》2018年第7期。

黄益民：《因果过度决定与心灵因果排除》，《世界哲学》2018年第6期。

黄益民：《因果理论：上向因果性与下向因果性》，《哲学研究》2019年第4期。

李恒威、董达：《自然主义泛心论：基本观念和问题》，《上海交通大学学报》（哲学社会科学版）2017年第1期。

李珍：《因果关系与因果排他性问题——论对金在权"因果排他性论

证"的消解》,《自然辩证法研究》2011 年第 6 期。

李珍:《因果过度决定与产生型因果理论》,《自然辩证法通讯》2020 年第 2 期。

刘超:《赖尔的行为主义心身关系论辩分析》,《心智与计算》2007 年第 2 期。

刘晓力:《当代哲学如何面对认知科学的意识难题》,《中国社会科学》2014 年第 6 期。

刘晓力:《哲学与认知科学交叉融合的途径》,《中国社会科学》2020 年第 9 期。

柳海涛:《基础主义、无限可分性与心身关系》,《哲学动态》2013 年第 10 期。

马醒初:《心理因果问题——从金在权的排他性论证到副现象论证》,《自然辩证法研究》2017 年第 6 期。

苏瑞:《心灵何以具有自然因果性》,《自然辩证法通讯》2017 年第 1 期。

唐魁玉:《虚拟空间中的心身问题——对心灵哲学观点的辨识与吸纳》,《哲学动态》2007 年第 4 期。

唐热风:《物理主义的新形式——伴随物理主义和构成物理主义》,《哲学动态》1997 年第 8 期。

唐热风:《意向行动与信念》,《哲学动态》2016 年第 11 期。

王佳:《随附性论证与普遍化问题研究》,《科学技术哲学研究》2019 年第 3 期。

王晓阳、王雨程:《无律则一元论再思考》,《自然辩证法通讯》2013 年第 3 期。

王晓阳、王雨程:《心理因果性、排他性论证与非还原物理主义》,《哲学研究》2015 年第 4 期。

王雨程:《因果实现原则,殊型功能主义和殊型同一论》,《自然辩证法通讯》2017 年第 1 期。

维之:《论内向感知与外向感知——心身关系的新视角》,《科学技术哲学研究》2010年第1期。

维之：《心—身问题的出路何在?》，《科学技术与辩证法》2007年第5期。

维之：《心—身问题与物质观变革》，《科学技术与辩证法》2009年第2期。

熊哲宏：《生理因果性和意识蕴涵之间的同构论——论皮亚杰的心身关系理论》，《齐齐哈尔师范学院学报》1996年第4期。

叶峰：《因果理论与排斥论证》，《自然辩证法通讯》2017年第1期。

殷筱：《意识及其在自然中的位置——当代西方心灵哲学中唯物主义的分类及其演进》，《湖南社会科学》2015年第4期。

郁锋：《金在权心理因果观的形上之辩》，《科学技术哲学研究》2018年第4期。

郁锋：《无律则一元论与随附性论题》，《自然辩证法研究》2006年第10期。

袁义江、李玲：《论现代西方哲学中的身心关系及其唯物主义因素》，《社科纵横》1993年第4期。

张华夏：《"弱依随性"概念辨析——兼与陈晓平教授商谈讨论》，《科学技术哲学研究》2011年第6期。

张卫国：《如何正确理解心身因果关系》，《哲学分析》2012年第6期。

张卫国：《物质构成：心理因果性理论研究的新范畴》，《科学技术哲学研究》2016年第5期。

赵梦媛：《随附性/排除论证的限度》，《自然辩证法研究》2011年第7期。

周晓亮：《自我意识、心身关系、人与机器——试论笛卡尔的心灵哲学思想》，《自然辩证法通讯》2005年第4期。

外文著作：

Chalmers, David John, *The Conscious Mind*, Oxford: Oxford University Press, 1996.

Davidson, Donald, *Essays on Actions and Events*, Oxford: Clarendon Press, 2001.

Gupta, Anil, "Definitions", in Edward N. Zalta, ed., *The Stanford Encyclo-*

pedia of Philosophy (Summer 2015 Edition), 2015.

Hare, Richard Mervyn, *The Language of Morals*, Oxford: Clarendon Press, 1952.

Jaworski, William, *Philosophy of Mind: A Comprehensive Introduction*, West Sussex: Wiley-Blackwell, 2011.

Kim, Jaegwon, *Supervenience and Mind*, New York: Cambridge University Press, 1993.

Kim, Jaegwon, *Mind in a Physical World: An Essay on the Mind-Body Problem and Mental Causation*, New York: Cambridge University Press, 1998.

Kim, Jaegwon, *Physicalism, or Something Near Enough*, Princeton: Princeton University Press, 2005.

Kim, Jaegwon, *Essays in the Metaphysics of Mind*, Oxford: Oxford University Press, 2010.

Kim, Jaegwon, *Philosophy of Mind*, Colorado: Westview Press, 2011.

Morgan, Conwy Lloyd, *Emergent Evolution*, London: Williams & Norgaie, 1927.

Sydney, Shoemaker, *Physical Realization*, Oxford: The Clarendon Press, 2007.

Suppes, Patrick, *Introduction to Logic*, New York: Van Nostrand Reinhold, 1957.

Wittgenstein, Ludwig, *Philosophical Investigations*, trans., Anscombe, G. E. M., Oxford: Basil Blackwell Ltd., 1958.

Woodward, James, *Making Things Happen: A Theory of Causal Explanation*, New York: Oxford University Press, 2003.

Woodward, James, "Mental Causation and Neural Mechanisms", in Hohwy, Jakob & Kallestrup, Jesper, Eds., *Being Reduced: New Essays on Reduction, Explanation, and Causation*, Oxford: Oxford University Press, 2008.

Woodward, James, "Intervening in the Exclusion Argument", in Beebee, Helen, Hitchcock, Christopher, & Price, Huw, Eds., *Making a Difference: Essays on the Philosophy of Causation*, Oxford: Oxford University Press, 2017.

Woodward, James, "Downward Causation Defended", In Voosholz, Jan &, Gabriel, Markus, Eds., *Top-down Causation and Emergence*, Cham: Springer Verlag, 2021.

外文期刊：

Aimar, Simona, "Counterfactuals, Overdetermination and Mental Causation", *Proceedings of the Aristotelian Society*, Vol. 111, No. 3, 2011.

Bennett, Karen, "Why the Exclusion Problem Seems Intractable, and How, Just Maybe, to Tract It", *Noûs*, Vol. 37, No. 3, 2003.

Bennett, Karen, "Global Supervenience and Dependence", *Philosophy and Phenomenological Research*, Vol. 68, No. 3, 2004.

Block, Ned & Stalnaker, Robert, "Conceptual Analysis, Dualism, and the Explanatory Gap", *The Philosophical Review*, Vol. 108, No. 1, 1999.

Chalmers, David John, "Facing up to the Problem of Consciousness", *Journal of Consciousness Studies*, Vol. 2, No. 3, 1995.

Christensen, Jonas & Kallestrup, Jesper, "Counterfactuals and Downward Causation, a Reply to Zhong", *Analysis*, Vol. 72, No. 3, 2012.

Corry, Richard, "Emerging from the Causal Drain", *Philosophical Studies*, Vol. 165, No. 1, 2013.

Donaldson, John, "Vertical Versus Horizontal: What is Really at Issue in the Exclusion Problem?", *Synthese*, Vol. 198, No. 3, 2021.

Fodor, Jerry A., "Special Sciences (or: The Disunity of Science as a Working Hypothesis)", *Synthese*, Vol. 28, No. 2, 1974.

Haug, Matthew C., "No Microphysical Causation? No Problem: Selective causal Skepticism and the Structure of Completeness-based Arguments for Physicalism", *Synthese*, Vol. 196, No. 3, 2019.

Haugeland, John, "Weak Supervenience", *American Philosophical Quarterly*, Vol. 19, No. 1, 1982.

Hoffmann, Vera & Newen, Albert, "Supervenience of Extrinsic Properties", *Erkenntis*, Vol. 67, No. 2, 2007.

Horgan, Terence, "Review: Kim on the Mind-Body Problem", *The British Journal of Philosophy of Science*, Vol. 47, No. 4, 1996.

Horgan, Terence, "Kim on Mental Causation and Causal Exclusion", *Philosophical Perspectives*, Vol. 11, 1997.

Juvshik, Tim, "Abstract Objects, Causal Efficacy, and Causal Exclusion", *Erkenntis*, Vol. 83, No. 4, 2018.

Kallestrup, Jesper, "The Causal Exclusion Argument", *Philosophical Studies*, Vol. 131, No. 2, 2006.

Kertész, Gergely, "Inter-level Causal Compatibility Without Identity", *Erkenntis*, Vol. 89, No. 5, 2024.

Kim, Jaegwon, "Causality, Identity, and Supervenience in the Mind-Body Problem", *Midwest Studies In Philosophy*, Vol. 4, Issue 1, 1979.

Kim, Jaegwon, "Causes as Explanations: A Critique", *Theor and Decision*, Vol. 13, 1981.

Kim, Jaegwon, "Psychophysical Supervenience", *Philosophical Studies*, Vol. 41, No. 1, 1982.

Kim, Jaegwon, "'Strong' and 'Global' Supervenience Revisited", *Philosophy and Phenomenological Research*, Vol. 48, No. 2, 1987.

Kim, Jaegwon, "The Mind-Body Problem after Fifty Years", *Royal Institute of Philosophy Supplement*, Vol. 43, 1998.

Kim, Jaegwon, "Emergence: Core Ideas and Issues", *Synthese*, Vol. 151, No. 3, 2006.

Kim, Jaegwon, "Thoughts on Sydney Shoemaker's Physical Realization", *Philosophical Studies*, Vol. 148, No. 1, 2010.

Leuenberger, Stephan, "What is Global Supervenience?", *Synthese*, Vol. 170, No. 1, 2009.

Lewis, David, "Causation", *The Journal of philosophy*, Vol. 70, No. 17, 1973.

Mackie, John L., "Causes and Conditions", *American Philosophy of Quarterly*, Vol. 2, No. 4, 1965.

Marcus, Eric, "Mental Causation in a Physical World", *Philosophical Studies*, Vol. 122, No. 1, 2005.

McLaughlin, Brian P., "Supervenience, Vagueness, and Determination", *Philosophical Perspectives*, Vol. 11, 1997.

Moore, Dwayne, "Causal Exclusion and Dependent Overdetermination", *Erkenntis*, Vol. 76, No. 3, 2012.

Paull, R. Cranston and Sider, Theodore R., "In Defense of Global Supervenience", *Philosophy and Phenomenological Research*, Vol. 52, No. 4, 1992.

Pernu, Tuomas K., "Causal Exclusion and Multiple Realizations", *Topoi*, Vol. 33, No. 2, 2014.

Petrie, Bradford, "Global Supervenience and Reduction", *Philosophy and Phenomenological Research*, Vol. 48, No. 1, 1987.

Rellihan, Matthew, "Strengthening the Exclusion Argument", *Synthese*, Vol. 198, No. 7, 2021.

Roche, Michael, "Causal Overdetermination and Kim's Exclusion Argument", *Philosophia*, Vol. 42, No. 3, 2014.

Searle, John R., "Minds, Brains, and Programs", *The Behavioral and Brain Sciences*, Vol. 3, No. 3, 1980.

Shagrir, Oron, "More on Global Supervenience", *Philosophy and Phenomenological Research*, Vol. 59, No. 3, 1999.

Shagrir, Oron, "Global Supervenience, Coincident Entities and Anti-Individualism", *Philosophical Studies*, Vol. 109, No. 2, 2002.

Shagrir, Oron, "Strong Global Supervenience Is Valuable", *Erkenntis*, Vol. 71, No. 3, 2009.

Shagrir, Oron, "Concepts of Supervenience Revisited", *Erkenntis*, Vol. 78, No. 2, 2013.

Shapiro, Larry, "Lessons from Causal Exclusion", *Philosophy and Phenomenological Research*, Vol. 81, No. 3, 2010.

Sider, Theodore, "Global Supervenience and Identity Across Time and Worlds", *Philosophy and Phenomenological Research*, Vol. 59, No. 4, 1999.

Stalnaker, Robert, "Varieties of Supervenience", *Philosophical Perspectives*, Vol. 10, 1996.

Steinberg, Alex, "Defining Global Supervenience", *Erkenntis*, Vol. 79, No. 2, 2014.

Stenwall, Robin, "A Grounding Physicalist Solution to the Causal Exclusion Problem", *Synthese*, Vol. 198, No. 12, 2021.

Stich, Stephen P., "Autonomous Psychology and the Belief-desire Thesis", *The Monist*, Vol. 61, No. 4, 1978.

Vaassen, Bram, "Causal Exclusion without Causal Sufficiency", *Synthese*, Vol. 198, 2021.

Vaassen, Bram, "Dualism and Exclusion", *Erkenntis*, Vol. 86, No. 3, 2021.

Wolf, Aaron, "Do Reasons Drain Away?", *Synthese*, Vol. 199, No. 3, 2021.

Woodward, James, "A Functional Account of Causation; or, a Defense of the Legitimacy of Causal Thinking by Reference to the Only Standard that Matters—Usefulness (as Opposed to Metaphysics or Agreement with Intuitive Judgment)", *Philosophy of Science*, Vol. 81, No. 5, 2014.

Woodward, James, "Interventionism and Causal Exclusion", *Philosophy and Phenomenological Research*, Vol. 91, No. 2, 2015.

Woodward, James, "Causal Complexity, Conditional Independence and Downward Causation", *Philosophy of Science*, Vol. 87, No. 5, 2020.

Woodward, James, "Modeling Interventions in Multi-level Causal Systems: Supervenience, Exclusion and Underdetermination", *European Journal for Philosophy of Science*, Vol. 12, No. 59, 2022.

Zhong Lei, "Can Counterfactuals Solve the Exclusion Problem?", *Philosophy and Phenomenological Research*, Vol. 83, No. 1, 2011.

Zhong Lei, "Counterfactuals, Regularity and the Autonomy Approach", *Analysis*, Vol. 72, No. 1, 2012.

Zhong Lei, "Why the Counterfactualist Should Still Worry about Downward Causation", *Erkenntis*, Vol. 80, No. 1, 2015.

后　记

本书的写作，历经九年，终于得以完成。写作过程中，我得到了诸多师友的支持与勉励，往昔点点，皆在我心中。我不打算将这些名字列举在此，因为只要是列举，就会有排序，但我对诸君的感念是一样的。

恍恍惚惚，终于成书，但最近再读书稿，却发现还有一些问题，没有得到妥善的解决。我想在这后记中，对一些问题做一点交代，也算是为以后的研究立一个 flag，督促自己不可懈怠。

这本书的内容大致分为两部分，一部分是对已有研究的梳理，一部分是对非充分决定论的论述与论证。我这里想要交代的问题主要是关于后一部分的。

首先，我提出心—身关系的两个视角，即全局的视角和局部的视角，这是建构物理主义和非还原主义的基础。书中对局部视角做了充分的论述和论证，但对全局视角却没有专门的论证，只是把它当作了一个被普遍接受的共识。早先，我觉得这世界的所有存在都是物理存在，所有物理事实决定了所有心理事实，这是很符合我们直觉的，至少在科学研究发现独立的心理实体之前，这种直觉是没问题的。但实际上，我最近才想清楚，我本意是用全局视角去支撑物理主义，而我这里用来支撑全局视角的"直觉"其实就是物理主义的内涵，因此这是一个循环论证。要证明全局视角下的充分决定关系，即要证明物理主义的基本观点，这不是一件容易的事，因为越是符合直觉的越难证明，或者说，当我们向直觉求助时，就说明问题已经变得十分棘手了。

全局视角和局部视角的关系是另一个需要探讨的问题。全局视角、局部视角，这样的词汇非常简单，意思也很直白，要想准确界定它们的含义只需要一个定义即可。但真正的问题是，我们为什么需要这两种视角，这两种视角是不是特设修订，以及如何在这两种视角之间建立联系，比如从局部视角中构建出全局视角，或者把全局视角分析为局部视角。

实际上，心理因果的排他性是推动我提出非充分决定论的主要动力，而排他性论证就是在局部视角下讨论因果问题，因此局部视角就从这里产生了。当我建立起非充分决定论的框架后，摆在我面前的是两条路，一条路是继续坚持物理主义，一条路是否定物理主义。很明显，我选择了第一条路，因为我所接受的哲学训练和掌握的科学知识都让我选择这条路。选择了这条路，我就需要为它提供一个论证，至少提供一个说明，全局视角也就从这里产生了。

通过两种视角理解同一个问题，来寻求两种观点的和解，这也算是继承了我的老师陈刚教授和万小龙教授的方法论，陈刚教授提出了内在认知和外在认知两条路径，来解释意识的客观性和主观性两种特征；万小龙教授发现了逻辑规律的函数与非函数两种形态，来统一经典逻辑与模态逻辑。我提出局部视角和全局视角两个视角，来调和意识的自主性和依赖性两种特征，这也算是一种传承了。

至于两种视角之间的转换，不管是建构还是分析，都需要以关系属性作为桥梁。全局视角和局部视角的差异就在于是否考虑关系属性。从关系的角度看，这个世界就是由关系和关系项构成的，因此个体随附性只考虑个体的情况，但没有考虑到个体之间的关系，全局视角则是将这两个方面都考虑进去了。

其次，我想再交代的问题是，意识究竟是什么。这个问题在书中并没有回答，也没有讨论，因为它需要以更多的经验研究为基础。我想在这里说明的是，或许我们可以从整体与部分的关系角度来思考这个问题，单个神经元所表征的意义或许是以整个大脑活动为基础的，而整个大脑活动又是以个体与世界接触的历史过程为基础的。也就是

后　记

说，人脑从一产生就在与这个世界接触，每个个体的接触都有其自身的特点，因此被塑造出来的人脑也各不相同，个体差异也就出现了。当单个神经元要表征意识现象时，它是在大脑这个整体下去表征的，因此不同的大脑才能做出不同的选择。这也就能解释为什么意识到因果作用似乎不符合物理决定论的规律了。这里提到的整体与部分的视角，可以看作是全局视角与局部视角的具体化。

这种理解的另一个好处是，意识到自主性不必被解释为某种随机性或者概率。在过去这几十年里，有不少科学家和哲学家从量子力学的角度理解意识，用量子概率来解释意识的自主性，在宏观上则把自主性解释为随机过程。这种做法粗看起来是可以解释意识的自主性，但实际上既是对自主性的违背，也是对意识的误解。因为这种做法是将自主性理解为了行为的随机性，否定了个体自主行为的内在意志，这里面既不包括自主，也否定了意识的内在性特征。这里提到的全局和整体视角的分析，可以在保留意识内在性的基础上，对自主性做出说明。

路漫漫其修远兮，吾将上下而求索。很明显，这本书并没有完全解决问题，甚至一点问题都没有解决也是有可能的。愚自认才疏学浅，不敢夸大成效，但愿意接受来自所有人的批评与教训。批评与讨论不仅可以让随附物理主义在弱化中实现进化，也可以让非充分决定论在批评中蜕化。